本书是教育部人文社会科学研究项目（16XJC820004）

知识产权
非实施行为研究

张体锐　主编

ZHISHI CHANQUAN
FEI SHISHI XINGWEI YANJIU

知识产权出版社
全国百佳图书出版单位
—北京—

图书在版编目（CIP）数据

知识产权非实施行为研究 / 张体锐主编 . —北京：知识产权出版社，2023.3
ISBN 978-7-5130-8031-6

Ⅰ . ①知…　Ⅱ . ①张…　Ⅲ . ①知识产权法—研究　Ⅳ . ① D913.04

中国国家版本馆 CIP 数据核字（2023）第 034315 号

内容提要

本书通过探究知识产权非实施行为形成的法理基础及借鉴域外国家治理的有效经验，从我国的具体实际出发，在立法、司法、行政三个方面规制知识产权非实施行为，力图纠正借助诉讼牟利的不正之风，恢复知识产权激励创新的初始功能。

本书可供法律和知识产权领域的研究者、工作者参考阅读。

责任编辑：崔　玲　高　源　　　　　　　　责任印制：孙婷婷

知识产权非实施行为研究
ZHISHI CHANQUAN FEI SHISHI XINGWEI YANJIU

张体锐　主编

出版发行：**知识产权出版社**有限责任公司	网　　址：http://www.ipph.cn
电　　话：010–82004826	http://www.laichushu.com
社　　址：北京市海淀区气象路50号院	邮　　编：100081
责编电话：010–82000860转8701	责编邮箱：laichushu@cnipr.com
发行电话：010–82000860转8101	发行传真：010–82000893
印　　刷：北京中献拓方科技发展有限公司	经　　销：新华书店、各大网上书店及相关专业书店
开　　本：720mm×1000mm　1/16	印　　张：19.5
版　　次：2023年3月第1版	印　　次：2023年3月第1次印刷
字　　数：290千字	定　　价：108.00元

ISBN 978-7-5130-8031-6

前　言

知识产权非实施行为滥觞于市场自由化与政府过度干预，是制度、司法与行政多重因素共同叠加的产物，其存在具有一定的合理性。但随着趋利本性的不断扩张，知识产权非实施行为逐渐衍生出以极端"功利主义"为价值取向的畸形形态，背离知识产权激励创新的旨趣。本书在借鉴美国、欧洲等域外经验的基础上，从立法、司法、行政三个向度提出规制办法。具体而言，立法上以"经济社会规划论"为指导，全面确立诚实信用与权利不得滥用原则，强化知识产权实施义务并重新确定损害赔偿的适用顺序；司法上严格适用停止侵权与合并审理，灵活确定损害赔偿金并完善败诉方付费制度；行政上加强国家知识产权防御性保护，提高知识产权审查质量，增强知识产权信息披露，针对恶意诉讼进行失信惩戒。需要说明的是，基于认识水平的局限性，撰写过程中不可避免地出现挂一漏万甚至不当之处，还请广大读者批评指正，以期进一步完善。

本书由张体锐主持编写，负责研究思路及框架设计，具体分工如下。

第一章：张体锐；

第二章：李振；

第三章：杨滢、张体锐；

第四章：张体锐、谢智临、李雪；

第五章：张体锐、杨滢、赵新伟、陈艺元；

第六章：李珍全、陈艺元、王淑君；

第七章：马光辉、程佳敏。

目 录

第一章 导 论

第一节 选题背景及研究意义

一、选题背景

2020 年 11 月，习近平总书记在主持中央政治局第二十五次集体学习时强调："创新是引领发展的第一动力，保护知识产权就是保护创新。"为激发权利主体创造的积极性，我国不断加大知识产权的保护力度，但过度保护亦会形成限制知识产权创新的潜在危险。知识产权非实施行为发端于美国，其以商业化的运营模式进入知识产权创新市场，通过诉讼或诉讼威胁的手段获得高额的使用费、赔偿金或和解金。从表面上看，非实施主体作为权利控制者发起侵权诉讼，本身并不违反知识产权制度和诉讼规则，也直接或者间接地维护了权利人的权利，但事实上，非实施主体的诉讼目的并不在于保护知识产权本身，而是利用知识产权保护制度实现商业牟利，❶ 是一种完全以经济利益为导向的新型商业模式，更是一种存在于知识产权领域纯粹的"功利主义"投机行为。❷

2020 年 2 月，美国联邦巡回法院维持了苹果侵犯 VirnetX 公司两项专利权

---

❶ 李欣洋，张宇庆："版权蟑螂现象之法律规制——以法定赔偿制度为视角"，载《河南财经政法大学学报》2018 年第 2 期，第 133 页。

❷ 张体锐："知识产权非实施行为的法律规制"，载《知识产权》2019 年第 7 期，第 47 页。

的裁决，苹果公司须向 VirnetX 赔偿 5.03 亿美元（约合人民币 35 亿元）❶，而 VirnetX 就是典型的知识产权非实施主体。知识产权非实施行为的兴起不过短短几十年，但其引发的社会问题已经不容忽视。在专利领域，缘起美国的非实施主体已经向欧洲乃至世界扩散，在全球发动的专利诉讼呈现爆炸式增长趋势，2004 年不过 588 件，2011 年则飙升到 4602 件。科睿唯安的统计数据显示，从 2012 年至 2016 年的每一年中，非实施主体提起的专利诉讼都是实施主体的三倍以上，最多时甚至接近五倍，给美国造成的经济损失高达 800 亿美元。❷ 在版权领域，网络时代的到来为版权非实施主体打开了潘多拉魔盒，利用快捷的网络搜索服务软件，版权非实施主体可以轻易地在网上搜索文本和图像，迅速地追踪到潜在侵权者，然后将网络服务商及网络用户共同诉诸法院。近十年来，知识产权非实施行为已经逐渐渗透到商标、商业秘密等领域，趋利性、投机性的诉讼行为正在引发严重的社会危机，不断冲击已有的社会秩序和司法价值。对此，美国曾在立法、司法、行政三个层面多措并举意图遏制知识产权非实施行为的泛滥，从实践来看也取得了一定的效果。

知识产权非实施行为在我国仍处于权利布局阶段，生产性企业尚未遭受大规模的侵扰。❸ 有数据显示，2011 年至 2016 年，专利非实施主体在中国仅提起 6 件侵权诉讼，主要集中在通信、半导体等高新技术领域。❹ 而自 2006 年就布局市场的三面向、华盖等版权非实施主体掣肘于法官司法裁量的低额化标准，也并未对创新发展造成严重影响。❺ 但已有专业人士指出，未来中国将是非实施主体的理想之地。❻ 甚至有观点认为，越来越多的非实施主体将选择在

---

❶ VirnetX Inc.v.Apple Inc.925F.Supp.2d816（E.D.Tex.2020）.

❷ 张翼翔：“'战争'与'和平'——美国近年来专利诉讼数据分析”，《中国知识产权杂志》2019 年 4 月 3 日，https://mp.weixin.qq.com/s/JLcRxhr-yKoQWsB5vVmTVw，2021 年 7 月 10 日访问。

❸ 张体锐：“知识产权非实施行为的法律规制”，载《知识产权》2019 年第 7 期，第 47 页。

❹ Darts-ip, The Rise of Non-Practicing Entity（NPE）Cases Outside the United States，http://www.Darts-ip.com/the-rise-of-nonpracticing-entity-npe-cases-outside-the-united-states，2021 年 7 月 10 日访问。

❺ 袁秀挺，凌宗亮：“我国知识产权法定赔偿适用之问题及破解”，载《同济大学学报》（社会科学版）2014 年第 6 期，第 33 页。

❻ Erick S. Robinson, Why China is a Good Place for NPEs，https://www.chinapatentblog.com/blog/my-ip-law360-response-whychina-is-a-good-place-for-npes，2021 年 7 月 23 日访问。

中国活动，中国的知识产权非实施行为将在未来 3 ～ 5 年集中爆发。❶

创新驱动发展战略背景下，我国最新修订的《中华人民共和国专利法》（以下简称《专利法》）、《中华人民共和国著作权法》（以下简称《著作权法》）在举证责任、行政救济、保护期限、赔偿数额等方面强化知识产权保护力度，势必会使中国成为知识产权非实施行为的寻租土壤，加快诱发非实施行为的本土泛滥。本书通过探究知识产权非实施行为形成的法理基础及借鉴域外国家治理的有效经验，从中国的具体实际出发，在立法、司法、行政三个方面规制知识产权非实施行为，力图纠正借助诉讼牟利的不正之风，恢复知识产权激励创新的初始功能。

二、研究意义

（一）理论意义

首先，长期以来，理论界主要从如何高效、快捷地利用知识产品的角度进行研究，在知识产权强保护的背景下，对知识产权运营模式由单一产品化向集群式非产品交易转变过程中出现的新问题，即知识产权非实施行为的研究不够；从知识产权保护来看，目前的研究主要集中在加强对权利控制者的保护，而在知识产权的取得方式、使用义务等权利限制方面现有研究成果薄弱。本书系统化研究了知识产权运营过程中产生的非实施问题，创新性提出并论述了权利控制者对知识产品的使用义务，弥补现有研究在此方面的严重不足。

其次，知识产权非实施行为在现有的理论研究中通常被冠以"蟑螂""流氓"等贬义性的称谓，事实上，知识产权非实施行为既可能是推动社会发展的积极因素，也可能是阻碍社会创新的消极因素，不能一概而论。本次知识产权非实施行为研究改变了传统过于激进的分析思路，辩证看待知识产权非实施行为，在研判利弊的基础上分类施策、对症下药，注重从行为而非主体的角度进

---

❶ 漆苏："非专利实施主体研究"，载《知识产权》2019 年第 6 期，第 52 页。

行规制，从源头上提出了解决问题的方案。

最后，现有研究在选择规制路径时通常采用单一模式，具体运作上容易出现资源浪费、权能不明的弊端。本书立足整体，进行系统分析，从知识产权非实施行为的共性出发，试图构建立法、司法、行政的立体规制路径，促进司法与行政机关之间的衔接与合作，彻底消除知识产权非实施行为的寻租空间。

（二）实践意义

第一，这一研究有助于加强知识产权保护，激活创新活力。习近平总书记在主持中央政治局第二十五次集体学习时强调，"全面加强知识产权保护工作……激发全社会创新活力，推动构建新发展格局"。通过对知识产权非实施行为的消极因素进行法律规制，可以为中小企业在产业竞争中平等地准入市场提供法律保障；为社会培育公平竞争风气，促进市场主体参与创新，参与知识产权转化；为国家搭建秩序安全稳定的知识产权市场，促进创新要素自主有序流动、高效配置。

第二，这一研究有助于健全知识产权诚信体系，遏制知识产权滥用。2021年4月最高人民法院印发《人民法院知识产权司法保护规划（2021—2025年）》，强调要大力倡导诚信诉讼，严厉制裁毁损、隐匿和伪造证据等行为，有效规制滥用权利、恶意诉讼，进一步完善知识产权诉讼诚信体系建设。知识产权非实施主体趋利性的商业维权模式就是建立在滥用知识产权基础之上的，其严重损害了社会的诚信体系，扭曲了诉讼维护正义的法律价值。规制滥用权利的非实施主体不仅是推动社会发展创新的基本要求，更是民法诚实信用原则在知识产权领域内的基本体现。

第三，这一研究有助于防范知识产权非实施行为引发的社会挑战。虽然知识产权非实施行为对中国的影响还不是太明显，但如果不及时做好防范与应对，一旦其开始大规模、频繁的诉讼，必然会给我国知识产权制度带来巨大冲击，给我国企业造成严重损失。因此，我国有必要了解知识产权非实施行为的运行机理，学习借鉴域外应对知识产权非实施行为的有效措施，并结合我国国情，积极调整相关知识产权法律规定，有效防止知识产权非实施行为带来的损害。

第二节　国内外研究现状

一、国外研究现状

美国是知识产权非实施行为的发源地、演化地和泛滥地，世界上大多数知识产权非实施主体都是美国本土的衍生或者变种。因此，深入剖析美国对知识产权非实施行为的理论研究和司法动向，有助于初步形成适应国情的防范体系和规制方略，为进一步发挥知识产权非实施行为的最大效能奠定基础。研究发现，美国学术界和实务界主要从知识产权非实施行为的成因、对创新的作用及应对策略三个层面展开。

第一，关于知识产权非实施行为的产生原因，大部分学者认为是美国过度全面的知识产权保护制度诱发了非实施行为。[1]一是美国现行诉讼制度为非实施主体提供了较大的谈判砝码，使它攫取知识产权的货币价值成为可能。实体方面，知识产权的高额赔偿制度符合非实施主体趋利的市场本性，激励非实施主体频繁发起诉讼。[2]程序方面，美国特殊的合并审理制度使得非实施主体得以在同一管辖法院对众多被告提起侵权诉讼，极大降低了知识产权非实施行为的诉讼成本。[3]此外，永久禁令适用的宽松程度也直接影响知识产权非实施行为的活跃度，如在易趣（ebay）案之后，美国法院提高了颁发永久禁令的标

---

[1] Shyamkrishna Balganesh. "The Uneasy Case against Copyright Trolls." Southern California Law Review, vol.86, no.4, 2013, p.723−782.

[2] Cole Tipton. "Patent Law Damages: Defining an Intelligible Standard between Attorney's Fees and Treble Damages." Wake Forest Law Review, vol.55, no.1, 2020, p.195.

[3] Brad A. Greenberg. "Copyright Trolls and the Common Law." Iowa Law Review Bulletin, vol.100, 2015, p.77.

准，导致专利非实施主体的诉讼数量大幅度下降。❶二是行政审查制度过于宽松导致大量瑕疵知识产权的产生，为非实施主体提供了滋生土壤。❷也有少数学者认为非实施行为的产生是知识产权制度发展的逻辑必然，强保护政策不过是偶然性地加速了这个过程。❸

第二，针对知识产权非实施行为对创新的作用这一问题，国外大多数学者认为知识产权非实施行为是阻碍创新的，因此常常将非实施主体形容为寄生诉讼制度的"毒瘤"。❹例如，美国学者兰塔萨里认为非实施主体的目的在于和解而非诉讼，因此，其在诉讼准备阶段会过度使用权利迫使对手达成和解，是一种典型的专利权滥用行为。❺美国联邦贸易委员会认为绝大多数非实施主体的诉讼都可以被认定为滋扰诉讼（nuisance suits），不仅浪费司法资源更无助于创新。❻然而，近些年国外学者逐渐认识到知识产权非实施行为对创新并非百害而无一利。例如，学者什雷斯塔发现，知识产权非实施主体为了持续盈利，会不断筛选和整合高质量知识产品，这说明非实施主体并不只是借助低质量的知识产权钻法律空子，相反，知识产权非实施行为有助于发明创造的精细化与尖端化。❼而学者阿格拉沃尔则直接在知识产权非实施主体与两个现有企业之间构建了一个博弈模型，发现无论创新的程度如何，客观上知识产权非实施行

---

❶ Gregory d'Incelli. "Has Ebay Spelled the End of Patent Troll Abuses-Paying the Toll: The Rise（and Fall）of the Patent Troll." University of Miami Business Law Review, vol.17, no.2, 2009, p.343−364.

❷ Edward Lee. "Patent Trolls: Moral Panics, Motions in Limine, and Patent Reform." Stanford Technology Law Review, vol.19, no.1, 2015, p.113−149.

❸ James F. McDonough, III. "The Myth of the Patent Troll: An Alternative View of the Function of Patent Dealers in an Idea Economy." Emory Law Journal, vol.56, no.1, 2006, p.189−228.

❹ Robert P. Merges. "The Trouble with Trolls: Innovation, Rent-Seeking, and Patent Law Reform." Berkeley Technology Law Journal, vol.24, no.4, 2009, p.1587.

❺ Krista Rantasaari. "Abuse of Patent Enforcement in Europe: How Can Start-ups and Growth Companies Fight Back?" Journal of Intellectual Property, Information Technology and Electronic Commerce Law, vol.11, no.3, 2020, p.362.

❻ Matthew Spitzer. "Patent Trolls, Nuisance Suits, and the Federal Trade Commission." North Carolina Journal of Law & Technology, vol.20, no.1, 2018, p.86.

❼ Sannu K. Shrestha. "Trolls or Market-Makers-An Empirical Analysis of Nonpracticing Entities." Columbia Law Review, vol.110, no.1, 2010, p.118.

为都可以缔造市场，提高效率，甚至会增加社会整体的福祉。❶

第三，知识产权非实施行为已经严重干扰市场秩序和司法环境的正常运行，对此，美国许多学者从立法、司法等多个角度提出应对非实施行为的具体策略。在立法层面，学者罗杰斯尝试借助美国联邦民事诉讼规则第十一条予以规制，依据该条款，法官会获得更为允分的自由裁量权审查是否存在恶意诉讼的情形，通过驳回起诉或者中止诉讼的方式增加知识产权非实施行为的成本。❷学者韦尔奇建议将新泽西州的最新立法推广适用，即赋予被控侵权人对非实施主体滥诉或者威胁行为单独提起诉讼的权利。❸而反对者古利亚扎、保罗则认为非实施主体可能并不会违反合同法或者专利法的相关规定，仅寻求事后救济是远远不够的，应当借助反垄断法实现对非实施行为的事前规制。❹在司法层面，学者莱姆利、夏皮罗通过审视美国专利非实施主体的诉讼策略与运营模式，认为永久禁令作为一种发挥重要调节作用的经济政策，法院对非竞争性专利持有人应该普遍拒绝赋予此项救济权。❺学者尼罗等认为，法定赔偿数额过高是引发版权领域非实施行为的根本原因，司法机关应该适当自由裁量以限制对非实施主体的激励。❻学者菲什维克认为可以借助非诉讼式的调解方式应对专利非实施行为，并从成本收益角度论述了此种解决方案的优势。❼

---

❶ Agrawal A，Bhattacharya S，Hasija S，Cost-reducing innovation and the role of patent intermediaries in increasing market efficien-cy.J.Production & Operations Management，（2016）. 转引自洪结银，封曾阝，陶爱萍："真的都是'专利流氓'吗——如何正确看待 NPEs"，载《情报杂志》2019 年第 4 期，第 30 页。

❷ Eric Rogers，Young Jeon. "Inhibiting Patent Trolling：A New Approach for Applying Rule 11." Northwestern Journal of Technology and Intellectual Property，vol.12，no.4，2014，p.338.

❸ Matthew M. Welch. "Patent Trolling：Shining a Light under the Bridge." Wake Forest Journal of Business and Intellectual Property Law，vol.20，no.1，2019，p.18.

❹ Paul R. Gugliuzza. "Patent Trolls and Preemption." Virginia Law Review，vol.101，no.6，2015，p.1579−1648.

❺ Mark Lemley，Carl Shapiro. "Patent Holdup and Royalty Stacking." Texas Law Review，vol.85，no.7，2007，p.2035.

❻ Raymond P. Niro，Paul K. Vickrey. "The Patent Troll Myth." Sedona Conference Journal，no.7，2006，p.153−158.

❼ Laura Fishwick. "Mediating with Non-Practicing Entities." Harvard Journal of Law & Technology，vol.27，no.1，2013，p.331−348.

二、国内研究现状

2010 年以前，我国关于知识产权非实施行为的研究还几乎处于空白状态，之后陈妍教授、王玉平教授、成全教授开始研究这一问题。❶2013 年之后，我国开始研究有关知识产权非实施行为的具体问题，主要集中在中国是否存在非实施行为泛滥的可能性、本土化的非实施行为是否有遏制的必要及如何规制损害社会创新的非实施行为等三个方面。

第一，关于知识产权非实施行为在中国泛滥的可能性。有的学者认为中国当前的知识产权市场环境容易滋生非实施行为。以专利为例，我国专利的授权总量大但实际利用率低，市场中存在大量闲置与休眠的专利产品，为专利非实施主体提供了丰富的寻租资源。❷另外，中国企业普遍知识产权意识不强、缺乏研发保障、诉讼抗辩能力较弱，容易成为知识产权非实施主体的攻击对象。❸也有的学者从中国的法律环境出发，认为当前知识产权制度体系适合知识产权非实施行为的生存，一方面，中国在不断加强知识产权的保护力度，随着国内技术合同法案逐步完善、专利侵权赔偿金额逐步增长，滋生于中国的知识产权非实施行为必将呈现出不可逆转的发展态势；❹另一方面，中国目前防范知识产权滥用的制度并不完善，而对滥用的规制是防范知识产权商业化弱化创新者利益阻碍再创新的法律保障。❺因此，可以预期，知识产权非实施行为

---

❶ 陈妍："中国企业须慎防国际专利海盗"，载《中国发明与专利》2010 年第 8 期，第 19 页；王玉平、成全："基于专利地图的专利海盗对抗策略研究"，载《情报理论与实践》2012 年第 1 期，第 65 页。

❷ 易继明："遏制专利蟑螂——评美国专利新政及其对中国的启示"，载《法律科学》2014 年第 2 期，第 174 页。

❸ 程永顺，吴莉娟："'专利地痞'在中国的现状评述及对策研究"，载《知识产权》2013 年第 8 期，第 13 页。

❹ 毛昊，尹志锋，张锦："策略性专利诉讼模式：基于非专利实施体多次诉讼的研究"，载《中国工业经济》2017 年第 2 期，第 137 页。

❺ 张冬："创新视阈下知识产权运营商业化的风险控制"，载《知识产权》2015 年第 6 期，第 75 页。

的本土化恐怕不是"会不会",而是"何时会"的问题。❶ 持反对意见的学者表示,本土知识产权的维权成本较高,非实施主体面对较大的起诉压力,诉讼愿望并不强烈。另外,我国普遍适用法定赔偿,但是法官们在司法裁量中通常采用低额化的判赔标准,知识产权非实施主体很难借助诉讼谋求高额利润,滋生土壤并不存在。❷

第二,针对本土知识产权非实施行为是否存在遏制必要性这一问题,目前国内大多数学者认为非实施行为对社会创新发展具有消极作用,应当立即予以规制。例如,王旭玲教授从法哲学、财产权劳动学说、法社会学及法经济学四个角度论证了规制专利非实施行为的正当性。❸ 易继明教授则从引发大量滥诉行为、无法缔造创新市场、埋没知识产权实际价值及违反利益平衡原则四个方面论述了版权非实施行为的弊端。❹ 也有部分学者秉持利弊参半的观点,认为应当综合考虑各方面因素,审慎处理知识产权非实施行为。例如,漆苏教授认为,知识产权非实施行为既存在加快知识产权转化、彰显我国保护知识产权的信心等积极因素,又存在增加被诉企业成本、影响知识产权的产业化及威胁社会的创新发展等消极因素。❺ 胡小伟教授基于聚合状态、权利行使、目的动机、创新效果的视角对专利非实施主体的诉讼加以分析,得出其诉讼具有正面效应和负面效应的双重属性。❻ 少数学者认为中国当前无需过于关注知识产权非实施行为,其在短期内并不会对我国造成影响。例如,张韬略教授认为,中国并不存在专利非实施行为的法律土壤,美国式的专利非实施行为并不会在我国盛

---

❶ 孙远钊:"应对专利操控实体(PAEs)的难题与政策规制",载《电子知识产权》2014年第6期,第36页。

❷ 袁秀挺,凌宗亮:"我国知识产权法定赔偿适用之问题及破解",载《同济大学学报》(社会科学版)2014年第6期,第34页。

❸ 王旭玲:"对'专利蟑螂'滥诉行为法律规制的正当性分析",载《兰州大学学报》(社会科学版)2015年第5期,第95~102页。

❹ 易继明,蔡元臻:"版权蟑螂现象的法律治理——网络版权市场中的利益平衡机制",载《法学论坛》2018年第2期,第5~18页。

❺ 漆苏:"非专利实施主体研究",载《知识产权》2019年第6期,第50~57页。

❻ 胡小伟:"NPE诉讼的价值审视与规制选择",载《知识产权》2021年第1期,第77~85页。

行。❶甚至有学者认为知识产权非实施行为非但不会阻碍社会创新，反而能提高效率、促进生产力的发展，应该大力支持。❷

第三，针对如何规制损害创新的知识产权非实施行为，有的学者主张借鉴域外经验，提出从设立开放许可、调整判赔力度、细化管辖规则、打击专利假冒、完善专利无效制度五个方面遏制专利领域的非实施行为。❸也有的学者认为美国高额赔偿金是引发非实施主体频繁诉讼的制度诱因，提出重构本国的法定赔偿制度。❹而持反对意见的学者认为，中国知识产权司法环境不同于美国，中国的诉讼成本与判赔金额相较于美国要明显更低，本土知识产权非实施行为已经衍生出根植于中国法律环境的新型诉讼策略，不能盲目按照国外模式进行本国改造。❺因此，有的学者从本土非实施行为的特征出发，认为应该从程序与实体两个维度打击投机诉讼行为，针对社会危害严重的，主张采用刑事法律予以规制。❻也有学者认为应当有条件地认定知识产权非实施主体的权利诉求，只有建立在有效公开、在先的许可报价与交易记录、不滥用专利权构筑的垄断地位等基础上的权利诉求可以认定为正当。❼

---

❶ 张韬略："'专利流氓'威胁论：先见之明，抑或杞人忧天"，https://mp.weixin.qq.com/s/2N9fkIAGarjhUio0WZce5w，2021 年 7 月 1 日访问。

❷ 洪结银，封曾陟，陶爱萍："真的都是'专利流氓'吗？——如何正确看待 NPEs"，载《情报杂志》2019 年第 4 期，第 33 页。

❸ 蔡元臻："美国专利蟑螂的新近立法评析及其启示"，载《知识产权》2021 年第 1 期，第 66 ~ 76 页。

❹ 李欣洋，张宇庆："版权蟑螂现象之法律规制——以法定赔偿制度为视角"，载《河南财经政法大学学报》2018 年第 2 期，第 133 ~ 141 页。

❺ 毛昊，尹志锋，张锦："策略性专利诉讼模式：基于非专利实施体多次诉讼的研究"，载《中国工业经济》2017 年第 2 期，第 140 页。

❻ 丁碧波："国际化背景下专利主张实体诉讼行为的规制"，载《电子知识产权》2019 年第 5 期，第 92 页。

❼ 王岩："专利的价值及其运营"，载《知识产权》2016 年第 4 期，第 94 页。

第三节　研究思路及方法

一、研究思路

首先，本书从知识产权非实施行为发生原理着手，分析知识产权功利主义立法基础的不足，提出以"经济社会规划论"作为知识产权制度的立法根基。应对知识产权非实施行为，既要坚持以市场为导向的经济论，又要坚持以公共利益为考量的社会规划论。其次，以知识产权非实施行为运行机理为主线，全面分析知识产权非实施行为这种商业模式的行为策略与优势，深入原理层探究规制知识产权非实施行为的法哲学基础，有的放矢地探索应对之策。最后，以知识产权非实施行为问题的科学解决为旨归，在充分借鉴域外经验的基础上，从立法、司法与行政三个层面进行充分论证。

二、研究方法

在研究方法上，本书主要采用了实证研究、比较研究及案例分析方法。

（1）实证研究法。以生产性企业为研究对象，运用网络调查和社会调查等方式，再结合归纳分析和演绎分析等方法，研究生产性企业遭受知识产权非实施行为的滋扰情况。

（2）比较研究法。搜集归纳美国、欧洲、韩国等国家和地区相关理论、实践和制度规定，并与我国现状进行对比，寻求对非实施行为的进一步完善和发展的启示。

（3）案例分析法。通过对国内外典型的司法案例，如版权法领域的Righthaven案、专利法领域的易趣案等进行分析研究，发现其背后的法律理论，总结实务部门解决纠纷的经验，得出适应中国国情的应对之策。

第二章　知识产权非实施行为概述

第一节　知识产权非实施行为法律界定

经过几个世纪的演绎，知识产权已经成为一国创新经济不可或缺的知识生产力源泉，其在促进科技发展和文化事业繁荣、维护公平竞争及引进国外先进技术等方面具有其他财产权不可替代的优势。因此，有学者认为 21 世纪是知识经济的时代。然而，近年来，一种直接作用于知识产权的新型商业模式——知识产权非实施行为逐渐兴起，其一方面具有促进知识流动的积极影响，另一方面又产生阻碍社会创新的负面作用，诸多学者对它的作用存在争论。概念是思维的逻辑起点，本节通过对知识产权非实施行为进行历史溯源与现状分析，从一个全新的视角界定知识产权非实施行为的概念和法律特征。

一、知识产权非实施行为概念

当前，对于如何界定知识产权非实施行为存在一定的困难，迄今为止，对其概念还没有一个统一的定义。有的学者采用 troll[1]、海盗[2]、蟑螂[3]、地痞[4] 等

---

[1] Shyamkrishna Balganesh, Jonah B. Gelbach. "Debunking the Myth of the Copyright Troll Apocalypse." Iowa Law Review Online, vol.101, 2016, p.45.

[2] 姜伟，赵露泽："专利海盗现象引发的思考"，载《知识产权》2012 年第 9 期，第 69 页。

[3] 蔡元臻："美国专利蟑螂的新近立法评析及其启示"，载《知识产权》2021 年第 1 期，第 66 页。

[4] 程永顺，吴莉娟："'专利地痞'在中国的现状评述及对策研究"，载《知识产权》2013 年第 8 期，第 3 页。

具有负面意义的术语，有的学者采用具有一定积极意义的"价值捍卫者"❶"商业维权者"❷等称谓，还有的学者采用较为中立的"NPE"（non-practicing entity）❸、"非实施实体"❹等称谓，并区分为善意的运营 NPE 和恶意的投机 NPE。从具体法律定义看，更多是从主体角度加以界定。然而，仅从主体的角度去评价很难得出正确的认识，一方面，知识产权法律制度虽然具有自己独特的理论内涵和体系架构，但是在内部的权利建构中仍然未脱离传统私法的窠臼，很大程度上移植并借鉴了相应的民事法律制度，遵循民事法律规则的一般规律和普适价值。❺在民事法律中，行为是判断民事主体是否承担侵权责任的必要条件，而主体往往只是判断行为是否合理的因素，不能成为法律规制所要研究的对象。另一方面，知识产权非实施行为的操作形式多样，主体形态各异，对其主观意图的客观化评价较为困难，某些非实施主体成立之初以发展经营为宗旨，但随着知识产品数量的增多抑或受到企业发展瓶颈的困扰，很可能寻求转型进而以寻租为生，"试图区分善意运营与投机运营 NPE 可能是一种徒劳"❻。除此之外，某些主体如高校、科研机构及独立发明人，虽然并不实际实施其知识产权，但他们主要是基于合法、正当的理由向生产性企业主张权利，不能简单纳入同一范畴。对此，莱姆利教授认为："高校及科研机构有时从事知识产权非实施的行为，知识产权实施主体有时也会从事非实施行为。因此，我们并不能简单地从主体角度进行界定，而是应该关注对知识产权非实施行为

---

❶　吴晶晶："浅析非专利实施主体对专利运营的影响"，载《中国发明与专利》2017 年第 6 期，第 25 页。

❷　邓昭君："嬗变的市场：知识产权商业化维权的司法透视"，载《法律适用》2015 年第 1 期，第 23 页。

❸　Emiliano Giudici, Justin Blount. "Evaluating Market Reactions to Non-Practicing Entity Litigation." Vanderbilt Journal of Entertainment & Technology Law, vol.20, no.1, 2017, p.53.

❹　刘淼："非专利实施实体的是与非——美国专利制度的变革及其启示"，载《知识产权》2014 年第 12 期，第 65 页。

❺　杨涛："请求权抑或侵权责任：知识产权法中'停止侵害'性质探析"，载《知识产权》2015 年第 4 期，第 97 页。

❻　胡小伟："NPE 诉讼的价值审视与规制选择"，载《知识产权》2021 年第 1 期，第 79 页。

本身的规制。"❶

知识产权非实施行为，是指权利控制者并不实际实施其知识产权，只注重实现知识产权本身的货币价值，即从被控侵权者处获得高额的许可使用费或和解金，而不是阻止侵权行为对其市场利益的影响。这一定义的特点是：（1）明确指出知识产权非实施行为是研究的对象，这既能剔除高校等非实施主体合法主张权利的行为，又能有效涵盖某些实施主体滥用知识产权、损害公平竞争的行为；（2）指出非实施行为的主体是权利控制者而非发明创造者，前者囊括的范围更大，除原始权利人外，还包括知识产权受让者、排他性的被许可人等等；（3）表明非实施主体已经抛弃了知识产权的生产价值而追求货币价值，许可使用费与和解金成为获取利益的主要方式；（4）揭示出非实施行为的主体通常会放任侵权，不关心其权利的实际市场价值是否受到贬损。

知识产权非实施行为最早可以追溯到 19 世纪中叶，当时的学者普遍认为这是一种正当的商业方法，并未引起过多的重视。发明大王爱迪生就善于通过专利集中、许可、诉讼获取利益，在策略上与现代的非实施行为相差无几，只不过当时还未引发关注。❷ 随着此类投机性盈利方式的传播，许多发明创造公司饱受侵扰，西方学术界开始用"敲诈者"（blackmailer）❸、"勒索者"（extortionist）❹ 等充满贬义的词语代指非实施主体，并将其定义为"以利益为导向的机会主义者"（opportunist）。过于负面的称呼引起众多非实施主体的不满，纷纷向法院提起诽谤性诉讼，为了避免引起不必要的麻烦，英特尔首席法律顾问皮特·德特金开始转用能够引起共鸣但不具有过度贬义的 troll 一词，并将其重新定义为"借助诉讼牟取不正当利益的某类特定主体"。但 troll 也具有

❶ Mark A. Lemley. "Are Universities Patent Trolls." Fordham Intellectual Property, Media & Entertainment Law Journal, vol.18, no.3, 2008, p.629.

❷ 孙远钊："专利诉讼'蟑螂'为患？——美国应对'专利蟑螂'的研究分析与动向"，载《法治研究》2014 年第 1 期，第 76 页。

❸ Gerard N. Magliocca. "Blackberries and Barnyards: Patent Trolls and the Perils of Innovation." Notre Dame Law Review, vol.82, no.5, 2007, p.1810.

❹ John M. Golden. "Patent Trolls and Patent Remedies." Texas Law Review, vol.85, no.7, 2007, p.2122.

一定程度的贬义色彩，容易引起人们的反感，如美国学者爱德华❶就认为 troll 可能会引起道德恐慌，不利于理性地分析和考虑此类现象。因此，美国联邦贸易委员会于 2003 年发布的《促进创新：竞争与专利法律政策的适当平衡》报告中摒弃了充满贬义的 troll 一词，转而用 NPE 指代专利领域的非实施行为。❷NPE 虽然满足了非实施主体要求得到公平待遇的愿望，可是这类主体涵盖的范围过于广泛，既包括进行创造发明的学校、科研机构以及研发公司，又包括进行运营的专利主张公司、专利货币化公司、专利防御公司等，不能准确定义从事专利非实施行为的主体。2011 年，联邦贸易委员会在报告《演变中的知识产权市场：专利申明与救济和竞争的协调》中开始用"专利主张实体"（patent assertion entity）指代利用专利池或专利组合等模式、以许可授权或者诉讼获取利益的非实施体，❸进一步限缩了非实施主体的范围。在 2013 年，美国国会的下设机构在报告中又使用了更为中性的"专利货币化实体"（patent monetization entities）概念，借以代指知识产权非实施主体，可以说，西方国家对知识产权非实施主体的认识经历了一个从感性到理性的发展历程。

　　自 20 世纪 80 年代以来，非实施行为在知识产权各领域呈现爆发增长的态势。在专利领域，非实施行为在美国不断发展和扩张，给科技创新和经济增长造成了极大的负面影响。具有里程碑意义的事件是 2010 年美国高智发明公司（intellectual ventures，简称"高智发明"）所发起的一系列专利侵权诉讼。作为一家专业从事发明创造与专利投资的公司，高智发明自 2000 年成立以来便专注于收购专利，经过十年的布局，其拥有的专利多达 30 000 项。为了免受外界的指责，高智发明的专利囤积行为一直通过较为秘密的方式进行。面对

---

❶ Edward Lee. "Patent Trolls: Moral Panics, Motions in Limine, and Patent Reform." Stanford Technology Law Review, vol.19, no.1, 2015, p.113-149.

❷ FTC, To Promote Innovation: The Proper Balance of Competition and Patent Law and Policy, https://www.ftc.gov，2021 年 7 月 20 日访问。

❸ US Federal Trade Commission, The Evolving IP Marketplace: Aligning Patent Notice and Remedies with Competition, https://www.ftc.gov/reports/evolving-ip-marketplace-aligning-patent-notice-remedies-competition，2021 年 7 月 20 日访问。

质疑，高智发明也一直声称自己不会以专利诉讼方式获取利益。❶ 然而事实上，高智发明通过专利集中和诉讼要挟获得高额许可费或和解金的行为已经构成了完整的知识产权非实施行为，最终的大规模诉讼只是其为了实现目的而不得不将其商业模式暴露给公众的结果。在此之后，专利非实施主体提起的侵权诉讼案件数量激增，由 2010 年的 731 件增长到 2012 年的 2921 件，占全部专利侵权诉讼案件的比例也由 29% 增长到 62%，进一步引起了学界和政府部门的关注。近十年来，专利非实施行为又出现新的发展，以专利组合、专利池以及专利技术集中管理等为代表的新型商业模式正在逐步取代过去单一、零散的原始运营方式。❷ 在高新技术的加持下，知识产权非实施行为正在从传统制造业向智能制造、软件领域以及标准必要专利等新兴技术领域蔓延，造成的产业影响已经引起各国政府和跨国公司的警惕。同专利非实施行为一样，版权领域也出现了大量的以诉讼要挟为获益途径的版权非实施行为。1976 年美国通过了新修订的《版权法》，该法一方面赋予了独占许可人独立的起诉权，扩大了起诉主体的范围；另一方面允许版权所有人在侵权诉讼中自由选择要求法定损害赔偿或是实际损害赔偿，并且大幅度提高法定赔偿金的数额。❸ 版权保护制度的不断完善成为版权非实施行为的诱因。美国版权法上的第一个非实施主体是一家以 "Righthaven" 命名的内华达州公司，其主要业务就是代表第三方当事人向侵权者提出权利主张，并以此获利。从本质上说，Righthaven 公司的商业模式就是购买创作者的某项排他性权利但不实施，而是以诉讼为威胁向实施者主张许可费或和解金。在不到两年的时间内，Righthaven 公司向被告提起的侵权诉讼超过 275 件，多数案件和解，或从法院成功获得法定赔偿金。❹ 与专利权

---

❶ 岳哲平，张晓东："高智发明公司启动诉讼的影响分析"，载《电子知识产权》2011 年第 6 期，第 27 页。

❷ 张志成："专利形态及许可方式演变对创新的影响及政策应对——兼论 NPE 等现象的发生"，载《电子知识产权》2014 年第 6 期，第 26 ~ 30 页。

❸ Shyamkrishna Balganesh. "The Uneasy Case against Copyright Trolls." Southern California Law Review, vol.86, no.4, 2013, p.736.

❹ Shyamkrishna Balganesh. "The Uneasy Case against Copyright Trolls." Southern California Law Review, vol.86, no.4, 2013, p.741.

非实施行为相比，版权非实施行为同样也具有以诉讼为要挟、集中于特定领域或特定行业、索赔数额高于合理范围等特点。除此之外版权非实施行为也有其自身的特点，这些特点可能会导致比专利非实施行为更大的社会危害。例如，大多数国家采取的版权的自动产生机制使得其受到权利有效性质疑的可能性较小，被告往往无法以权利无效作为抗辩理由。而且版权的利用不局限于商业活动，非实施主体更容易抓住侵权人心理上的弱点进行要挟，如版权非实施主体会针对性地挑选某些让侵权人羞于承认接触事实的作品（尤其是非法下载淫秽作品的行为）作为侵权客体。近年来，知识产权非实施主体正在不断开辟新的战场。在商标领域，以商标囤积、商标兜售及商标挟持为代表的非实施行为正在冲击商标的注册秩序，毁损商标的使用价值，亟须法律法规的完善。商业秘密领域的非实施行为虽然产生较晚，可作为一种有价值的信息，商业秘密的数量之庞大难以估算，一旦非实施主体涌入该领域，其造成的负面影响比之专利非实施行为恐"有过之而无不及"。❶

总而言之，知识产权非实施行为经过近百年的发展，在诉讼策略、运营模式等方面发生了巨大的变化，可以说这种变化是生产力飞速提高的必然结果。起初，非实施行为不过是权利主体为充分发挥知识产权价值而进行的一种有益探索，符合市场的基本运营逻辑。而且非实施主体对知识产品简单的集中管理与商业运用也有利于促进知识产权制度的实施和深化。但随着趋利的本性不断扩张，知识产权非实施行为原始的运营模式已经发生扭曲，甚至借助知识产品的集中形成了垄断。集中度过高的知识产权交易减少了有经济性的、替代性的知识产权供给，使缺乏研发活动的企业受制于掌握大量创新技术的非实施主体。❷因此，对于知识产权运营过程中衍生的畸形形态必须寻求对策加以规制，促使非实施主体回归到促进社会创新发展的积极角色上来。

---

❶ 闫宇晨，徐棣枫："创新保护与危机：美国商业秘密蟑螂问题研究"，载《科学管理研究》2018 年第 4 期，第 109 页。

❷ 张志成："专利形态及许可方式演变对创新的影响及政策应对 兼论 NPE 等现象的发生"，载《电子知识产权》2014 年第 6 期，第 28 页。

二、知识产权非实施行为法律特征

在传统的知识产权运营模式中，知识产权通常是借助附属产品的市场价值来实现其自身价值，即间接地实现市场价值。而知识产权非实施行为则直接作用于市场，不产生任何额外的附加价值，因此具有明显区别于传统运营模式的新特征，具体而言，有以下四个方面。

（1）知识产权非实施主体一般不制造知识产品或提供知识服务，在权利来源上为寻租而生、继受获得。长期以来，无论有形财产还是无形财产，人们普遍遵循劳动者获取劳动成果的朴素价值理念。正如霍布斯所言："一个人的价值或所值，像其他一切东西的价值或所值一样，就是他的价格，即他的能力在被人使用时应获得的报酬。"[1] 但追求机会主义的知识产权非实施主体似乎背离这一基本价值，其并不会将大量资金或者时间投入研发创新之中，即使进行技术研发，目的也仅限于利用研发的知识产品牟取投机性的利益而非实现产品价值。从宏观层面看，根据知识产权非实施行为的运行机理，可以将其分为三个阶段，即权利收购阶段、许可费或和解金谈判阶段以及诉讼阶段。前两个阶段是知识产权非实施主体运行的惯常模式，而诉讼阶段往往是不得已而提出的虚晃招式，主要是为知识产权许可费或和解金谈判的顺利进行提供威慑作用。从微观层面看，通过剖析知识产权非实施行为运营的内部结构，可以发现，其组织运营通常要由专业律师、技术型专家、商业领袖及知识产权专家等几部分主体构成，可以具体概括为知识产权购置部门、创新研发部门、投资运营部门及商业化运营部门四个模块。[2] 其中，知识产权购置部门主要负责获得知识产权的独占许可或者受让知识产权，是最为基础的部门。创新研发部门只针对已经购置的知识产权进行简单的再加工，一般不会从无到有地创造智力成果。投资运营部门则负责发现市场上闲置和休眠的知识产品，与购置部门和创新部门再合作。而商业化运营部门则是负责寻找潜在的侵权对象并发起商业化维权活

---

❶ 范运和："知识产权产生属性论"，载《科技进步与对策》2003 年第 4 期，第 111 页。

❷ 洪结银，封曾阶，陶爱萍："真的都是'专利流氓'吗——如何正确看待 NPEs"，载《情报杂志》2019 年第 4 期，第 31 页。

动。可以看出，无论是宏观层面还是微观层面，以继受权利代替研发创新、用商业运营代替生产实施是知识产权非实施行为所具备的最为基本的特征。

（2）知识产权非实施行为在诉讼策略上表现出伺机性或钓鱼性。伺机性又称"投机性"，是指权利主体利用自身天然或者后天积累的优势，追求自己利益最大化而不顾及他人利益以及合理预期的特性。[1]伺机性作用到知识产权运营上就表现为权利寻租，即为了获得高额回报所从事的一种非生产性寻租活动的行为，这是知识产权非实施行为最为常见的表现形式。钓鱼性主要体现在非实施主体的钓鱼维权行为当中，主要是指在诱导他人使用或者销售自身的知识产品之后迅速取证并发起维权诉讼。例如，版权非实施主体在运营初期就采用此种手段，其惯常模式是先同作者达成著作权转让协议，将受让的作品公开发表于某些开放性期刊之上，诱使他人转载后批量提起侵权诉讼渔利。相较于伺机性，钓鱼性特征的主观恶意更为明显，非实施主体采用钓鱼性策略时就代表其已经游走在法律的边缘，需要立刻采取措施加以规制。

（3）知识产权非实施行为的目的在于实现知识产权本身的货币价值而非使用价值。按照一般的交易逻辑，创造研发智力成果并付诸生产实施是市场经营的常态，只有在市场交易失败时才会寻求诉讼救济。在知识产权非实施主体看来，寻找潜在的交易主体需要的成本过高，如同大海捞针，会耗费大量人力和财力，[2]而且市场交易具有不稳定性，前期的巨额投入并不意味着会获得等量的产出。相比之下，侵权行为具备较为明显的外部性特征，非实施主体可以借助网络技术轻而易举地追踪到侵权者，进而发送侵权通知书获取利益，即使迫不得已诉诸法院，批量式的诉讼也大大降低了非实施主体的成本，保证其处于盈利状态。可以说，追求知识产权货币价值的运营模式完全符合非实施主体利益最大化的本性，也是促使其不断发动诉讼最根本的动力。

---

[1]　刘强，马德帅："机会主义知识产权诉讼行为及其法律控制——美国法的经验和启示"，载《湖南大学学报》（社会科学版）2014年第3期，第150～155页。

[2]　邓昭君："嬗变的市场：知识产权商业化维权的司法透视"，载《法律适用》2015年第1期，第25页。

（4）非实施主体在诉讼中利用不实施知识产权的行为优势，免受反诉等对抗。一般情况下，传统制造企业在相互提起知识产权诉讼的同时，也会顾及对方可能提出反诉而在诉讼请求上给予一定的让步，双方当事人之间实际上形成了一种微妙的平衡关系。然而，对知识产权非实施主体而言，他们不制造和实施任何知识产品，即使提出反诉也不会对其权利产生任何影响，这就在举证方面保证了他们的优势地位，打破了诉讼双方的平衡态势，使得非实施主体可以毫无顾忌地迫使涉诉企业达成和解。一些知识产权非实施主体甚至将自身的知识产品转移到某些空壳公司名下起诉，就算败诉也没有可用资产支付判决，从而能随心所欲地发起诉讼却不用担心诉讼可能带来的负面效果。

第二节　知识产权非实施行为发生原因

一、制度层面原因

知识产权制度作为一种政策工具，是国家人为创设的一种垄断权。其通过赋予相关主体一定期限的排他性权利，以最终保障知识信息的创新、传播与利用。由于客体的无形性和可共享性，知识产权无法像有形财产一样通过占有、使用等客观行为确定权利内容，而只能以人为设置禁止权的方式来确定知识产权的边界，这一制度设计本身就存在权利滥用的隐患。知识产权非实施主体正是利用了这一制度，以禁止权作为谈判筹码，牟取不属于知识产权使用价值的经济利润。为了防止知识产权滥用，世界各国通过立法规定了法定许可、强制许可和反垄断等措施，以维护竞争秩序，有效配置智力资源。然而这些措施始终围绕市场竞争展开，难以从根本上杜绝由权利构架所引起的知识产权非实施行为。

知识产权制度在权利构架上遵循了有形财产的一般思路，因此知识产权作为一项私人财产权，理应与其他传统财产类型一样，无论动机如何，财产所有者都具有使用或不使用的特权。例如美国最高法院曾认为，知识产权作为一种财产形式，与其他有形财产一样，享有不使用或不实施的权利。法院认为，排他性是知识产权的本质，任何财产所有者都有使用或不使用财产的特权与自由，不需要质疑其动机。知识产权作为一种私权，与其他财产权一样，权利人没有自己实施或允许他人实施其信息财产的义务。只要知识产权本身真实有效，一旦被侵犯，无论是否从事商业化生产，权利人行使排他权，都是正当的权利行使行为。而当下对知识产权非实施行为的批判也多是不正当、不道德的，而非违反了某项具体的法律规定。

将知识产权与有形财产进行比较论证，是学术界及司法界一贯的做法，知识产权特征如"非物质性""可共享性""与载体的可分离性"等都是相对有形财产而言的。对于有形财产来说，权利人具有"使用"的自由与"不使用"的自由。那么，有形财产中的"不使用权"是否真的可以自然延伸至无形的知识信息财产权中呢？对此，本书认为从历史上看，英国最早确立了现代意义上的专利制度，将专利权作为禁止垄断的一个例外或是最高统治者为提高税收收入而售卖的一种普遍特权。由于这种特权在很多领域都创造了垄断，从智力成果到生产性产品，还设置了同业行会和职业的准入障碍，因此，英国这种垄断特权只授予新发明，而且在授予专利的范围及其具体实施上都规定了非常严格的标准。例如，英国专利法为专利权人强加了生产义务，限制对专利权本身的交易，反对专利投机活动，防止技术市场等发生金融泡沫和权利囤积行为。❶虽然现代知识产权已经从特权发展为财产权，但有形财产的不使用权特征仍然无法直接应用于知识产权。实际上，之所以认可有形财产的不使用权或不实施权，主要是因为有形财产的竞争性消费特性。赋予有形财产所有权人不使用权，不仅可以尊重权利人的自主权及人格利益，而且有助于社会效率价值的实现。即使这样，有形财产法中的不使用权也并不是绝对的，只有不对第三方当事人利益造成严重损害的不使用行为才能获得法律保护。

---

❶ Zorina Khan. "Trolls and Other Patent Inventions: Economic History and the Patent Controversy in the Twenty-First Century." Georqe Mason Law Review, vol.21, 2014, p.829.

　　与有形财产不同，知识产权并非社会发展过程中人们由内而外产生的权利意识，而是执政者为激励创新自上而下的一种制度设计。此种背景下，有形财产和无形财产的权利属性差异被进一步凸显。一方面，知识产权的保护对象是信息，信息具有公共产品属性，其使用不具有自然的排他性。正如哈耶克所说："信息的稀缺性是通过立法的方式人为制造出来的。"另一方面，无形性的天然属性使得他人可以任意使用知识产权而不对其造成损耗。根据社会法学的观点，法律是实现社会控制的手段，法律在授予一部分人权利的同时也会剥夺另一部分人的权利，借助私人利益的分配以实现整体利益的平衡。因此，知识产权在权利设定上就必须符合一个大前提——利益平衡。利益平衡原则要求知识产权的行使不能一味满足权利主体本人的需求，更要以实现社会公共利益为根本遵循，在具体制度设计上要赋予权利主体一定的使用义务或者在特定情形下允许他人不经许可的使用，以保证权利人与社会公众之间的利益平衡。此外，利用创新获得的收益反哺创新也能促进社会生产进步和可持续性发展。知识产权的立法旨趣不是为了赋予创造者对权利的无限垄断，而是通过授予这种有条件限制的相对权利来激发其从事智力创造活动的内在热情，❶ 从而不断激励权利主体和社会公众源源不断的创新，增加社会的整体福祉。如果知识产权人仅将投资获利作为唯一导向，懈怠使用知识产品，通过收取许可使用费抑或投机性诉讼阻碍社会公众接触该知识产品，那么其必将会严重限制新技术的发展，损害社会各方的利益。因此，对于知识信息财产权来说，权利人没有"不实施"的权利，相反，"实施"更应该是一种义务。遗憾的是，知识产权制度在权利设计上只赋予了权利人及其受让者排除他人使用的权利，却没有施加自己使用的义务，这不利于达到知识产权促进知识信息的创新与传播的终极目的。

---

　　❶ 张冬："创新视阈下知识产权运营商业化的风险控制"，载《知识产权》2015 年第 6 期，第 73–77 页。

二、司法层面原因

起诉成本低、赔偿数额大，为知识产权非实施行为提供了投机的空间，而缺少对知识产权恶性诉讼的遏制，更是加剧了知识产权和诉权的滥用。在美国完备的知识产权保护体制之下，知识产权非实施主体的诉讼成本要远低于涉诉的生产性主体。一方面在于起诉门槛低，一个诉讼主体可以同时起诉多家企业。非实施行为通常是发生在特定领域的一系列案件，非实施主体一旦做好了诉前准备，便可以在后续诉讼中以较低的成本继续向多名被告主张权利。而且出于获取市场利益的核心目的，专利非实施主体往往会通过对诉讼时机、社会舆论等各方面因素的精细计算，选择自己的诉讼成本与被告诉讼成本差距最大的诉讼策略，以此起到威慑效果。例如，网络盗版领域的版权非实施主体借助诉讼聚合的特殊审理机制同时针对多名被告提起诉讼，极大降低了诉讼成本。近年来，美国的版权非实施主体更把诉讼矛头指向普通网络用户，其前期假装与网络服务者发生纷争，要求其提供下载过侵权作品网络用户的姓名、联系方式等具体个人信息，进而将全部网络用户共同诉诸法院并要求合并审理，仅2010 年，就有 100 000 名被告被起诉，平均获赔额达到 2500 美元。[1] 另一方面，非实施主体并不实际生产知识产品，也就不会受到交叉许可、反诉、不正当竞争的制约，即使败诉，产生的实际损失也很小。与之相对，被诉的生产企业却要面临更大的风险。不仅要支付高额的律师费，倘若专利非实施主体成功获得禁令救济，被诉生产企业必须停止生产及销售专利产品，形成投资上的沉没成本，甚至面临停产乃至破产的风险。[2] 美国一直以来奉行知识产权强保护政策，侵权赔偿数额大，尤其是针对恶意专利侵权规定了三倍的赔偿额，在威慑侵权行为的同时无形中增加了知识产权非实施主体的谈判筹码。由于信息的不对称和诉讼结果的不确定，被告更容易选择以和解或支付许可费的方式解决纠纷，特别是在非实施主体给出的"定价"低于被告的诉讼成本之时。

---

[1] Jason R. LaFond. "Personal Jurisdiction and Joinder in Mass Copyright Troll Litigation." Maryland Law Review Endnotes, vol.71, 2011, p.51−60.

[2] 张体锐："专利海盗投机诉讼的司法对策"，载《人民司法》2014 年第 17 期，第 110 页。

　　有学者认为，本土司法制度不同于美国，内生于低诉讼成本与高额赔偿金的知识产权非实施行为在中国并无寻租空间。❶ 其实不然，中美两国司法制度的确存在差异，中国知识产权侵权的判赔数额较美国明显要低。美国非实施主体传统的盈利模式，即发动侵权诉讼、谋取高额的和解费或者索要巨额的赔偿在中国并不适用。根植于本土司法制度与法律环境的非实施主体逐步衍生出适应中国国情的诉讼策略，其并不奢望通过单次诉讼获取高额利益，而是借助多次诉讼、批量维权的方式渔利。尽管发起一次诉讼所获得的赔偿额不高，但中国的诉讼成本要更低，只要获赔额高于起诉成本，非实施主体就会毫不吝啬发起诉讼，而且非实施主体可以通过多次诉讼累计收益，并不断为后续诉讼的胜利积累经验。以本土的版权非实施主体三某向公司为例，其借助批量式的取证、公证、诉讼等方式最大限度降低了维权成本，累积了诉讼效益，在与广州市某智信息科技有限公司著作权纠纷一案中，三某向单个案件仅获得 3700 元赔偿，但批量诉讼达 86 件，总获利高达 30 余万元。根据理性经济人的假设，非实施主体是否有足够动力发起诉讼关键在于诉讼收益能否为其带来超额利润。事实上，近几年随着知识产权司法保护力度不断加强，知识产权非实施行为在中国的活动也愈发明显。而新修订的《著作权法》《专利法》大幅度提高了侵权损害赔偿的上限，并增设了最高五倍的惩罚性赔偿，这将显著提高非实施主体在中国的预期收益。当前，我国司法部门尚未建立应对非实施行为的制约机制，一旦侵权损害赔偿数额满足非实施主体的运营要求，其频繁发起诉讼并要求高额赔偿势必会成为知识产权诉讼的常态。❷

　　总体来说，司法层面对知识产权的高强度保护只是知识产权非实施行为的诱因之一，不能依此否定知识产权强保护的意义。通过降低防范成本和律师费用，限制侵权赔偿数额，限制适用合并审理等方式，可以在一定程度上遏制知识产权非实施行为，但也有可能纵容侵权。这就要求在司法实践中法院要

---

❶ 孙远钊："应对专利操控实体（PAEs）的难题与政策规制"，载《电子知识产权》2014 年第 6 期，第 36 页。

❷ 邓雨亭、李黎明："专利侵权惩罚性赔偿之威慑机理与规则适用研究：以法经济学为视角"，载《知识产权》2020 年第 8 期，第 52 页。

准确甄别知识产权非实施行为，采取针对措施，并对不当的行政授权进行司法纠错。美国最高法院在爱丽丝案❶中确立了两步检测法，对专利授权的有效性进行检验。依据这一标准，很多计算机软件与商业方法不再满足可专利性的条件，这就在诉讼阶段过滤了一大批专利非实施行为。另外，对于权利稳定的知识产权诉讼，法院也可以通过限制适用侵权责任的方式，降低非实施主体的谈判筹码。例如，在易趣案中，为了避免知识产权禁令成为一种索要高额许可使用费或和解费的议价工具，美国最高法院重塑了禁令救济标准，力求做到最大限度的利益平衡。❷

三、行政层面原因

市场失灵促使政府运用行政手段介入知识产权管理，但在矫正市场失灵过程中产生的管控失灵问题催生了知识产权非实施行为。不同于物质财产的特定性和唯一性，知识产权的客体（信息）具有可共享性的特点，"同一"信息可以同时被两个以上的人所拥有或者使用，而且这种使用不会造成信息的损耗，❸客体的特殊性使得知识产权成为一种具有正外部性特征的公共产品。❹所谓的正外部性是指社会成本小于个体成本、社会收益大于个体收益的情形，正外部性行为是一种典型的损己利人的行为。❺产生正外部性特征时，知识产权人对于研发的投入难以得到等比例的回报，权利人杜绝消费此类产品而不付费的"揩油者"的成本可能远远高于向使用者收取费用所获得的利润，投资行为的无利可图引发对创作的负激励，甚至刺激市场主体产生搭便车的心态和行为，最终导致知识产权这一公共产品供应受限并进一步产生市场失灵。凯恩斯

---

❶　Alice Corp.Pty.Ltd. v. CLS Bank Int'l, 573U.S., 134S.Ct.2347（2014）.

❷　eBay, Inc. v. MercExchange, L.L.C., 547U.S.388, 391（2006）.

❸　张玉敏著：《知识产权法学》，法律出版社2017年版，第12页。

❹　毛翔："市场优先原则在知识产权领域中的应用"，载《重庆大学学报》（社会科学版）2018年第6期，第159页。

❺　李昌麒著：《经济法学》，法律出版社2014年版，第27页。

的国家干预经济理论提出，政府介入市场是防止市场无序化和协调配置资源的重要手段，有利于克服市场失灵问题。知识产权并非自然权利，其是国家依靠法律划定的权属范围，是国家强制力的产物。政府可以利用"看得见的手"不断调节市场秩序，通过赋予知识产权人充足的回报激励其不断创新，从而推动社会的进步与发展。

然而，正如美国经济学家詹姆斯·布坎南所说，"政府的缺陷至少同市场一样严重"❶，在知识产权领域更是如此。首先，知识产权管理政策直接关系到不同社会群体的利益与要求，利益格局的分化使得政府在制定和实施知识产权政策时存在很大的掣肘，产生预算分配偏离社会需要、权利寻租、政府过度干预等政府失灵问题。其次，由于内部竞争性压力的不足和监督措施的不完善，政府在进行知识产权行政管理时容易产生运行效率低下等问题，致使相关政策与措施难以实行到位。此外，根据经济学上的"瓦格纳定律"，政府运用行政手段干预知识产权管理的范围和力度容易陷入不断扩大的困境。以专利为例，美国 20 世纪 80 年代开始施行的"亲专利"政策就是政府过度介入市场的表现，其直接为专利非实施行为的滋生提供了温床。这种"亲专利"政策，一方面表现为专利申请审查标准过低，另一方面表现为对软件专利的宽容。美国专利商标局运用"最广泛合理解释"原则进行审查，导致这一时期专利数量激增，专利质量下降，大量本不该获得授权的专利得以在市场流通。这些专利本不具有使用价值，却因为获得了垄断权而具备了交换价值，成为专利非实施主体利用的对象。有数据表明，权利主体将非实施行为推进至诉讼阶段的意愿并不强烈，因为在这一过程中其专利权很有可能被宣告无效，而且专利非实施主体在诉讼中获胜的比例仅为 9.2%。❷ 对软件专利的宽容态度也同样导致了大量的专利非实施行为，从 2007 年到 2011 年，美国专利诉讼的被告数量增长超过一倍，而这其中有 89% 都与软件专利有关，非实施行为俨然引发了一场软件

---

❶ 詹姆斯·布坎南：《自由、市场与国家》，吴良建等译，北京经济学院出版社 1998 年版，第 28 页。

❷ John Allison, Mark Lemley, Joshua Walker. "Patent Quality and Settlement among Repeat Patent Litigants." Georgetown Law Journal, vol.99, 2011, p.694.

专利危机。20 世纪 80 年代以前，美国专利商标局及各地法院都将计算机软件当作一种数学算法，拒绝提供专利保护，但是 1981 年的戴尔案❶改变了当时的这一现状。美国最高法院在强调数学算法不属于专利法保护对象的同时，又特别指出当计算机软件与具体的方法发明联系在一起时，就可以获得专利法保护。计算机软件被正式纳入专利保护的范围。❷自此之后，计算机领域专利授权量迅速增长，一跃成为专利累积量最多的技术领域。❸与其他领域不同，通过计算机软件而实现的商业方法往往难以用精确的语言确定权利要求，这就导致了专利权利边界模糊，权利范围扩大。在实践中，过于宽泛的语言很容易被解释为涵盖以后被开发的其他技术，而由于内涵和边界不明确，审查员不得不在难以准确判断新申请专利是否具备新颖性的情况下对其进行授权，如此循环往复，产生了大量低质量的软件专利。无论是审查标准过低，还是对软件专利的宽容态度，都导致了过于宽泛和不明确的专利大量出现，如此大规模的无实用价值专利在市场流通，势必会导致专利诉权的滥用，加快非实施行为的泛滥和蔓延。

综上，知识产权非实施行为是市场失灵和政府失灵交叉作用下的产物，作为重要的调控方式，行政机关应当努力在"自由与控制"之间寻求某种平衡，把握"国家之手"的力度和尺度，通过及时、有效的市场干预缩减知识产权非实施行为的寻租空间。因之，行政机关在介入知识产权市场管理时必须充分遵循以下原则：第一，充分遵循尊重市场的原则。市场是最具有效率和活力的资源配置手段，知识产权制度产生于市场，其管理也必须依靠市场。只有单纯依靠市场力量难以保护公共利益的前提下，行政机关才能介入市场。第二，充分遵循有限干预的原则。正如前文所述，同市场失灵一样，政府也容易出现管制失灵的现象，产生的危害也更加严重。政府必须坚持有限干预原则，保持市场介入的谦抑性，以市场失灵作为干预的尺度和范围，否则可能破坏市场固有的

---

❶ Diamond v. Diehr, 450U.S.175, 186（1981）.

❷ 李明德著：《美国知识产权法》，法律出版社 2014 年版，第 950 页。

❸ 傅瑶，孙玉涛，刘凤朝："美国主要技术领域发展轨迹及生命周期研究——基于 S 曲线的分析"，载《科学学研究》2013 年第 2 期，第 215 页。

竞争秩序，最终可能阻碍知识产权事业健康有序发展，❶美国的"亲专利"政策引发的一系列社会问题就是一个很好的例证。第三，充分遵循合理合法的原则。合法性原则是指行政机关在制定和实施知识产权相关政策时必须严格按照法律的规定进行，充分听取群众意见，做好评估和反馈，不能被利益集团所左右。合理性原则是指行政机关的执法方式不能过于形式化，应当做到客观、必要、适当、合理，否则就会扭曲行政执法的价值。例如，版权执法活动就通常是运动型的"节假日执法""灾难性执法""突击性执法"❷，难以发挥行政机关事前救济的功能。

第三节　知识产权非实施行为的分类

一、按照盈利方式分类

（一）诉讼型非实施行为

在知识产权非实施行为产生之初，大部分是拥有少量知识产权、创新能力较弱的权利主体，其自身也创造智力成果，但其主要目的不在于实施而是向特定领域的经销商谋取诉讼利润，因此，被定义为诉讼型非实施行为。

诉讼型非实施行为是目前人们最为熟悉，也是最传统、最普遍的非实施行为类型，其通常与原权利人之间存在密切的联系。第一，诉讼型非实施主体通过原权利人的转让或者独占许可的方式获得知识产品的排他性权利。第二，诉讼型非实施主体通常会与原权利人达成利益分享协议，待维权成功后按照协议

---

❶ 姜伟，赵露泽："专利海盗现象引发的思考"，载《知识产权》2012年第9期，第70页。

❷ 谢晓尧，陈贤凯："维权代理的市场逻辑——李智勇反盗版的样本意义"，载《社会科学战线》2011年第4期，第200页。

的内容分配利益。诉讼型非实施主体通常有专业的律师团队和丰富的诉讼经验，善于利用诉讼的实体与程序规则获取利益。在诉讼过程中，其会提出略低于被告诉讼费用的金额要求和解并撤诉，被告基于成本高、周期长等诉讼特点往往会选择尽快达成和解协议息事宁人。此外，非实施主体还擅于操纵社会舆论，典型的就是其经常会选择在企业首次公开募股（initial public offerings，IPO）前夕发送侵权通知书，要挟即将上市的企业尽快满足他们的要求，如若不然就会诉诸法院进行案件的实质性审理，影响企业的上市进程。因此，即使原告的诉讼理由不充分或者权利存在瑕疵，仍然会迫使相关企业尽快达成和解，此类诉讼方式也被美国法院称为"滋扰诉讼"。

当前，司法行政部门对非实施行为带来的社会影响普遍持谨慎保守的态度，加之诉讼结果本身具有不确定性，导致实践中非实施主体的案件胜诉率并不高。许多非实施主体担心自己的投入成本无法转化为预期收益，甚至"赔了夫人又折兵"，往往避免进入诉讼阶段，或将诉讼作为不得已提出的虚晃招式，主要是为知识产权许可费或和解金谈判的顺利进行提供威慑作用。

（二）许可型非实施行为

随着知识产权市场运营的日臻成熟，以构造知识产权池或知识产权组合为代表的许可型非实施行为逐渐显现。许可型非实施主体通常借助规模庞大的资金链完成知识产权的原始积累，形成可容纳数百甚至上千种智力创造成果的知识产权池或知识产权组合，进而同侵权企业展开许可谈判以获取利益。

可以看出，相较于诉讼型非实施行为，许可型非实施行为更加资本化和专业化，利用数量庞大的从业人员对潜在侵权的知识产品进行搜索与比对，不仅收购市场中的优质知识产权，更主动投入资金研发新技术。在具体的运营模式上，许可型非实施主体首先会对市场进行价值评估，选择商业性高、附属价值大的知识产品进行初步布局。紧接着将获得的知识产权进行筛选与整合，在综合考虑权利类型、市场潜质的基础上构建知识产权池或者知识产权组合。最后，许可型非实施主体依靠律师团队和谈判专家对潜在侵权企业发起许可谈判，获取高额的许可使用费。

许可型非实施行为对资金流和专业化的要求极高，仅仅是其组成人员就包括知识产权猎头、知识产权组合设计师、金融家、保险商、律师等在内的十余种专业人才，一般的中小型非实施主体很难拥有如此复杂的产业构造，因此许可型非实施行为的数量极少。实践中的非实施主体商业化运营模式更为复杂，并不仅是依靠单一的盈利模式生存，而常常将两者进行任意组合搭配以达到"利用最小风险谋取最大利益"的目的。

二、按照诉权来源分类

（一）研发型非实施行为

研发型非实施行为是指权利主体原始取得知识产权后并不实施，而是通过协议获取对价或者直接进行商业化运营的行为。研发型主体是社会发明创造的主要产出者，专门从事非实施行为的仅是少数，如果研发型主体基于自身知识产权受到侵害而委托公司或者律师主张权利，并没有积极的运营行为或者利益分配协议，则不归属于此类。

研发型非实施主体主要包括以下几类：（1）高校、科研机构、独立发明人等主动科研创新的主体，此类主体不具备实施知识产权的条件，也不具有独立从事非实施行为的物质基础，通常将研发的知识产权许可或者转让给大型企业，直接或者间接参与知识产权非实施行为。（2）企业、合伙及公司等蜕变型主体，此类主体往往拥有大量的基础性产权，由于破产或者转型失败等缘故不得已对拥有的知识产品进行再利用。（3）与高智发明类似的主体，此类主体高度专业化和资本化，组织结构分明，具备专门从事科研的内设机构，往往也具有从事知识产权收购的机构，严格来说是研发型和继受型的结合体。

值得一提的是，受制于发明创造的转化率与利用率，高校等研发型主体难以获得同创新投入等值的回报，创新积极性逐渐下降。而非实施行为的产生似乎对这一现状有所改变，以获利为导向的非实施体充当市场猎头，搜寻具有产业价值的知识产品，并将其包装投入市场运营，加快智力成果的市场流转，在一定程度上激发了研发型主体的创新活力。

（二）继受型非实施行为

继受型非实施行为是指非实施主体通过独占许可或者受让继受取得知识产权，并借助不同的运营方式获取利益。在知识产权交易过程中，继受型非实施主体充当市场中介，其运用自身所具备的专业能力，不断在供需双方之间传递交易信息，有效降低了参与者的搜索成本和市场交易的不稳定性。

然而，作为一种趋利性的运营方式，继受型非实施主体谋取诉讼利益的行为过于不择手段，已经引起众多学者和被告的诟病，最为典型的是"钓鱼维权"❶模式和"放水养鱼"❷模式。"钓鱼维权"模式存在较大的主观恶意，其非常类似刑法理论中的教唆，是指侵权人本无侵权的想法，但非实施主体通过欺诈、哄骗等手段诱使市场主体侵权，并通过诉讼或者以诉讼相威胁的方式获利。"放水养鱼"模式是目前最为常见的策略，在此种模式下，非实施主体已经事先获得许可授权，并在市场中发现侵权行为，但并不积极主动地同潜在侵权人进行谈判磋商，而是默许甚至鼓励侵权产品占领市场，待侵权人投入不可逆资本后，以停止侵害相威胁迫使其达成和解费或者许可费协议。

三、按照发生领域分类

（一）专利非实施行为

专利非实施行为是指那些本身并不制造专利产品或者提供专利服务，而是从其他公司（多数是破产公司）、研究机构或独立发明人手上购买专利的所有权，然后寻找合适的目标公司进行专利许可谈判，以达成许可合同，从中赚取

---

❶　董伟威，童海超："知识产权商业维权诉讼的界定与规制"，载《人民司法》2014年第1期，第13页。

❷　梁志文："反思知识产权请求权理论——知识产权要挟策略与知识产权请求权的限制"，载《清华法学》2008年第4期，第126页。

专利许可费或者是待相关企业使用其专利进行生产并占有一定市场份额时，通过突然提起专利诉讼的方式赚取巨额赔偿金的行为。由于专利诉讼专业性强且案情复杂，使得专利侵权诉讼往往具有高风险、高成本的特性。有数据显示，专利非实施主体提起的专利诉讼案件占所有专利侵权纠纷案件的一半以上。其中，生产性企业提起专利侵权诉讼的案件，胜诉率为 40%，而专利非实施主体的胜诉率仅占其提起诉讼案件的 8%。[1] 基于该特性，专利诉讼通常是非实施主体的威胁手段，收取高昂的许可使用费才是其根本目的。

专利非实施主体之所以备受指责，最主要原因就在于其投机性与寻租特性。消极论者认为，专利非实施主体投机性购买专利，是一种市场寻租行为，目的并不在于从事技术创新。积极论者认为，专利非实施主体捍卫独立发明人及小型企业的利益，从事的是防止发明人辛苦获得的知识产权被企业巨头窃取的"保卫战"，防止搭便车行为发生。因此，对于专利非实施主体不能一概而论，莱姆利教授[2] 根据诉讼态度的不同将其分为三类，分别为："博彩投机者"（lottery-ticket）、"抄底渔利者"（bottom-feeders）、"专利整合者"（patent aggregators）。"博彩投机者"是专利非实施主体中最传统也是最普遍的模式，这些专利非实施主体认为自己在某个重要技术领域拥有相关专利，非常希望通过侵权诉讼的方式从被控侵权者处获得较高的赔偿。"抄底渔利者"对自身的专利质量及对方是否真正侵权漠不关心，只希望对各种不同专利进行快速、低价值的和解。这些专利非实施主体内心并不希望诉诸法院，相反，他们依赖专利侵权诉讼的高成本逼迫被诉生产性企业与其进行小数额的和解。"专利整合者"从事专利整合业务，尽可能多地收集各种专利。一方面，对这些专利组合收取许可使用费；另一方面，对那些不支付许可使用费的企业提起专利侵权诉讼。

---

[1] 张体锐："专利海盗投机诉讼的司法对策"，载《人民司法》2014 年第 17 期，第 108 页。

[2] Mark A. Lemley, A. Douglas Melamed, Missing the Forest for the Trolls, http://papers.ssrn.com/sol3/papers.cfm? abstract_id=2269087，2021 年 7 月 10 日访问。

（二）版权非实施行为

版权非实施行为是指借助自身享有或者继受取得的版权，对其进行商业性运作以获取利益的维权行为。版权非实施行为最早可以追溯到英国。1833年，英国公民托马斯·沃尔利用《英国戏剧版权法》规定的法定赔偿条款频繁获利，[1] 其自身并没有创作作品，而是通过与他人的协定获得作品的"表演权"，依靠继受取得的权利向潜在侵权人发起诉讼或者要挟赔偿。时至今日，得益于信息技术的迅速发展，版权非实施主体在网络空间中迅速扩张，其将诉讼目标转向未经权利人许可却借助网络下载作品的用户，出现了一大批以普通用户为被告的共同虚名诉讼，严重损害了社会利益。正如拉丰德教授所说："版权非实施主体通常利用经验老到的诉讼技巧，同时对几十甚至上百被告展开起诉，而且往往会取得胜利。"[2] 在中国法律环境下，非实施主体针对的主要是应诉能力比较强的企业、行政机关以及公益性组织，并未将触手伸向普通用户，尚未造成严重的社会损害。

从法律缘起上看，版权非实施行为实际上是专利非实施行为在版权领域的衍生，两者在诉讼方式、盈利模式等方面具有高度的重合性，但也存在一些区别。首先，两者造成的社会损害不同。版权非实施行为在转换成本上要远低于专利非实施行为，通常不会阻碍社会的智力创造，但其诉讼对象是大量的普通用户，容易直接损害社会公众的切身利益；而专利非实施主体不实施发明创造的行为会直接造成某项技术发展的停滞，阻碍科技的进步，但在诉讼对象上只骚扰创新者而并不会对社会公众形成威胁。其次，诉讼主体的构成不同。版权非实施主体作为原权利人的诉讼比例要远高于专利非实施主体，这是因为版权侵权的认定相较于专利更为简单、清晰，通常不需要第三方机构进行专门的侵权比对，对维权主体技术性和专业性的要求并不高。再次，两者在诉讼中利用

---

[1] Shyamkrishna Balganesh. "The Uneasy Case against Copyright Trolls." Southern California Law Review, vol.86, no.4, 2013, p.732.

[2] Jason R. LaFond. "Personal Jurisdiction and Joinder in Mass Copyright Troll Litigation." Maryland Law Review Endnotes, vol.71, 2011, p.55.

的法律武器不同。专利非实施主体更善于利用诸如专利审查不严密、权利界限不清晰等制度上的漏洞谋取利益；而版权非实施主体倚仗的则是高额的侵权赔偿金与低成本的合并审理。最后，两者的诉讼策略也存在差异。版权非实施主体更善于利用侵权者的心理弱点，针对性地选择一些侵权者羞于承认的事实（淫秽作品的复制下载行为）作为侵权客体。❶专利非实施主体虽然也会利用某些专利产品（成人产品）牟利，但在收益上要远远低于版权非实施主体。

（三）商业秘密非实施行为

商业秘密非实施行为是指非实施主体利用商业秘密客体范围的广泛性，以民事诉讼或者刑事诉讼为手段威胁侵权人，并同侵权人达成和解协议或者获取胜诉赔偿金的行为。商业秘密非实施行为此前并未得到重视，直到 2016 年美国颁布《商业秘密保护法》在多个层面强化商业秘密的保护力度，使得国内非实施主体跃跃欲试，引发许多学者对美国"商业秘密蟑螂"的担忧。

近年来，我国已经认识到商业秘密对国民经济发展具有积极的能动作用，逐步通过刑民交叉的方式织密商业秘密的保护网。非实施行为是否会随商业秘密的强化保护而大面积蔓延？有学者认为，商业秘密囿于属性的限制并没有爆发的可能性。❷非实施行为在其他知识产权领域得以大面积泛滥的前提在于非实施主体可以通过多种方式获取知识产权并持有。侵权主体为了实现知识产权的价值势必会对其进行公开使用，为非实施主体广泛收购知识产品和发现潜在的侵权行为提供了良好的信息渠道。而商业秘密在权利属性方面具有秘密性，既不为公众所知悉，又无法通过公开的渠道获得，这就导致了商业秘密非实施行为缺少发展壮大的市场前提。此类观点的确具有一定的道理，但不可否认的是，如果商业秘密的保护强度过高，尤其是在刑事法律介入的背景下，商业秘密非实施行为仍存在较大的寻租空间。例如，权利主体在发现商业秘密泄露时

---

❶ 易继明，蔡元臻："版权蟑螂现象的法律治理——网络版权市场中的利益平衡机制"，载《法学论坛》2018 年第 2 期，第 10 页。

❷ 闫宇晨，徐棣枫："创新保护与危机：美国商业秘密蟑螂问题研究"，载《科学管理研究》2018 年第 4 期，第 111 页。

暂不报案，待到嫌疑人独自从事相关业务并发展到一定规模时展开诉讼要挟，如果不满足要求则向公安机关报案使其承担刑事责任。[1] 商业秘密的秘密性特征可能会帮助非实施主体更加隐蔽地从事商业秘密收购行为，不利于相关部门对非实施行为的事前规制。

（四）商标非实施行为

商标非实施行为是指恶意注册人不将其注册商标付诸实际使用，而是通过商标兜售、胁迫交易或者恶意诉讼等方式谋取不正当利益的行为。可以看出，商标恶意注册人借助非实施行为获利须经两个阶段：其一是商标囤积；其二是商标兜售或商标挟持。商标囤积是当前商标法和商标秩序面临的最大威胁。[2] 作为一种不以使用为目的的恶意注册行为，商标囤积不仅挤占有限的司法资源、损害合法经营者的权益，更与商标法保护商誉的理念背道而驰。一般来说，商标囤积客观上存在大量注册商标的行为，主观上存在不使用的恶意目的，受害者只要提出相关证据就能阻止非实施行为的发生。事实上，囤积者的每一次注册行为都是符合商标法"先申请原则"的正当行为。商标囤积并不是非实施主体的最终目的，只有经过后续的商标兜售和商业性转化攫取利润才算成功。商标兜售是指恶意注册人利用职业化囤积行为，将商标批发式地出售给购买者，使商标在交易市场中沦为纯粹的商品。此外，商标囤积者更善于利用停止侵权等诉讼请求，迫使未经许可的被告接受其不合理的要求。

作为一种识别性标记权，商标的主要功能在于区别商品或者服务的来源，其必然要通过实际使用在消费者同特定标志之间建立独一无二的联系，因此世界各国都规定了商标的使用义务。我国商标法也明确规定，"不以使用为目的的恶意商标注册申请，应当予以驳回"，可见使用是商标价值得以实现的重要前提，也是商标制度的核心内容。张玉敏教授曾经从确权程序、商标维持、未

---

[1]　徐瑄："对价视角下的技术保密制度——福利分析、国际趋势与中国应对"，载《知识产权》2021年第1期，第63页。

[2]　杨凯旋："注册体制下商标使用意图要件检视"，载《交大法学》2021年第3期，第156页。

注册商标保护及商标侵权救济四个方面论述使用在商标构建中的重要作用。❶
但当前本土商标非实施行为的泛滥和蔓延证明我国关于商标使用的具体制度设
计并不完善，需要进一步细化使用意图的构成要件、强化商标的使用义务。

第四节　知识产权非实施行为利弊分析

　　鉴于知识产权非实施行为的伺机性和钓鱼性，诸多学者将其视为社会蛀
虫，认为其对经济发展百害而无一利，尤其是遭受非实施主体侵扰的企业，更
在多种渠道呼吁应该严厉打击和禁止此类投机行为。但非实施行为是知识产权
运营在高度发达的市场经济加持下的产物，它的存在具有一定的市场道理。就
知识产权非实施行为而言，它反映出权利控制者热衷于从事知识产权投机诉
讼而非具体地实施转化业务，确有弱化知识产权创新、妨害社会发展之虞。但
不可否认的是，非实施主体利用自身在知识产权领域的比较优势可以为创新主
体提供丰富资源，帮助他们把停留在理论层面的设想转化为实际收益，激活创
造积极性，同时帮助生产性企业快速选择有效专利，降低企业的搜寻与收购成
本，是知识产权市场重要的交易中介，不但能够提高知识产权尤其是专利的转
化效率，甚至在一定程度上加快了社会生产力的发展。❷所以，对知识产权非
实施行为不能一概而论、全盘否定，要辩证理性地看待非实施行为带来的危机
与契机，综合考量非实施行为的双面效果，对积极正面的要施加引导，使其成
为促进国民经济增长的积极因素；而消极负面的要予以规制，防止其任意滋生
成长为巨魔，威胁社会创新。

---

❶　张玉敏："论使用在商标制度构建中的作用——写在商标法第三次修改之际"，载《知识产权》
2011 年第 9 期，第 3 ~ 11 页。

❷　洪结银，封曾阡，陶爱萍："真的都是'专利流氓'吗——如何正确看待 NPEs"，载《情报杂
志》2019 年第 4 期，第 33 页。

一、知识产权非实施行为积极作用

（一）有利于盘活休眠的无形资产，激发市场活力

在创新驱动发展战略下，国家对科研投入的力度不断加大，智力成果的产出也不断提高。《世界知识产权指标》（WIPI）年度报告显示，2018年中国的专利、商标、植物新品种的申请量已经达到世界总量的46.4%、67.8%、25.3%，中国已经成为名副其实的知识产权大国，但"知识产权大国"并不等于"知识产权强国"，知识产权能否推动社会进步发展关键要看其最终能否转化为实际生产力。有文章指出，当前我国知识产权实际转化率仅有10%，比美国的80%低了70个百分点，❶大量的知识产品沦为难以发挥市场价值的休眠资产，无法发挥激励社会生产的初始功能。知识产权非实施行为兴起之后，许多学者发现这一问题似乎得到了缓解。例如，美国学者麦克多诺通过研究发现，非实施主体能够唤醒市场中沉睡的专利，在不同程度上提高专利的流动性进而推动市场交易的进行。❷我国学者刘汉霞也认为，在专利海量化和低转化率的背景下，有专门企业以专利的整合与经营为主业，有利于筛选高质量的专利参与市场流通，激发市场主体的交易积极性，最大限度发挥专利价值。❸2008年，美国著名的专利非实施主体高智发明进入中国市场，并将自己的运营模式引入中国。高智发明筛选出具有研发潜力的高等院校和科研院所，利用高智发明IDF基金支持其创新活动，帮助将其发明创造开发成国际专利，进而依靠专利运营等手段实现市场化，并给予发明者相应回报。可以看出，非实施主体借助授权许可等模式为知识产权的实施和转化提供了一个专业而庞大的平台，能够有针对性地解决当前中国创新成果转化率低下的问题，积极能动

---

❶　沈健："我国大学专利转化率过低的原因及对策研究"，载《科技管理研究》2021年第5期，第97页。

❷　James F McDonough, III. "The Myth of the Patent Troll: An Alternative View of the Function of Patent Dealers in an Idea Economy." Emory Law Journal, vol.56, no.1, 2006.

❸　刘汉霞："域外专利集中经营模式的兴起及对中国的启示"，载《暨南学报》（哲学社会科学版）2014年第5期，第46页。

地实现知识产权无形资产的市场价值。

（二）有利于降低企业间交易成本，促进技术流转

长期以来，基于知识产权无形性的天然属性，在市场交易中很难用客观的手段量化与核定其实际价值，而且知识产权价值容易受外界因素的干扰，具有不稳定性，交易双方需要花费大量时间进行磋商，提高了交易的成本。首先，知识产权非实施主体在角色定位上类似于市场交易的中介，其依靠组织内部专业的分析人士，已经形成较为完备的知识产权价值评估机制，能够有效降低知识产权市场交易中的信息不对称，削弱市场交易的壁垒。其次，非实施主体在市场布局阶段会迅速收购特定领域的知识产品，并组成相对独立的知识产权池，用于专门对外授权或者诉讼。此类非实施主体通常是一些规模较大的公司，在利益的驱动下会向市场注入大量的资金，同时为市场主体提供一站式的知识产权许可协议平台，提高了市场交易的有效性。此外，我国知识产权市场一直采用较为封闭的管理形式，权利主体创造的知识产品往往是投入自己的生产运营之中，难以发挥智力创造的最大价值。非实施主体集中管理知识产权的行为有助于封闭式创新演化为开放式创新，促使传统的"知识产权一体化"模式（即从智力创造到产品运用，再到知识产权保护，直至智力成果再创造全部由权利主体独自完成）转变为"知识产权运营"模式（即知识产权的创造、运用和保护分别由不同类型的企业完成），加快企业之间的技术流转。当然，知识产权的集中也会带来一定的挑战，非实施主体可能利用集中管理获得市场优势地位，通过影响知识产品的定价机制妨害社会的公平竞争。但有学者通过研究发现，非实施主体为了立足市场获取更大利润，通常会将许可与授权费维持在一个相对合理的区间，不会引起系统性危险的发生，❶即使非实施主体存在市场垄断的意图，通过法律规定和行业规则的细化完全可以实现事前纠治，并不会任其恣意发展成长为"巨魔"。

---

❶　洪结银，封曾阝，陶爱萍："真的都是'专利流氓'吗——如何正确看待 NPEs"，载《情报杂志》2019 年第 4 期，第 33 页。

（三）有利于强化知识产权保护，推动经济发展

目前对知识产权非实施行为持否定态度的学者主张的一个重要理由就是，知识产权制度自建构之日起就承担着促进社会进步的任务，而非实施行为却不产生任何社会价值，仅将商业化模式应用到诉讼制度，本质上是违背知识产权价值理念的。但正如前文所述，知识产权非实施行为滥觞于市场自由化与政府过度干预，是高度的专业化分工同过度的知识产权保护相碰撞的结果。知识产权非实施行为不过是理性经济人在复杂市场环境中追求利益最大化的举措，其往往也是在法律框架之下运行的，并不具有过度的非难性。美国政府已经注意到这一点，自 2003 年开始逐步出台法案由"亲专利政策"过渡到"反专利政策"，意图通过弱化知识产权保护降低非实施主体的诉讼积极性。[1] 然而，知识产权制度在我国正式发展不过三十余年，强化知识产权保护、激励社会创新仍是国家战略重心，非实施行为作为强保护制度下的副产品具有反作用于知识产权保护的积极作用，不能绝对扼杀知识产权非实施主体的存活空间。具体而言，知识产权非实施行为的积极属性主要表现在以下两个方面：其一，非实施主体作为知识产权保护链条上的积极执行者，能够对原权利人起到辅助性的保护作用。[2] 非实施主体在诉讼模式、诉讼策略以及诉讼技巧等方面远远优于一般主体，原权利人发现他人行为涉嫌侵权后，选择与非实施主体合作可以更加有效地制止侵权行为或者获得赔偿，非实施主体的适时出现改变了权利主体"维权难"的窘境，同时也降低了诉讼风险。其二，非实施主体的策略有利于企业优化自身管理能力，不断提高企业知识产权保护意识。非实施主体并不是任意地寻找目标，其诉讼的对象或多或少存在对知识产权控制的瑕疵，频繁的侵扰可以促使企业不断优化结构，规范对知识产权的应用。

---

[1]　刘淼："非专利实施实体的是与非——美国专利制度的变革及其启示"，载《知识产权》2014年第 12 期，第 66 页。

[2]　易继明，蔡元臻："版权蟑螂现象的法律治理——网络版权市场中的利益平衡机制"，载《法学论坛》2018 年第 2 期，第 7 页。

二、知识产权非实施行为消极作用

（一）引发大量滥诉行为，严重浪费司法资源

随着知识产权保护力度的不断提高，我国逐渐进入知识产权诉讼高发期，与侵害知识产权有关的案件逐年递增，这在一定程度上反映出知识产权保护环境的优化。但物极必反，有学者认为，"诉讼动力过度"与"诉讼动力不足"具有同质性，都会阻碍最优诉讼效益的实现。❶ 批量式诉讼是非实施主体获取利益的重要手段，只要发现诉讼契机，一定会积极诉诸法院。在专利领域，非实施主体肆无忌惮地滥诉，扭曲正当的诉讼价值，使生产性企业深陷诉讼泥沼。在世界各国竞争性产业的背景下，专利非实施主体多将目标锁定在高科技领域的产品制造公司，使得这些技术密集型企业成为专利诉讼的"重灾区"。在版权领域，滥诉现象也十分严重。非实施主体通过"帮诉"（champerty）获得侵权赔偿、并将其作为唯一利润来源的经营策略，导致了大量不必要的诉讼。❷ 尽管美国司法系统竭力控制这种没有利害关系的诉讼聚合行为，大面积的诉讼仍迫使法官不得不合并案件的审理以减轻司法负担，"仅仅在一个普通案件中被告就有可能超过 50 000 名"❸。此外，非实施主体的滥诉行为一旦获得成功，不仅会为后续诉讼累积成功经验，形成滥诉的恶性循环，高额的利益回报也会诱使越来越多的企业参与到恶意诉讼中，间接诱发其他领域的知识产权非实施行为，商业秘密非实施行为的出现就是一个很好的例证。❹

---

❶ 胡小伟："NPE 诉讼的价值审视与规制选择"，载《知识产权》2021 年第 1 期，第 80 页。

❷ 易继明，蔡元臻："版权蟑螂现象的法律治理——网络版权市场中的利益平衡机制"，载《法学论坛》2018 年第 2 期，第 7 页。

❸ James DeBriyn. "Shedding Light on Copyright Trolls: An Analysis of Mass Copyright Litigation in the Age of Statutory Damages." UCLA Entertainment Law Review, vol.19, no.1, 2012, p.81.

❹ 闫宇晨，徐棣枫："创新保护与危机：美国商业秘密蟑螂问题研究"，载《科学管理研究》2018 年第 4 期，第 109 页。

（二）违反利益平衡的要求，阻碍社会创新

美国行政部门于 2013 年颁布的《专利主张与美国创新》报告认为，非实施行为在专利领域的泛滥和蔓延会阻碍社会的持续性创新，进而导致社会整体福祉的缩减。[1] 一方面，非实施主体频繁的诉讼行为会打击企业创新的积极性，降低企业发明创造的资本投入。根据美国波士顿大学的数据统计，非实施主体参与的知识产权诉讼已经达到空前的程度，仅 2011 年就有超过 2000 家公司被迫卷入 6000 起由非实施主体发动的诉讼中，而作为被告一方，大约有 82% 的企业年收入不足 1 亿美元，[2] 创新能力弱的中小型企业很容易落入非实施主体精心布置的陷阱，本身又难以应付后者的巨额侵权费用主张，久而久之沦为非实施主体的定向目标。相对于受让发明创造所支付的费用，非实施主体发起的诉讼会消耗企业更多的资金，蚕食企业自身的活力，在无形中减少了企业对创新的投入。另一方面，非实施主体的运营模式注定不会反哺创新，甚至阻碍社会创新的再循环。2011 年美国专利诉讼中的被告和被许可人共支付给非实施主体约 290 亿美元的许可费，估计只有少于 25% 的费用回流至创新活动中，[3] 这表明被告企业基于生产研发所形成的经济激励大部分被非实施主体劫持，实际发明人难以获得同其专利使用成本相匹配的预期回报，畸形的资源分配结果严重影响社会再创新的进行。

（三）形成经济学上的"反公地悲剧"，增加社会成本

美国经济学家海勒教授于 1998 年在《哈佛法学评论》上提出"反公地悲剧"理论，其认为如果稀缺资源的所有者能够随意排除他人使用或者对他人使用设置障碍，那么该资源就会形成利用不足或者闲置浪费的困境。非实施主

---

[1] 易继明："遏制专利蟑螂——评美国专利新政及其对中国的启示"，载《法律科学》2014 年第 2 期，第 174 页。

[2] 袁红霞："关于非专利实施实体的争论引发的思考"，载《中国发明与专利》2012 年第 10 期，第 19 页。

[3] 李晶，林秀芹："专利侵权惩罚性赔偿的法经济学分析"，载《国家行政学院学报》2016 年第 3 期，第 93 页。

体投机性诉讼引发的"反公地悲剧"是由国家赋予知识产权人排他性的权利后，该权利人不实际实施又不予以转让导致的。智力创造是一个逐步累积的过程，上游创新者的懈怠使用或商业化投机会造成高额的交易成本，导致下游继续创新的积极性受挫，从而造成对上游知识产权创新成果利用不足和基础研究被闲置的反公地悲剧。❶ 这种"囚徒困境"式的后果，会在整体上提高社会成本，浪费社会资源。美国政府曾经统计过，在标的额较小的普通专利诉讼案件中，平均产生的法律费用约为 65 万美元。而一项标的额超过 500 万美元的投机性诉讼，所造成的社会成本高达 2500 万美元。具体而言，知识产权非实施行为往往会在五个方面提高社会成本：（1）通过诉讼或者诉讼要挟造成被告的直接经济损失；（2）因知识产权无法产业化而导致的间接损失；（3）被诉企业股票等金融价值的贬损引起的社会整体经济利益降低；（4）因非实施主体频繁诉讼导致市场主体创新积极性降低，进而阻碍社会整体发展；（5）其他潜在的经济损失，包括工人难以获得新技术导致收入下降、消费者无法购买新产品的损失等。

---

❶ 张冬："创新视阈下知识产权运营商业化的风险控制"，载《知识产权》2015 年第 6 期，第 75 页。

第三章　知识产权非实施行为规制法哲学基础

不可否认，知识产权非实施行为存在积极的一面，但是现实生活中，在利益的驱使下，知识产权非实施行为越来越展示出其消极的一面，阻碍着经济的发展与社会的进步。对知识产权非实施行为进行规制成为世界主要经济体正在或者即将要面对的事情，而充分认识知识产权非实施行为规制的法哲学基础有助于我们提出更加合理的规制方案。

第一节　劳动论

约翰·洛克是古典自然法学派的代表人物。洛克的思想对后世影响巨大，他的财产权劳动理论为财产权正当性的解读提供了劳动论视角，经过不少学者的论证，该理论不仅为有形财产的合理性提供了理论基础，也为无形财产的合理性提供了理论基础。洛克的财产权劳动理论成了知识产权制度的基础理论之一。

在洛克看来，劳动使财产从自然状态下脱离出来，"所以只要他使任何东西脱离自然状态所提供的和那个东西所处的状态，他就已经掺进他的劳动，在这上面参加他自己所有的某些东西，因而使它成为他的财产"❶。在介绍完劳动在财产取得的中心位置后，洛克也论述了两个附加条件，一为"留有足够的同

---

❶　洛克：《政府论》（下篇），叶启芳，瞿菊农译，商务印书馆 1964 年版，第 18 页。

样好的东西"❶，二为禁止浪费，❷ 即充足性附加条件与反浪费附加条件。

作为知识产权领域的重点问题，知识产权非实施行为也逃不脱财产权劳动理论的审视，而权利控制者不实际实施其知识产权，只注重实现知识产权本身的货币价值这一行为却是在实打实地背离财产权劳动理论的价值取向。

一、知识产权非实施行为不属于"劳动"

洛克是西方自由主义的创始人，他认为，"人们既然都是平等和独立的，任何人就不得侵害他人的生命、健康、自由或者财产"❸。这些人们在自然状态下普遍享有的自然权利是与生俱来的，也是不可剥夺的。政府和国家的权力来源于人民，他们的目的就是保护人民的自然权利，而财产权就是一种自然权利，需要社会予以尊重和保护。回顾洛克的生平与知识产权制度的发展史，似乎二者不存在时间上的交集，因此也有不少学者质疑，使用在先出现的洛克的理论来论证在后出现的知识产权的正当性是不合适的。其实不然，使用从"自然状态"中拨归财产的路径来解读新的财产权是十分合适的。"今天，要说在一个材料不归任何人所有的或者广泛被人共享的背景之下而获得全新的财产拨归，如此情形并不会在有体财产的世界中发生，而只有在知识财产的世界中才更为常见。"❹ 橡实与苹果通过捡拾者的劳动从自然状态中被区别出来，成为捡拾者的个人财产。而知识产权是通过创造者的劳动从人类共有知识中被区别出来，成为创造者的财产。可以说，"洛克理论的初始条件跟知识创造十分接近，因此，他的理论在这个领域中也是非常管用的"❺。

劳动使有体财产从自然状态中脱离出来，劳动使无体财产从人类共有知识

---

❶ 洛克：《政府论》（下篇），叶启芳，瞿菊农译，商务印书馆1964年版，第18页。

❷ 洛克：《政府论》（下篇），叶启芳，瞿菊农译，商务印书馆1964年版，第20页。

❸ 洛克：《政府论》（下篇），叶启芳，瞿菊农译，商务印书馆1964年版，第4页。

❹ 罗伯特·P.莫杰思：《知识产权正当性解释》，金海军，史兆欢，寇海侠译，商务印书馆2019年版，第61页。

❺ 罗伯特·P.莫杰思：《知识产权正当性解释》，金海军，史兆欢，寇海侠译，商务印书馆2019年版，第62页。

中脱离出来，那么什么是"劳动"呢？对于什么是"劳动"，洛克并没有在他的论述中给出明确的界定，后来的学者们则是从洛克论述构建的语境中尝试恢复对劳动的定义。其实重要的并不是劳动的定义，而是劳动的目的，即劳动要与人类的生存或者繁荣相关。如果没有把握住这一重点，就会得出假如我将番茄汁掺进大海里就会拥有整片大海的荒谬结论，❶ 在这种情境下，即便更加突出劳动这一要素，也不能对这个假设得出肯定的结论，原因很简单，在这里劳动与人类的生存或者繁荣无关，劳动被指向到一个毫无意义的目标上。❷ 洛克的财产理论是一种说明为什么要将某些东西拨归个人就有助于人类生存和繁荣的理论，因此，从理论目的层面上来理解，有体财产和无体财产的区别并不是洛克理论关心的重点，这种区别与理论所追求的目标无关。❸

　　知识产权制度从目的到具体安排都在回答如何保证个人获得权利与人类社会繁荣的动态平衡，也处处彰显着对"劳动"的承认与尊重。如今我们认为作者基于创作作品获得版权是理所应当的，但是在版权制度萌芽时期，这个答案却没有不言自明。伴随着印刷技术的发展，图书制作的方式从抄写转变为印刷，出版商承担着采购生产设备、购进生产原料以及图书销售的风险。为了维持贸易秩序，保障出版商的投资回报，出版商行业积极游说，将与图书相关的权利牢牢掌握在自己手中。早期的版权制度与其说是保护作者的权利，不如说是保护出版商的投资利益。出版商通过限制竞争的方式获得了大量利润，后来由于社会对言论自由的呼声愈发高涨，为了在减少冲突的前提下保障自己的利益，出版商行业将对图书的控制权"让渡"给了作者。因为作者的利益在根本上与出版商的利益没有冲突。这时作者作为版权法上的核心主体才开始登上历史的舞台。1710 年的《安娜女王法》便确立了这种以作者权为表达的版权法，

---

❶　罗伯特·诺齐克在著名的"番茄汁"假设（"tomato juice" hypothetical）中对洛克财产权劳动理论的"掺进"概念所提出的批评。诺齐克的小寓言是说，有一个人站在海滩上，把一罐番茄汁倾倒入大海里。这个人就要对整个海洋主张所有权。

❷　罗伯特·P. 莫杰思：《知识产权正当性解释》，金海军，史兆欢，寇海侠译，商务印书馆 2019 年版，第 91 页。

❸　罗伯特·P. 莫杰思：《知识产权正当性解释》，金海军，史兆欢，寇海侠译，商务印书馆 2019 年版，第 78 页。

成为版权法上的转折点。版权法也逐渐拥有了保障作者权利的功能，回报作者所投入的辛勤劳动，并激励知识的增长。从权宜之计到名副其实，制度及社会公众对于作者权利的认可逃不脱对作者创作这一劳动付出的朴素认知，作者创作作品的过程就像人们开垦利用荒芜的"大块土地"。通过劳动，作者在人类共有知识内俯拾、挑选适合自己构想的材料，将它们转换成自己独一无二的创造性产品。劳动，使得作者从与作品相关的主体里脱颖而出，使得游弋在人类共有知识内的材料从外部世界进入到个人空间内，而经过一段时间，这些作品又会回归人类共有知识，成为供后来者创造的材料。

劳动对于专利权和商标权的取得与维持同样意义重大。版权自动取得制度自 1908 年《伯尔尼公约》确立之后，被世界上大多数国家采用。与版权不同，专利权、商标权的获得具有强烈的行政色彩，似乎这种权利不是与生俱来的，不是"自然获得"的。版权保护的是形式，而专利权、商标权、动植物新品种权等保护的是一种思想，而不是具体的某种有形的物品。行政机关对某些专利、商标的审查旨在考察该项劳动成果是否具有"摆脱自然状态"的先进性和可识别性，❶ 之后的登记也是在明确权利边界。使专利、商标等从人类共有的知识中脱颖而出的还是劳动，而不是行政机关的授权。在我国，虽然奉行商标权的注册取得制度，但是对于"商标使用"这一创设、维持商标权的要素也渐渐给予了更多的重视，《商标法》第四条就规定"不以使用为目的的恶意商标注册申请，应当予以驳回"使用，体现了权利人的"生产性投入"，使得那些本不具有商业意义的符号脱离了自然状态。商标法保护的实质是权利人通过使用劳动，赋予商标以商誉内涵的过程。❷ 可以说，知识产权的取得、维持都离不开"劳动"。

知识产权非实施行为并不属于"劳动"。围绕着知识产品而生的权利都依赖"劳动"的养护，知识产权非实施行为青睐技术或作品的诉讼价值而非商业价值或使用价值。知识产权的商业运作需要巨大的时间与资金投入，特别是专

❶ 易继明："评财产权劳动学说"，载《法学研究》2000 年第 3 期，第 100 页。

❷ 黄汇："商标权正当性自然法维度的解读——兼对中国《商标法》传统理论的澄清与反思"，载《政法论坛》2014 年第 5 期，第 134 页。

利，行走在行业前沿，所承担的商业风险也会异常大。知识产权非实施主体不愿意冒如此大的风险，他们控制大量的知识产权不是为了商业转化，而是为了尽快获得知识产权的货币价值，此时进行诉讼，或者威胁进行诉讼，将相关主体裹挟进纠纷里成了一本万利的选择。知识产权非实施行为本身经受不了"劳动论"的审视，从根本讲，权利控制者所拥有的一些知识产权本身就没有凝结"劳动"，即便有些知识产权"掺进"了"劳动"，权利控制者以此来发动诉讼并不符合"劳动"的目的。

近年来有不少商业主体在商标领域抢占势力范围，商标抢注、商标囤积现象层出不穷，一个获得行政授权的商标拥有了坦然行走在商业社会的"外衣"，但这层"外衣"不能使它无懈可击，如果这个商标没有被使用，没有和权利人付出劳动的商业经营产生的商誉紧密联系在一起，这样的商标经受不了来自异议环节、撤销环节、无效环节的大风大浪。"一个未经洛克意义上的劳动赋予商誉的天然标志，不应获得任何保护。注册不过能为洛克意义上的劳动所建立起来的商誉所有权，盖上社会普遍认可的印章。"[1] 由于没有凝结劳动，没有被使用的商标宛如在劲风中摇曳的蒲公英，最终它引以为傲的"外衣"也会消散在风中。

洛克的财产理论关心劳动、财产拨归与人类的生衍繁荣，这三者之间的关系是洛克思想的核心，[2] 而在知识产权非实施行为中，权利控制者发动诉讼并不能促进人类社会的生存与繁荣。知识产权非实施主体不关心相关知识产权的转化、使用。对他们而言，知识产品从无到有就已经完成了他们对于知识产品的全部价值构想，至于之后知识产品价值从有到多的路径设计并不在他们的规划之内，而知识产品价值的从有到多恰恰是人类社会走向繁荣的关键所在。以电影产业为例，早期依靠电影摄影放映机的关键技术专利少数几个电影公司垄

---

[1]　黄汇："商标权正当性自然法维度的解读——兼对中国《商标法》传统理论的澄清与反思"，载《政法论坛》2014年第5期，第137页。

[2]　罗伯特·P.莫杰思：《知识产权正当性解释》，金海军，史兆欢，寇海侠译，商务印书馆2019年版，第78页。

断了电影产业。❶ 技术的发展延长了电影的时长，电影产业从技术至上逐渐转化为内容至上，拥有更高质量的影片成为行业竞争的焦点，此时与影片相关的版权成为产业发展的立足点。伴随着影片的产出与推广，制作、发行这些影片的公司积累了大量的声誉，他们的商标也凝结了大量的商誉，商标的价值也体现了公司的经营成果。知识产权的身影出现在电影产业的角角落落，每一个阶段的推进都离不开知识产权的实际应用，如果每个阶段都不以实际实施知识产权为目的，那电影还能否成为第七艺术，电影还能否成为文化产业 GDP 的拉动器，电影还能否繁荣人类文明，都要被打上一个大大的问号。

二、知识产权非实施行为没有留有"足够多与同样好"

洛克的财产理论内涵丰富，除了"劳动"在财产拨归中的中心地位外，还有附加条件，其一就是充足性附加条件。洛克在说明劳动与财产拨归的关系之后，紧接着就是对充足性附加条件的阐释，"既然劳动是劳动者的无可争议的所有物，那么对于这一有所增益的东西，除他以外就没有人能够享有权利，至少在还留有足够的同样好的东西给其他人所共有的情况下"❷。如果只考虑劳动与财产拨归之间的关系，资源是共有的，而个人将自己的劳动掺入那些在共有状态中所发现的资源，就产生了财产权。❸ 面对这片荒芜的"大块土地"，承认个人经过劳动对"开垦"得到的"土地"具有财产权是鼓励人们积极利用荒地，增加了人类社会的共同积累。明确人们对经由劳动所获得财产的所有权是洛克对于人类社会财富"存量"的关注，但只关注人类社会财富"存量"是不足够的，只关注怎样分蛋糕，而不考虑怎样将蛋糕做大，不利于整个人类社会的繁荣。在"人们基于他们的劳动，有权将他所能充分利用的自然界的东西

---

❶ 陈犀禾，刘帆编译："西方当代电影理论思潮系列连载五：电影工业和体制研究"，载《当代电影》2008 年第 6 期，第 62 ~ 65 页。

❷ 洛克：《政府论》（下篇），叶启芳，瞿菊农译，商务印书馆 1964 年版，第 18 页。

❸ 罗伯特·P. 莫杰思：《知识产权正当性解释》，金海军，史兆欢，寇海侠译，商务印书馆 2019 年版，第 66 页。

划归自己私用"之余，为别人"剩有同样丰富的东西，留给肯花费同样勤劳的人们"❶则体现出洛克对人类社会财富"增量"的重视。人们通过劳动获取时，要将"同样好和足够多"的土地及其产出留给他人耕种和享用，这样在关心自己权利的同时，也体现出对他人的关爱。

人类社会的财富总量在过去的四百年里实现了爆炸式的增长，这离不开在私人权利之外留有"足够多与同样好"的余地，否则人类社会的财富早已被我们"自私"的先辈占据殆尽。只有权利人为他人预留了"足够多与同样好"的余地，人类社会才能实现可持续的发展，"事实上并不因为一个人圈用土地而使剩给别人的土地有所减少。这是因为，一个人只要留下足供别人利用的土地，就如同毫无所取一样"❷。这样，个人财产权利与供其产生的自然状态也就在"足够多与同样好"的空间里实现了动态平衡。

对于知识产权而言，个人权利与社会利益的平衡也需要"足够多与同样好"这一条件来维护。知识产权"脱离"的人类共有知识并不像有体财产"脱离"的自然状态那样"自然"，人类共有知识里绝大部分的材料都是经由人类产生的，在后产生的知识产权就是把劳动添加到某一样之前曾经存在权利主张但现在已经丧失权利的材料上。❸人类共有的知识，是人类创造的材料库，也是人类创造的归宿地。如果将人类共有的知识比作蓄水池，那么"足够多与同样好"就如同蓄水池上架设的进水管，为人类科技、文化、商业的繁荣提供了可能性，在运行良好的情况下，蓄水池中的水通过"应用"这根排水管，被源源不断地引入人类社会，滋养人类社会的繁荣，这些活水在人类社会循环之后又会从"足够多与同样好"的进水管回归到蓄水池中，并且在人类社会循环的过程中，这些活水又会带来更多的材料，这样人类共有知识这一材料库不仅能保持规模，还能持续增长，后来人也就能站在前人的肩膀上进行创造。对于知识产权进行权利主张的人，必须为其他人留下"足够多与同样好"的东西，毕

---

❶ 洛克：《政府论》（下篇），叶启芳，瞿菊农译，商务印书馆1964年版，第24页。

❷ 洛克：《政府论》（下篇），叶启芳，瞿菊农译，商务印书馆1964年版，第21页。

❸ 罗伯特·P.莫杰思：《知识产权正当性解释》，金海军，史兆欢，寇海侠译，商务印书馆2019年版，第73页。

竟垄断是手段，不是目的。

知识产权制度在进行构建时就预留了"足够多与同样好"的东西。例如我国《著作权法》第五条就规定："本法不适用于：（一）法律、法规，国家机关的决议、决定、命令和其他具有立法、行政、司法性质的文件，及其官方正式译文；（二）单纯事实消息；（三）历法、通用数表、通用表格和公式。"从洛克财产权劳动理论解读，政府文件、单纯事实消息及历法、通用数表、通用表格和公式不是没有"掺进劳动"，反而在某些情况下它们凝结的劳动更多，不受《著作权法》保护的原因就是如果对它们进行保护，如果允许个人对如此重要的信息进行垄断，那么就不能给他人留下"足够多与同样好"的东西，不方便他人学习与创造。有些政府文件语言优美、内涵丰富、表达精炼，字里行间都透露着作者遣词造句的功力与深刻的思想，单从表达形式上来看它们完全符合《著作权法》对作品的定义，理应受到保护，但是如果在这些信息上设置个人权利的围栏，就会影响信息传播的效率，立法出于对信息传播的考虑并没有将其纳入保护的范围。单纯事实消息以及历法、通用数表、通用表格和公式则是因为表达形式过于单一，如果允许个人对它们主张权利，就没有给他人留下"足够多与同样好"的东西。除此之外还有很多制度的设计都是出于为他人创造留下"足够多与同样好"的东西的考虑，比如单一颜色不允许注册、合理使用制度、强制许可制度、权利存续期间制度、无效制度等，就是希望在"不损及任何旁人的利益"的前提下，允许个人"开垦任何一块土地而把它据为己有"，因为这个时候"还剩有足够的同样好的土地，比尚未取得土地的人所能利用的还要多"。❶

知识产权非实施行为显然没有给他人留下"足够多与同样好"的东西。有形财产中的"不使用权"不能自然延伸至无形的知识信息财产权中，否则促进知识信息的创新与传播就只能是纸上谈兵。实施知识产权不仅是权利在被赋予个人时对个人的要求，更是整个社会对权利人隐含的期望。知识产权运则通，用则活，在应用的过程中也能创造出"足够多与同样好"的东西供他人创造使

---

❶ 洛克：《政府论》（下篇），叶启芳，瞿菊农译，商务印书馆 1964 年版，第 21 页。

用。但是知识产权非实施主体不从事生产，不关心知识产权的实际应用，如果以上的论述并不能烘托知识产权非实施行为带来的危机感，我们不妨进行一种更加极端但也会在实际生活中发生的情形，知识产权非实施主体选择进军标准必要专利领域进行专利挟持。暴利，是促进知识产权非实施主体进行诉讼的主要原因，专利领域，特别是标准必要专利领域自然就成了兵家必争之地。标准必要专利，是指实施某项标准必不可少的专利，❶当一项专利成了标准，专利权人何愁无人进行使用。本应是便利专利实施的举措，在实际生活中却成了阻碍专利实施的手段，在标准制定以后，专利权人凭借标准必要专利的不可替代性获得了巨大谈判优势和控制力，迫使标准实施者支付高额的许可费用。❷对于拥有标准必要专利的知识产权非实施主体而言，针对未经其许可的专利实施者，他们可以提起侵权诉讼或者威胁对方提起侵权诉讼。此外"专利权人自己可以不进行任何实业生产活动，不需要使用别人的专利技术，无侵权之虑，也不需要为进行实业生产与别人交换许可"❸，手中供谈判使用的筹码不可谓不大。这些知识产权非实施主体自己不实施专利，并且如果其他专利实施者没有交纳足够的许可费，还会禁止他人的实施行为，他们希望将与标准必要专利相关的利益都纳入自己的控制范围之下，不给他人留下"足够多且同样好"的东西。此外更加危害商业竞争环境的行为是，一方商业主体积极布局收购掌握竞争对手标准必要专利的企业，一旦收购成功，就进行侵权诉讼，这样的精准打击直接扼住对手的咽喉。可是这样用数以万计的专利搭建起针对竞争对手的专利技术壁垒的竞争手段无益于维护行业竞争秩序，倘若任由这样的恶性竞争发展，我们终将面对前沿科技产业的凋敝景象。这样强悍的专利庞然大物也引起了各国的警惕，防范知识产权非实施行为对竞争秩序的破坏也成为各国正在或者即将要解决的问题。

---

❶　《国家标准涉及专利的管理规定（暂行）》第四条："国家标准中涉及的专利应当是必要专利，即实施该项标准必不可少的专利。"

❷　罗娇："论标准必要专利诉讼的'公平、合理、无歧视'许可——内涵、费率与适用"，载《法学家》2015年第3期，第86页。

❸　文希凯："'专利蟑螂'的反垄断法规制"，载《知识产权》2014年第6期，第7页。

"足够多与同样好"的东西是权利人为他人留下的余地，也是为自己留下的余地，如果一项劳动没有留下"足够多与同样好"的东西供他人使用，那么它就不是正当的。知识产权非实施行为并没有为他人留下"足够多与同样好"的东西。

三、知识产权非实施行为导致"浪费"

除了充足性附加条件外，洛克的财产理论还有反浪费的附加条件，毕竟"上帝创造的东西不是供人们糟蹋或败坏的"[1]。如果不加限制，人们似乎能在树林中采集橡实和各类果实，只要他还能够进行劳动，那么他就能按照自己的意愿获得无限制的财产吗？显然并不会。洛克认为，人们不能浪费资源，通过劳动一个人只可以占有其有能力耕种的土地和可供利用的产品，"当这些东西超过他的必要用途和可能提供给他的生活需要的限度时，他就不再享有权利"[2]。诚然，人们用劳动改变了天然产品所处的状态，也因为劳动取得了对天然产品的所有权，但基于自然的公共法则，"人们需要在这些财产未败坏之前加以使用，否则他就取了多于他的应得部分，就是掠夺了别人"[3]。

如果说浪费有形财产是对上帝的背叛，那么浪费无形财产又在辜负谁呢？对于无形财产我们很难想象它败坏、腐烂、荒废的样子，"浪费"究竟指向什么状态。其实抽丝剥茧后就能发现，在洛克的理论中，所谓浪费，并不是未获满足的需求，而是一件东西已经作为财产拨归某人但它最终却未被投入任何的

---

[1] 洛克：《政府论》（下篇），叶启芳，瞿菊农译，商务印书馆1964年版，第20页。

[2] 洛克：《政府论》（下篇），叶启芳，瞿菊农译，商务印书馆1964年版，第25页。

[3] 洛克：《政府论》（下篇），叶启芳，瞿菊农译，商务印书馆1964年版，第30页。洛克在第38段的论述同样涉及"反浪费"理论。"凡是经过耕种、收获贮存起来的东西，在败坏之前予以利用，那是他的特有权利。凡是圈入、加以饲养和利用的牲畜和产品也都是他的。但是，如果在他圈用范围内的草地上腐烂，或者他所种植的果实因未被摘采和贮存而败坏，这块土地，尽管经他圈用，还是被看作是荒废的，可以为任何其他人所占有。"

生产性使用。❶

知识产权制度也是反浪费的，对于过度的权利主张非常警惕，毕竟对超出自身劳动所实际生产的东西主张权利，既对社会无用处，也对他人不诚实。

在我国，虽然社会逐渐认识到商标使用的重要意义，但是对于商标使用的尊重还没有渗透进商标权从无到有的全流程中，特别是在商标权注册取得制度下商标抢注、商标囤积现象一直存在。国家知识产权局商标局《2020 年四季度各省、自治区、直辖市商标注册申请、注册统计表》显示，2020 年即便在新冠肺炎疫情对经济社会运行产生冲击的情况下，全年商标总申请注册量只增不减，依然呈上升趋势。2020 年全国商标申请量 9 116 454 件，注册总量为 5 576 545 件，有效注册量 28 393 188 件。与 2019 年的数据相比，有两个变化值得注意，一是申请件数增长了 1 534 098 件，增长率达 20%；二是注册件数减少了 601 246 件，下降了将近 10%。❷ 根据一升一降的两个数据我们可以推断出，商标审查的标准提升了，注册商标的质量也更有保证了，但同时也可以推断，现阶段在申请注册环节依旧存在大量低质量、不能投入使用的商标。的确，根据《2020 年中国知识产权保护状况》，2020 年国家知识产权局将加大对商标囤积和恶意注册行为的打击力度作为全年的重点工作，直接下降的商标注册量就反映出对恶意商标囤积行为进行打击的行动成果，但现实生活中依旧存在商标囤积现象。对于商标囤积的危害性有不少学者都论述过，有观点认为，首先，商标囤积会增加其他有正常注册及使用需求的主体的时间成本及金钱成本，挤占了有真正需求的商标申请人的商标符号资源；其次，这种囤积注册导致我国商标注册数量的增长存在不少水分，也极大增加了商标确权部门的行政成本，导致行政司法资源的浪费；再次，囤积商标会消耗大部分文字和词汇资源，迫使商标申请注册进入"存量"市场；最后，这种不正当占用商标资源的

---

❶　罗伯特·P.莫杰思：《知识产权正当性解释》，金海军，史兆欢，寇海侠译，商务印书馆 2019 年版，第 113 页。

❷　国家知识产权局商标局："2020 年四季度各省、自治区、直辖市商标注册申请量、注册量统计表"，中国商标网 2021 年 1 月 11 日，http://sbj.cnipa.gov.cn/sbtj/202101/W020210111460315435301.pdf，2021 年 7 月 31 日访问。

行为正在扰乱商标注册秩序，破坏社会诚信体系。这些担忧其实都在围绕着商标囤积这一非实施行为会造成"浪费"的核心论点展开，无论是侵占文字资源、消耗行政机关资源，还是荒废其他社会资源，这些担忧都不无道理。

商标囤积是知识产权非实施行为在商标领域的典型代表，近年来商标领域的立法、司法活动就在试图清理沉睡在庞大申请量背后的囤积商标，呼唤"使用"的回归。社会公众厌恶商标囤积行为，从朴素的情感认知层面上说，是抗拒这种用"轻易"得来的权利碰瓷他人谋求高额回馈的行为，深入分析，就是厌恶将财产紧紧攥在自己手中，却不投入生产，任由它们荒芜、腐朽，造成浪费的现象。例如，从本质上讲，企业申请注册防御商标也是在进行商标囤积，对于这种行为我们为什么不会产生抵触心理。通常我们认为这种行为没有恶意，是企业为了维护自身的合法权益，防止被他人侵害，提前进行商标体系布局的必然举措，再往前走一步，就是因为这种行为没有造成浪费，防御商标的"无用"本就是"大用"。认识生产性使用并不容易，为了确定财产权当中的某一部分是否遭受到了浪费，我们不仅需要从空间角度把握它与权利整体之间的关系，如防御商标本身就是要进行无用之用，而且也要把握尚未投入使用的权利与整体安排的时间维度，如果一些已经获得的权利最终也不会被投入使用，它们就会因为浪费被宣告无效或者被撤销。反浪费是知识产权制度一贯的主张，不使用知识信息财产可能会浪费其他人的时间及精力，形成重复性投资，浪费社会资源，抑制社会创新。

即便是商标这一重视知识产权应用的领域，知识产权非实施行为依旧大行其道，更遑论其他还没有重视应用的知识产权领域。如同样属于知识产权，专利权申而不用并不会遭受到如同商标注而不用启动撤销、无效程序等彻底的否定性评价，可见使社会尊重"使用"这一让知识产权"活起来"的灵魂，我们还有很长的道路要走。促进知识产权的生产性使用，反对浪费，对于解决知识产权领域的非实施行为问题意义重大。比如其他知识产权单行法可以借鉴商标法规定，强化知识产权的"使用"要件，像在专利领域有必要确立专利实施要件，强加商业化义务，要求权利人在获得权利后的一段合理时间内，及时向国家知识产权局提交充分的专利商业化证据，否则将丧失其专利权，除非有合

理事由。❶

　　正确认识劳动，尊重正当的劳动，为他人发展留下"足够多与同样好"的东西是知识产权制度一以贯之的态度，可知识产权非实施行为对这种态度发起了全方位的挑战。在应用中"消失"的知识产权背后，是权利人以权利之名为人类繁荣发展道路竖起的高大路障，如果任由知识产权非实施行为肆无忌惮地发展，就会消解人类对于劳动的崇拜，那我们终究会迎来一个荒芜的世界。

第二节　激励论

　　理论界对于知识产权正当性的讨论一直没有停息过，各方对这个问题也没有形成共识。除劳动论外，激励论也提供了另一个认识知识产权正当性的视角，借用激励论我们能对知识产权非实施行为的规制产生更加深刻的认识。

　　激励论是从功利主义思想发展而来的，早在伊壁鸠鲁学派的快乐主义中就能发现功利主义的影子。边沁是西方功利主义的创始人，他在法国的爱尔维修和意大利法学家贝卡利亚的思想上创立了完善的功利主义学说，并将这一学说应用在法学之中。❷功利主义的特性就是"趋利避害"，人类的行为、政府的职责、立法都要体现出这种特性，立法要从根本上增进"最大多数人的最大幸福"。

　　激励论的基本观点是，如果不对智力成果进行权利保护，那么创造者就会失去创新的动力，长此以往就会损害社会福利。授予知识产权能激励知识作品的生产，最大程度地推动社会进步，也就是说授予作者或者发明人权利的原因

---

❶ Maayan Perel. "From Non-Practicing Entities（NPES）to Non-Practiced Patents（NPPS）: A Proposal for a Patent Working Requirement." University of Cincinnati Law Review, vol.83, no.3, 2015, p.747−808.

❷ 徐爱国：《法学的圣殿——西方法律思想与法学流派》，中国法制出版社2018年版，第237页。

不是他们需要这些权利或者是他们付出了劳动，而是因为只有这样才能保证为社会生产尽可能多的知识产品。❶ 授予创造者知识产权是激励智力成果生产，推动社会发展的手段。在激励论的视角下，现有的知识产权制度需要思考如何配置权利才能更好地激励人们从事智力创造活动，从而实现"最大多数人的最大幸福"。在私有权得到保护的自由市场中，每个人都只关心自己的利益，而在供需关系的调解下，却也能达到人力和资源的最佳配置，实现公共福利的最大化，❷ 即在追逐个人利益最大化的同时也能实现社会公共利益的最大化。虽然在激励论的假设中最终能实现公共利益的最大化，但这是在对个人权利进行保护、促进个人追逐自己利益最大化的"附属产品"，是个人在实现自己利益最大化的过程中有意或无意带来的必然结果，不体现个人的追求。

在本节，我们将主要讨论知识产权非实施行为是否能通过市场的经济回馈来促进人们的创造活动，也就是知识产权非实施行为是否能够激励智力成果的产出与转化，促进蛋糕做大。至于知识产权非实施行为能否实现个人权利与公共利益之间的平衡，能不能分好蛋糕，将会在下一节进行探讨。

一、知识产权非实施行为抑制知识产权的产出

比起如何实现社会公共福利的增长，激励论首先回答的是怎样的激励能够吸引人们投身创造活动实现个人利益最大化，而人们积极投身创造活动又将带动社会公共利益的增长，其以激励个人利益最大化作为实现公共福利最大化的途径。毕竟在激励论看来，只要平等地实现每个人利益的最大化，就能得到社会公共利益最大化，因为社会利益是个人利益的数字化加总。

作者、发明人是真正从事创造的人，授予他们一定的排他性权利，将市场上的一部分利益引流给他们，将为他们的创造活动加上"利益之薪"。❸ 从经

---

❶ 蔡晓东："知识产权的功利主义理论与劳动理论"，载《理论月刊》2012年第11期，第93页。

❷ 李石："'知识产权制度'的哲学反思"，载《哲学研究》2019年第8期，第123页。

❸ 美国总统林肯1859年的经典名言，原句为"The patent system ... added the fuel of interest to the fire of genius"。

济学意义上看，知识产权是一种"公共产品"，即一个人对它的消费并不会减少另一个人的消费。❶ 经济学家萨缪尔森认为，公共物品具有消费上的非排他性与非竞争性。❷ 公共物品在消费上的非竞争性与非排他性，会引发两个问题：第一，公共物品生产者无法在竞争市场中回收投资的总成本。这是因为公共物品的生产成本及排他性成本很高，而使用成本非常低甚至为零。因此，公共物品容易引发无功却受禄的"搭便车"问题，提供者很难从所有受益者处获得相应的报酬。一般来说，竞争性产品能够通过市场机制获得最佳分配与利用，而非竞争性产品根本不需要进行市场分配，因为使用者之间不会产生冲突。这些公共物品的最大优势就是，成本可以分散到所有用户。然而，这种成本的分摊同时也会产生集体行动问题（collective action problem），即个体成员有动力去"搭便车"或盗用他人贡献成果，试图从这些公共物品处获利。这是因为，对于公共物品而言，群体成员面临同样的激励机制，个体成员均不愿支付有益于整个群体利益的公共物品成本。❸ 第二，投资成本不受保护造成供给不足的问题。一方面，公共物品生产者无法通过市场价格机制获取最优生产数量的信息；另一方面，物品生产成本远远高于所获收益，生产者投资的积极性受到抑制。斯蒂格利茨教授认为，"对于公共物品引发的市场失灵问题，国家必须在这些物品的供应中发挥一定作用，要么通过知识产权保护方式增加知识回报率，要么通过政府进行直接的财政资助"❹。鉴于知识产品本身具有的公共物品属性，如果仅仅依靠市场调节极易产生市场失灵的现象，知识产权制度的存在则可以减少市场失灵，实现知识产品供给效率的最大化。对知识的排他性权利创设的成本，是为了在知识产权使用环节上取得更大的收益，这样才符合对知

---

❶　威廉·M.兰德斯，理查德·A.波斯纳：《知识产权法的经济结构》，金海军译，北京大学出版社2016年版，第16页。

❷　Paul A. Samuelson. "The Pure Theory of Public Expenditure, Review of Economic & Sandstazists." vol.36, 1954, p.387-390.

❸　Patrick Croskery. "Institutional Utilitarianism and Intellectual Property." Chicago-Kent Law Review, vol.68, 1993, p.631.

❹　约瑟夫·斯蒂克利茨：《公共财政》，纪沫等译，中国金融出版社2009年版，第340~341页。

识产权制度进行成本收益分析的要求。❶ 知识产权作为一种排他性权利，在激励论看来，其正当性在于激励私人投资与创造。知识信息与一般的有形商品不同，信息生成成本很高，而复制再生产的成本却很低，因此极易受到市场失灵的影响。为了鼓励知识生产，激发创造热情，国家开始以"知识产权"对信息市场进行创新激励。

将权利赋予促进创造智力成果的主体，这一做法不仅符合人们朴素的正义感，而且确实能够促进创造活动的繁荣。从知识产权制度存在的正当性角度出发，权利的产生、流转都应该体现对从事创造活动的激励，但是知识产权非实施行为从总体上看抑制了知识产权的产出，没能实现对创造活动的激励。

首先，知识产权非实施行为消减了知识产品的价值。知识产权非实施行为并非一无是处，这些非实施主体类似知识产品供需双方之间的"中介机构"，像是引入知识产权交易市场的鲶鱼❷，增强了智力产品的流动性，但是知识产权非实施行为具有极强的趋利性与投机性，在实际操作中这种运作模式极易异化，从而抑制创新活动的增长。在商业社会里，商机转瞬即逝，对知识产权进行产业化的规划需要长期的战略安排，这不仅需要大量的资金投入，也需要经营主体巨大的商业魄力。显然知识产权非实施主体无意进行长期的商业安排，他们希望用最快速的方法回收投资，收割利益，那么将知识产权投入实际生产就不是他们的最优选择。诉讼，甚至不用实际进行诉讼，仅以提起诉讼相威胁就能够满足知识产权非实施主体的需求，成本与可能获得的利益之间存在的巨大利益差，吸引着越来越多的主体加入知识产权非实施行为中，而越来越多的诉讼，也正在消减着知识产品的价值。版权领域的非实施主体，在其维权的过程中为了尽快盈利，通常会选择跳过诉讼以外的其他环节，例如，诉前警告和签订版权许可合同。这种做法有一个明显的缺陷，就是抹杀了作品在社会发展和文化传播中拥有的实际商业价值和社会价值，而只是通过诉讼形式烘托出了某种不切合实际的"诉讼价值"。尤其是在绝大多数诉讼止步于庭外和解的情

---

❶ 和育东："知识产权法的效率价值及其实现"，载《电子知识产权》2006 年第 7 期，第 21 页。

❷ 鲶鱼效应是指通过某一个体的"中途介入"，对群体起到竞争作用，激发群体活力，从而达到既定目标。

况下，由于和解金额较之损害赔偿额度更低，此时作品真正文学、艺术、科学价值已经不为人所在乎。❶而在专利领域，诉讼加重了专利实施者进行技术创新的负担，即便专利实施者最终在诉讼中胜诉，长期的诉讼活动还是会消耗原本可以被投入创新的资金、人力、时间资源。一项调查显示，一家被告公司在被诉期间，停止了公司的技术创新，导致相同产品的销量减少了三分之一。❷

其次，知识产权非实施行为没有对促进创造的主体给予足够的激励。知识产权并不是一开始就将保护的目光投射在作者、发明人等这些创造者身上，毕竟在"他们是否应该被保护"之前，立法者首先要回答"是否要对他们进行保护"这一现实问题。从知识产权制度演进的历史进程来看，对于创造者的保护并没有在一开始就被放在首位。历史表明，专利制度最初的产生和应用并非天才的创造，而是基于一个非常普通的想法：行业专营可以获致丰厚的利润。❸即便是饱受后世赞誉的世界第一部专利法《威尼斯专利法》，也是借用措辞上对发明人创造的激励来体现确保商人独占经营地位的正当性。商人需要专利制度来限制竞争使其尽快回收投资和实现利润增长，后来为了维护专利制度的存续，商人将发明人推至台前，强调智力成果的社会价值，强调专利制度激励发明人从事发明活动，而且发明人将其辛勤劳动获得的成果向社会公开之后理应获得国家对其权利的确认和保障。❹持续运行的专利制度强化了人们对于激励论的认可，重塑了语境，发明人的权利也逐渐取代王权和垄断成为专利制度的日常表达。版权制度也是经历了一个漫长的过程才展示出对作者权利的真正关照。从尊重投资到尊重创造，知识产权制度找到了能够促进自身可持续发展的立命之本。当然在不同时期、不同情况下，掌握促进知识产权流动，实现社会

---

❶ 易继明，蔡元臻："版权蟑螂现象的法律治理——网络版权市场中的利益平衡机制"，载《法学论坛》2018年第2期，第7页。

❷ 易继明："遏制专利蟑螂——评美国专利新政及其对中国的启示"，载《法律科学》2014年第2期，第177页。

❸ 黄海峰：《知识产权的话语与现实——版权、专利与商标史论》，华中科技大学出版社2011年版，第125页。

❹ 黄海峰：《知识产权的话语与现实——版权、专利与商标史论》，华中科技大学出版社2011年版，第160页。

持续创新主要资源的主体也不同，确立版权上的拟制作者其实也是出于促进作品使用，促进作品传播的目的，否则所有想使用这个作品的第三人都要与所有的实际创作者进行联系，整个协商使用的过程就会显得无比冗长和复杂。缺少充分的传播与使用就会降低作品的商业价值，进而贬损创作者的热情，阻碍创新。知识产权非实施行为没有将巨大的物质激励回馈到真正对创造活动起决定作用的主体上。知识产权非实施主体作为知识产权创造者与知识产权实施者之间的"中间商"，在现实中往往通过诉讼活动，敲实施者的竹杠供自己所用，他们不会将"敲诈"得来的巨大收益返还给创造链上游的创造者，那么这些创造者就得不到知识产权制度原本为他们预设的激励，也会消减他们持续创造的积极性。特别是对于那些收购他人知识产权进行诉讼的主体，这样的主体不做研发，不事生产，诉讼得来的赔偿金根本不会投入任何创新环节，知识产权流转过程当中产生的大量价值被滞留在与创新无关的环节里，此外也不能增加社会福利的收益，这背离了知识产权激励论的初衷。

最后，知识产权非实施行为无法创造市场。知识产权非实施行为的存在、发展正在扭曲市场的价值取向。在专利领域，伴随着市场经济的深入发展，专利权强保护主义势头愈发明显，专利权本身的私有化和商业化特性日益突出。专利制度赋予了权利人一种利用排他性垄断权获取利润最大化的能力。虽然专利法的初衷在于通过授予发明人一定期限的垄断权，促进技术进步，但是真正的技术交易并不是专利权人的义务。❶专利权人没有义务也不愿意实施专利技术或进行商业化生产，而是更多选择了一种立竿见影、风险较低的排他性权利交易模式。实际上，从当前市场交易的性质来看，有形产品逐渐甚至完全消失，市场中更多交易的是排他性权利本身，而非专利产品。专利权与专利产品一样，成了一种可以自由流通的商品。一些企业有很少或根本没有商业生产目的，只是去累积和许可专利权本身，这些企业"生产"的只是专利及专利许

---

❶ Cont'l Paper Bag Co. v. E. Paper Bag Co., 210 U.S. 405, 423（1908）; Oskar Liivak, Eduardo Penalver. "The Right Not to Use in Property and Patent Law." Cornell Law Review, vol.98, 2013, p.1437-1493.

可。❶这些机会主义寻租主体更热衷于"维权"活动，依靠收购的弱专利和隐而不用的专利，向生产性企业发起毫无实质诉讼利益而言的诉讼行为。"这种恶意诉讼行为不仅无端增加了被诉生产企业的诉讼成本，同时也会增加目标公司的商业化成本，最终会降低社会福利。因为生产性企业增加的这些成本最终将以提高产品价格的方式转嫁到消费者身上。"❷版权领域非实施行为的存在也在阻碍着市场的健康发展，版权领域的知识产权非实施行为不同于集体管理组织针对侵权者发起的大规模诉讼，后者发起诉讼的意义"绝不仅限于为版权人博取利益，其更多的是为了促使侵权人意识到其行为的危害性及代价，从而转向主动获取正当的版权许可。这种许可关系一旦建立，权利人就拥有了遵循版权法益的、长期稳定的利润来源，市场占有率也会随之增加"❸，这样的诉讼会塑造市场，而知识产权非实施行为却在消解市场。

知识产权非实施行为无异于买椟还珠，知识产权非实施主体只需要权利的外壳，不在意承担权利的对象是否有价值、价值几何。长此以往，知识产权将会被异化成一种权利符号，市场给创造者反馈的信息就是：如果想获得更可观的经济回馈，最好将精力放在某些眼下最热门的行业，并且无须在意创造的质量，这将导致大量创造拥挤在某些行业中，无益于全社会全行业创新活动的繁荣。

二、知识产权非实施行为阻碍知识产权的转化

对于社会发展而言，促进创新还不足够，促进智力成果进行商业化转化更为关键，却也更加困难。在 20 世纪 80 年代之前的美国，科技成果的转化也是

---

❶　Mark A. Lemley. "Reconceiving Patent in the Age of Venture Capital." The Journal of Small and Emerging Business Law, vol.4, 2000, p.140-141.

❷　Mark A. Lemley, Carl Shapiro. "Patent Holdup and Royalty Stacking." Texas Law Review, vol.85, 2007, p.1991-1993.

❸　易继明，蔡元臻："版权蟑螂现象的法律治理——网络版权市场中的利益平衡机制"，载《法学论坛》2018 年第 2 期，第 7 页。

一大问题，当时政府出资资助高校及科研机构研发，但是投入大量的财政资金却没实现美国政府的预期目的。在科技成果的转化中，政府、高校与科研机构，以及企业之间的目标并不相同，科技成果的转化效率低下，科研人员也缺乏充分的利益激励，研发积极性不高，大量的科研成果无法通过商业化转化进入市场，被闲置在研发阶段。问题的症结出现在制度方面，在美国国会参议员伯奇·拜耶和鲍勃·杜尔合作编写《拜杜法案》之前，政府投资经费，掌握着科技成果的所有权，实际进行研发的高校与科研机构，不掌握科技成果的权属，很难从科技成果的商业转化中获取可观的权益。由此形成了一种悖论：政府掌握着大量的科技成果，却很难对它们进行商业化的运作完全发挥它们的商业价值；高校及科研机构实际进行研发活动，却难以从自己付出诸多心血的科技成果中获得足够的利益；企业拥有将科技成果转化的经验与能力，却缺少足够的资源。《拜杜法案》的制度安排则提出了对这些问题的解决之道。

《拜杜法案》的核心是将以政府财政资金资助为主的知识产权归属于发明者所在的研究机构，鼓励非营利性机构与企业界合作转化这些科研成果，以促使发明技术在美国的应用。[1] 明确权利归属，将创新主体纳入智力成果转化的利益分配中，是对参与创新的主体的直接激励，这就直接激活了智力成果的创造环节。此外，《拜杜法案》还畅通了科技成果的转化环节，那些在实验室中诞生的科技成果，能够通过商业化的途径经过成熟的市场运作和产业化，进入寻常百姓家，这也让社会公众切实体验到科技改变生活的利好，增进了社会福利。

在 2016 年 2 月国务院常务会议上，李克强总理谈及科技成果转化时曾经提到："美国搞过一个《拜杜法案》，这对美国的创新发展起到了很大的撬动作用，像这样的国际经验要好好研究。"[2] 被称为中国版本《拜杜法案》的《中华人民共和国促进科技成果转化法》于 1996 年颁布，在实际运行中却始终没有达到理想的效果。对智力成果的转化是一个系统工程，我们无法通过一次制度

---

[1] 李晓秋："美国《拜杜法案》的重思与变革"，载《知识产权》2009 年第 3 期，第 91 页。

[2] 王卉："四问：职务科技成果改革如何落地"，科学网 2016 年 3 月 9 日，http://news.sciencenet. cn/sbhtmlnews/2016/3/309979.shtm，2021 年 7 月 31 日访问。

设计实现一劳永逸的安排，但是我们需要确立一个共识：智力成果的转化对知识产权的价值实现和社会的持续发展意义重大。

不可否认，《拜杜法案》的出台大大提升了美国知识产权的数量与转化效益。1979 年美国大学获得专利 264 件，1997 年达到了 2436 件，2003 年达到了 3450 件。1991 至 2000 年，大学专利申请量增长了 238%，大学与企业之间的许可协议增长了 161%，大学中的使用费用收入增加了 520%。❶ 但在利益的驱使下，后拜杜法案时代又出现了新的问题，当利益的天平开始倾向创造智力成果的主体，这些主体从知识产权的运作中找到了新的"经营之道"：借助制度对知识产权的保护，依靠自身掌握知识产权的优势就可以发动对侵权者的诉讼，就能获得比转化知识产权更加可观的利益。知识产权非实施行为也在这种畸形的利益驱使下生长了起来，知识产权非实施主体逐渐放弃了对智力成果的转化，事情的演变也似乎回到了原点，为促进科技成果转化的法案最终将再次走向阻碍科技成果转化的结局，而重塑对知识产权需要转化的信仰，对相关利益进行调整，才是破局之道。

我们需要承认，并非所有的天才创造者都是顶级的商人，正所谓术业有专攻，特别在社会分工如此精细的当下，自创自产自销的商业主体十分少见，为了提升智力成果转化的效率与成果，需要贯通创新的上中下游。理想状态下，有大量的市场主体会接过来自书房、工作室、实验室、试验场的智力成果，将它们转化运作成更加为社会所接受的产品，推向市场，在这个过程当中产生的经济效益、精神激励也能反馈给上游，整个链条会在利益的驱使下实现有序循环运动。从信息到知识产权，离不开创造者饱含创意的辛苦付出，从知识产权到知识产权商品则需要商业主体长期的精心布置与耐心经营，而知识产权非实施行为阻断了产业链上中下游相互补给的渠道，抑制了知识产权的转化。

依照经济学的供给与需求理论，智力创造活动也是一种生产活动。精神生产的目的同样是为了交换，只有经过交换，个人才能获得各类物品的最佳组

---

❶ 何炼红，陈吉灿："中国版'拜杜法案'的失灵与高校知识产权转化的出路"，载《知识产权》2013 年第 3 期，第 84 ~ 85 页。

合，达成效用或利益的最大化。❶知识产权非实施行为的存在极大地增加了知识产权转化的成本，知识产权非实施主体惯用诉讼手段对付知识产权实施者，也就是侵权方，知识产权非实施主体不进行智力成果的转化，也阻碍着实际进行智力成果转化主体的转化活动，拖累了实施者对知识产权的转化。实施者支付的赔偿金、诉讼费用及因诉讼增加的生产成本都将成为实施者转化智力成果的成本，这笔支出是在知识产权实施者预期之外的。如果知识产权非实施行为继续发展，将会造成整个行业参与主体的恐慌，相关主体为了避免可能产生的纠纷，会减少转化活动，大大降低市场主体参与知识产权转化的热情。

除了增加知识产权转化的成本，知识产权非实施行为还影响了知识产权转化的效果。就科技创新活动而言，对新技术产进行商品化与市场化是一个关键的环节，也是其根本目的。如果一项发明创造完成后不尽快付诸实施，就可能被新的技术取代从而变成无经济效益的技术。❷知识产权非实施行为的存在将对下游的知识产权实施者形成压力，这些实施者为了规避可能的风险，会回避新创造，只求稳，不求进。一项智力成果能否得到市场的认可也是对这项智力成果的检验方式，但是比起在新领域里开疆拓土，显然在固有的、具有优势的领域里巩固势力更加容易。知识产权非实施主体也有这种惰性，主要关注自己已经占有优势的陈旧领域。从整个社会的角度来讲，知识产权非实施行为的存在也可以增强陈旧领域获得资源的能力。毕竟，一方面，其他的市场主体对新创造心生畏惧，不敢尝试；另一方面，陈旧领域又显得更加有利可图，能吸引新投资的加入。而知识产权非实施主体从陈旧领域获得的利益又鲜少回流到创造者手中，长此以往，这些陈旧的"劣币"就能驱逐崭新的"良币"，降低了整个社会知识产权转化的效果。那么最终我们或许会迎来这些知识产权非实施主体赚得盆满钵满，而创造者钱包空空、消费者脑袋空空的景象。

知识产权的转化是一场投入大、耗时久的活动，知识产权非实施主体不具有投资的决心与等待的耐心，对于可能遭遇市场冷待的新创造没有跟进的欲

---

❶ 吴汉东：《知识产权制度基础理论研究》，知识产权出版社 2009 年版，第 207 页。

❷ 吴汉东：《知识产权制度基础理论研究》，知识产权出版社 2009 年版，第 207 页。

望，而现实是每一项新创造都有可能遭遇市场冷待，如果不对新创造给予足够的资源，那么先进淘汰落后，更优取代较优的过程就将被延长，短视的知识产权非实施主体显然不愿意等待。

三、知识产权非实施行为背离激励论

知识产权激励论在运行的过程中也遭受过很多质疑，第一，有的学者指出，没有实证数据证明知识产权激励了发明创造的增长，❶而且"似乎没有什么证据能证明英国有了《安娜女王法》后，文学或者其他作品领域有什么明显的提升或繁荣"❷。第二，知识产权制度将人们创新的动力假设为对"一己私利"的追求，也就是将人类社会前进的根本动力归结为"私欲"，这必然导致人性中"恶"的膨胀，甚至会激发"报复""歧视"等"恶劣"的心理机制。❸某些创造是基于人类的天性使然，这些智力成果生产并不包含重大经济收益的期望。❹在没有知识产权激励的时期，人类社会也出现了大量优秀的作品，成就了人类文明的诸多顶峰，反而在知识产权激励下的当代，能够传世的作品寥寥，对比之下显得异常平庸。

虽然激励论在运行过程中引发了种种危机，但采取废除激励机制的"革命式"态度解决现实问题存在不妥。人类进入资源非稀缺世界，至少需要数十年甚至数百年的时间，激励机制在很长一段时间内对创新、创造活动仍发挥不可或缺的作用。❺我们不否认有一些作者、发明人不在乎经济激励，只在意精神鼓励，他们能从自己的创造中获得无限动力，但是目前对于创造性智力成果的产权进行制度安排已然成为全世界的共识，全世界形成了对创造者进行激励以

---

❶　杨源哲："基于唯物史观的知识产权正当性学说反思"，载《求索》2016 年第 8 期，第 59 页。

❷　王烈琦："知识产权激励论再探讨—从实然命题到应然命题的理论重构"，载《知识产权》2016 年第 2 期，第 67 页。

❸　李石："'知识产权制度'的哲学反思"，载《哲学研究》2019 年第 8 期，第 123 页。

❹　韦稼霖："自然权利还是功利性选择：对知识产权合理性的反思"，载《党政研究》2017 年第 3 期，第 124 页。

❺　王淑君："专利商业化激励机制研究"，载《知识产权》2016 年第 9 期，第 25 页。

增进创造的语境，当下和以后的创造者都很难逃离这个语境。当我们对知识产权激励产生了路径依赖时，再想摆脱就无疑是颠覆之举，除非有极佳的替代品能持续刺激创新，但政府奖励制度、赞助制度这些替代制度尚不是更优解。

知识产权激励论在现实生活中的运作也许存在危机，但它还是为人类创造活动的繁荣提供了一种思路。知识产权非实施行为则扭曲了激励机制的目的与功能，背离了激励论。由于知识产权非实施行为对创新主体的激励不足，它们没有办法持续调动社会创新动力，也阻滞了社会福利的增长。

追利导致的短视普遍出现在知识产权非实施主体身上，"创新"这种价值是知识产权制度在知识经济时代背景下所要追求和体现的主导价值。❶ 这种价值取向深深印刻在知识产权制度之中，可是这种价值取向不在知识产权非实施主体考虑的范畴内，即便知识产权非实施行为最终有促进创新的效果，那也是知识产权非实施行为运行过程中的附带品。长期浸润在知识产权非实施行为中会扭曲创造者的价值取向，这些投机行为的出现，一方面让社会公众察觉到原来进行知识产权诉讼是更加有利可图的门道，诉讼的商业化会形成一种诉讼激励，吸引着越来越多的主体加入知识产权非实施行为当中；另一方面，这种诉讼激励也将影响作品、专利的创作者、生产者或传播者本末倒置，忽略智力成果的质量，而专注于它们的诉讼价值，进而削减知识产权制度整体对于创新的激励。

知识产权非实施行为一旦形成气候，这些行为本身将威慑其他市场主体的创新活动。知识产权非实施主体们动辄挥舞诉讼的大棒，在这样的威吓下，创造者站在前人肩膀上进行创造的空间被进一步压缩，创造者不敢再大刀阔斧地进行创新，新的创造活动变得畏首畏尾。知识产权非实施行为将造成沉重的社会成本——使创作者和社会公众失去"自由表达的引擎"。❷

知识产权非实施主体发动诉讼给被告和社会带来的影响是全方位的。首

---

❶ 吴汉东：《知识产权制度基础理论研究》，知识产权出版社 2009 年版，第 205 页。

❷ 周莹："美国版权投机问题及其制度诱因——兼论对我国的反面启示"，载《中南大学学报》（社会科学版）2016 年第 3 期，第 43 页。

先，知识产权非实施主体发动的诉讼将越来越多的被告牵扯其中。❶当越来越多的企业开始收购知识产权，将其作为诉讼的筹码，他们扩张的过程就是他们将达摩克利斯之剑高悬在知识产权实施者头上的过程，越来越多的知识产权实施者将生活在这种威压之下。据统计，2010年美国专利非实施主体共发起专利侵权诉讼729件，约占全部专利侵权诉讼的29%；2011年此类案件数量增长到1507件，约占到全部专利侵权诉讼的45%；而到了2012年，专利非实施主体共提起诉讼2921件，约占全部专利侵权诉讼案件总数的62%。❷最近几年美国专利非实施主体发起的侵权诉讼增加了4倍之多，已经严重危及美国专利系统的健康运行。其次，知识产权非实施主体提起的侵权损害赔偿数额更高，对社会福利的减损更加明显。虽然损害赔偿只是被告承担损失的一部分，但这也是被告承担损失中最为重要的一部分。分析2014年以来美国陪审团裁决和法庭审判中的赔偿金可以发现，虽然知识产权非实施行为诉讼中每个案件的赔偿金总中位数约为80万美元，但赔偿金的分布范围很广，有10%的案件赔偿金超过2700万美元，有25%的案件赔偿金超过860万美元。知识产权非实施行为在中国尚处于萌芽发展阶段，但知识产权非实施主体获得的收益与其投入的成本相比，仍可称为一本万利。在被称为中国"专利敲诈第一案"中，专利非实施主体利用其经营的公司名义申请大量专利，以这些未实际使用的专利提起诉讼，还以诉讼影响被诉企业生产、经营、上市、融资等为要挟，与被诉方签订专利实施许可合同、和解协议等，迫使四家被诉企业支付钱款换取撤诉或者不再主张专利权，共索取216.3万元，实际得款116.3万元。❸在美国RPX公司的报告中，根据AIPLA经济调查，针对知识产权非实施行为的诉

---

❶　RPX公司："2019年专利市场和诉讼报告"，RPX公司官网2020年6月，https://www.rpxcorp.com/wp-content/uploads/sites/6/2020/08/RPX-2019-Patent-Litigation-and-Marketplace-Report-Public-Excerpt.pdf，2021年7月31日访问。原文表述为"Furthermore, the percentage of defendants added by NPEs increased from 48% in 2018 to 55% in 2019."

❷　"美国《创新法案》"，国家知识产权局2015年5月25日，http://www.cnipa.gov.cn/art/2015/5/25/art_1415_133134.html，2021年7月31日访问。

❸　谢光旗："论刑法介入专利主张实体的正当性——兼评'专利敲诈第一案'"，载《法律适用》2020年第4期，第35页。

讼成本可能会更高，风险为 100 万 ~ 1000 万美元的案件诉讼成本为 250 万美元，风险为 1000 万 ~ 2500 万美元的案件诉讼成本为 350 万美元。❶ 这样的诉讼成本对于大型企业而言尚要艰难承受，对于中小企业而言可谓是灭顶之灾。除了赔偿金、诉讼成本之外，诉讼活动还会使被告企业付出其他意想不到的连锁成本。诉讼活动将减损被告的商业形象、社会形象，特别是知识产权非实施主体喜欢守株待兔，等待潜在对象进行实际投入之后发起诉讼，逼迫对方在放弃已投入成本和支付给自己高额许可费之间进行选择，特别是潜在对象在 IPO 上市前，更易遭受知识产权非实施主体的攻击。此外，诉讼之外的善后、防御支出及诉讼对于被告商业形象的减损也无形中消减了被诉企业的商业价值。从 2000 年至 2010 年，美国 14 家专利非实施主体企业，通过专利侵权诉讼获得 76 亿美元的收益，与此同时，诉讼中的被告企业的同期股票市场价值，减少了 870 亿美元。❷ 最后，知识产权非实施行为延长了智力产品的传播时间，影响了智力产品的传播效果，使得社会公众更难获得这些智力产品及信息，影响创新链条的持续运转。知识产权非实施行为弱化了知识产权机制中的激励诱因，减少了供给创造者的资金和智力成果，创造者没有充足的创新材料以供学习和参考，难以站在前人的肩膀上进行再创新。2011 年，专利非实施主体从侵权诉讼的被告和被许可人处共获得 290 亿美元，比 2005 年增长了 4 倍，而这些费用中，仅有不到 25% 投入创新中。❸ 知识产权非实施行为的发展将给我们带来一幅这样的图景：应用知识产权的企业不堪诉讼的侵扰，疲于应付诉讼，无法将精力投入创新以及知识产权的应用中；消费者无法及时购买到创新产品；创新主体无法从自己的智力成果中获得足够的物质激励，也无法感受到市场对自己智力成果的认可，想继续创新也发现缺少可以借鉴的材料。

---

❶ RPX 公司："2019 年专利市场和诉讼报告"，RPX 公司官网 2020 年 6 月，https://www.rpxcorp.com/wp-content/uploads/sites/6/2020/08/RPX-2019-Patent-Litigation-and-Marketplace-Report-Public-Excerpt.pdf，2021 年 7 月 31 日访问。

❷ 易继明："遏制专利蟑螂——评美国专利新政及其对中国的启示"，载《法律科学》2014 年第 2 期，第 176 页。

❸ 易继明："遏制专利蟑螂——评美国专利新政及其对中国的启示"，载《法律科学》2014 年第 2 期，第 176 页。

激励型法，是典型的表达利益诉求的法律。激励机制中最大的刺激因素是利益，一切的激励机制都是围绕着利益内化构建的，离开了利益，激励是无从谈起的。从法的发展历史可知，所有法律中，激励类法律是最容易为广大社会成员认同的，这是因为激励法与人们的利益具有一致性。[1] 知识产权法显然也属于激励类法律，但是激励类法律在运行的过程中一定要平衡好利益冲突，否则就会加剧不同主体之间的冲突，知识产权非实施行为的存在就加剧了不同主体之间的冲突。

第三节　经济社会规划论

创造力、思路、创新和发明已经开始取代黄金、殖民地和原材料，成为一个国家新的财富形式。知识财产不同于一般的有形财产，具有与载体的可分离性、可复制性与可共享性特征。[2] 对这种特殊的知识资源究竟应如何分配，成为知识产权制度需要解决的关键性问题。当前，各国知识产权制度基本上以功利主义经济论作为知识资源分配的指导思想，侧重保护知识产权所有人利益。特别在专利制度领域，因专利权的授予需要具备实用性特征，专利制度的功利主义色彩更为鲜明。功利主义经济论本质上奉行个人利益至上，追求财富最大化，但是弱化了对社会公平与消费者福利等社会理性的关注。以功利主义原则为导向的知识产权保护思路在全球范围内尤其是在西方发达国家呈现扩张趋势，知识产权本身的私有化及商品化属性也日益明显。知识产权非实施行为作为一种以金钱利益为导向的新型商业模式，是极端"功利主义"价值理念的产物，旨在从知识产权中获得更大比例的经济租金。由此可知，功利主义经济

---

[1] 付子堂，孟甜甜："激励型法的学理探析——以美国《拜杜法案》为切入点"，载《河南财经政法大学学报》2014年第3期，第63页。

[2] 张玉敏，易建雄："主观与客观之间——知识产权'信息说'的重新审视"，载《现代法学》2009年第1期，第180页。

论无法独立证成知识产权制度的正当性，同时需要一种公共的道德规则加以引导，才能消解知识产权寻租行为所引发的效益与公平失衡问题。

与功利主义经济论相对，社会规划论则追求社会福利最大化，认为知识资源虽身处市场，但并不隶属于市场，知识产权制度主要发挥着民主政治功能与文化多样性功能，知识信息应主要纳入公有知识范畴，社会公众可以自由分享与使用，倡导崇高的社会理性。知识产权作为私人财产权，显然无法完全依托社会规划论进行权利预期，社会规划论描绘的图景只能是一种理想境界。因此，功利主义经济论与社会规划论都不能单独证成知识产权制度设立的合理性，只有在知识产权的立法宗旨上转换以经济理性为主导的功利主义思维，改变社会理性在知识产权制度中的附庸地位，真正做到兼顾权利人、社会公众及其他竞争者利益，以"经济社会规划论"作为知识产权制度的立法根基，才能有效根治知识产权非实施行为引发的市场失灵问题。❶

在本节我们就将以经济社会规划论的视角来审视知识产权非实施行为，讨论知识产权非实施行为能否实现个人权利与公共利益之间的平衡，能不能分好蛋糕。

一、功利主义诱发知识产权非实施行为

边沁认为，人的一切所言、所思、所行，都避苦求乐、求福避祸，只有能够增进当事人幸福与利益最大化的行为才是正确的。正所谓"夫凡人之情，见利莫能勿就，见害莫能勿避"，趋利避害乃人之常情。❷功利原则承认人类受这种苦乐观的统治，并且以这种统治为其体系的基础，这种体系的目的在于凭借"理性"和"法律"之手以建树福利的体系。❸边沁认为，理智地从事最大程度促进幸福并减少痛苦的行为，既符合个人伦理又适用于立法。若法律符

---

❶ 张体锐："商业寻租与专利制度：经济社会规划策略研究"，载《学术界》2014 年第 6 期，第 83 页。

❷ 谢浩范，朱迎平译注：《管子全译》，贵州人民出版社 1996 年版，第 657 页。

❸ 周辅成：《西方伦理学名著选集》，商务印书馆 1987 年版，第 219 页。

合最大多数人的最大幸福，该项法律就是正义的。❶ 由此可知，边沁的功利原则包含两方面内容：个人幸福以及最大多数人的最大幸福。个人幸福即个人利益，最大多数人的最大幸福即社会利益。在现实的个人利益与抽象的社会利益之间，边沁认为，社会利益就是个人利益的简单相加，同时，社会利益不能独立于或对抗个人利益。❷ "社会利益是在伦理词汇中可能出现的普遍词汇之一。这就难怪它的意义常常把握不准了。如果它还有意义的话，那就是这样：社会是一种虚构的团体，由被认作其成员的个人所组成。那么社会利益又是什么呢？它就是组成社会之所有单个成员的利益之总和。"❸ 边沁认为，对个人利益的认知与承认才是关键。"不了解个人利益是什么，而奢谈社会利益，是无意的。一件事物如果趋于增大某个人的快乐之总和，或者减少他的痛苦之总和，那么我们就说它是增进那个人的利益或者有补于那个人的利益的。"❹ 边沁采用了一种由个体推演至社会的逻辑思维，但本质上奉行的是个人利益至上。在经济方面，功利论鼓吹自由放任主义，追求财富最大化。国家法律只限于保护个人活动自由和私有财产安全之必要。"私有财产是个人自由以其最初级的形式对个人自由的体现，而市场自由则是个人基本自由不可分割的组成部分。"❺ 当私有财产安全与公平正义等自然权利相冲突时，公平正义必须作出让步。

法律对正义问题的研究贯穿于法学研究的始终，理想的知识产权制度既能对创新进行有效激励，又能确保社会获得足够多的智力产品，实现社会进步。在功利主义看来，如果要实现个人利益的最大化，就要尽可能多地将利益分配给创造者，要么增加权利覆盖的范围，要么增强权利的强度，要么延长持有专有权的时间，所以一般就是通过加大创造者的权利范围、提升转让许可的费用或者延长权利期限等手段，这将帮助智力成果的持有者获得更高的经济回报，

---

❶ H. 科殷：《法哲学》，林荣远译，华夏出版社2002年版，第36页。

❷ E. 博登海默：《法理学：法律哲学与法律方法》，邓正来译，中国政法大学出版社2004年版，第110页。

❸ 周辅成：《西方伦理学名著选集》，商务印书馆1987年版，第220页。

❹ 周辅成：《西方伦理学名著选集》，商务印书馆1987年版，第221页。

❺ 约翰·格雷：《自由主义》，曹海军等译，吉林人民出版社2005年版，第88页。

但这些手段无疑增加了人们获取新知识的难度。"给予创新者更大的经济回报，虽然有可能激励更多的人、投入更多的精力和时间从事创新工作，却必然妨碍人们获取和应用新知识，无助于公共福利的增进。"[1]在利益角力的双方中，盲目增加一方的筹码只能导致双输的局面，这种例子在知识产权当中屡见不鲜，如权利人增加知识产权许可使用费，将会降低市场潜在购买对象的支付意愿，权利者就难以通过知识产权获利，到最后，知识产权"死"在权利人手中，而社会也没等到新的智力产品投入市场，那么这一次可能消耗巨大的创新活动却没有为任何主体带来预期的收益。只依靠功利主义来运行知识产权制度，无法实现对"个人利益"和"公共福利"的双重激励。

功利主义对个人利益的过分追逐会催生知识产权非实施行为。马克思有言，有300%的利润，资本就敢犯任何罪行，甚至冒绞首的危险。包括知识产权非实施行为在内的知识产权寻租现象带来的利润非常可观，在利益的驱动下，伴随着市场的发展，知识产权寻租活动日益增多。天下熙熙皆为利来，天下攘攘皆为利往。一方面，巨大的经济效益会吸引越来越多的主体投身创新，另一方面，巨大的经济效益也会异化知识产权制度，招致投机者，诱发了知识产权非实施行为这种投机活动。在商标领域，商标恶意抢注、商标囤积现象频发的一个重要原因是商标抢注、商标囤积蕴含着巨大的经济利益，巨大的利益才是驱动商标非实施主体的根本动力。注册一个商标需要申请者投入的成本极低，商标注册申请费至多为300元，商标续展注册费也只需500元。虽然注册商标有十年的有效期，但每次经续展还可延长十年有效期，且续展次数不限，即便不续展，十年的时间也足够非实施主体进行诉讼了。获得一件商标，申请者需要支出的成本是比较低的，在没有法律障碍的情况下，越是强势的商标，他人投入该种成本进行仿制的激励也就越大。[2]这种激励受巨大利益的驱使，抢注者、囤积者可以通过许可、转让商标来获利，在他们的眼里，被抢先占用的商标资源就是一种商品，越是饱含商誉、意义极佳的商标，越能提高他们面

---

[1]　李石："'知识产权制度'的哲学反思"，载《哲学研究》2019年第8期，第123页。

[2]　威廉·M.兰德斯，理查德·A.波斯纳：《知识产权法的经济结构》，金海军译，北京大学出版社2016年版，第206页。

对商标实际使用人的谈判筹码。商标凝结着企业的经营成果，如同脱氧核糖核酸（Deoxyribonucleic Acid，DNA）承载着人类的遗传信息一般重要，人们透过商标可以理清企业发展的轨迹，在长时间的使用与经营中，消费者会形成一种认知，即使用该商标的产品或服务与特定经营者之间具有某种特定的关联，长此以往这种消费认知也会成为一种消费习惯。不难发现，在市场上被抢注的往往都是极具商誉的知名企业的商标，被囤积的一般都是含义极佳的商标。商标专用权作为一种私权，可以被转让和许可，❶ 权利人实际上可以通过许可、转让商标专用权来牟利。商标被抢注成功之后，抢注者如果自己使用，则可以通过此种违反诚实信用原则的搭便车行为混淆消费者之前建立的消费认知，推销自己的产品，抢夺他人固有的和潜在的消费者群体，压缩他人的市场，限制他人在市场上的竞争力。而依据经营常识，商标囤积者不可能使用大量商标。❷ 大多数商标抢注者、囤积者是投机者，并不会实际使用商标，而是希望通过限制实际使用人的市场竞争力，影响实际使用人的经营而迫使实际使用人高价收购被抢注、囤积的商标。与其他知识产权领域的非实施行为相比，商标领域的非实施行为所需要的成本更低，付出的低成本与非实施主体获得商标后可能攫取的利益之间存在巨大的利益差，这使商标领域的非实施行为屡见不鲜。

知识产权非实施行为是一种寻租行为。经济学家巴格瓦蒂认为，寻租行为就是一种通过无直接产出活动而获利的方法。❸ 知识产权非实施主体不从事生产性活动，主要是通过对生产性企业进行知识产权许可或提起侵权诉讼的方式攫取高额许可使用费或巨额损害赔偿金，他们单纯地囤积知识产权，却不将这些资源投入生产。为了表达对这些主体的厌恶心理，人们在称呼他们时会加上"流氓"或"蟑螂"的字眼。"专利流氓""版权蟑螂"等知识产权非实施主体从诞生之初，就一直背负着寻租与投机的骂名。经济学家布坎南认为，寻租行为源于一切经济人追求利益最大化的基本动机，实现的途径是利用政府政策形

❶ 王迁：《知识产权法教程》，中国人民大学出版社 2019 年版，第 486 页。

❷ 宋健：《商标权滥用的司法规制》，载《知识产权》2018 年第 10 期，第 34 页。

❸ 刘启君：《寻租行为定义的再认识》，载《湖北社会科学》2005 年第 3 期，第 70 页。

成垄断地位，而寻租行为的后果则是造成社会浪费而非社会剩余。❶ 知识产权制度功利主义的立法宗旨，引发了知识产权寻租现象。例如，专利制度在运行过程中，侧重追求经济效率与财富最大化，忽略了对社会公众及其他竞争者利益的保护，有失公允。专利非实施主体的寻租行为，不仅增加了生产性企业成本，同时也降低了消费者福利，因为生产企业增加的成本最终将以增加的产品价格方式转嫁到消费者身上。我们身处信息世界，已经无法与知识产权解绑，而知识产权非实施行为掀起的海浪，足以将最普通的消费者裹挟其中。

二、社会规划论对知识产权非实施行为的质疑

社会规划论是新近论证知识产权制度正当性的一种理论，最初由威廉·费舍尔教授提出。❷ 费舍尔教授倡导一种公平、自由、民主、有吸引力的知识文化观，认为以提供优良生活为目标的理想社会应当偏重文化多样性的构建。激励机制的发挥应同时兼顾知识创造、知识传播和知识使用，使多方利益达到最优平衡，实现消费者福利最大化。❸ 社会规划论追求的价值目标是民主、公正、平等，其所希望部署的"理想社会"比功利主义经济论所部署的"社会福利"内涵更为丰富，其中包括很多新的内涵，如"分配正义"和"消费者福利"等。"分配正义"是人类在分配物质财富、幸福、发展机会、权利、义务等社会资源的活动中致力于实现的最高价值目标，意指社会资源在社会成员中间的分配应该最大限度地体现公正性。❹ 功利主义与社会规划论中的分配正义存在的根本差异在于，功利主义可以接受不公平，认可损人利己的制度安排，只要达到财富最大化目的就是正当的。而社会规划论同时保障消费公众及竞争

---

❶ 刘启君：《寻租行为定义的再认识》，载《湖北社会科学》2005 年第 3 期，第 70 页。

❷ William W. Fisher, Theories of Intellectual Property, http://cyber.law.harvard.edu/people/tfisher/iptheory.pdf，2021 年 7 月 3 日访问。

❸ 黄洪波：《中国知识产权刑法保护理论研究》，中国社会科学出版社 2012 年版，第 12 页。

❹ 向玉乔："社会制度实现分配正义的基本原则和价值维度"，载《中国社会科学》2013 年第 3 期，第 108 页。

者利益，不仅仅将消费者福利作为效率福利的附庸，而且旨在形成一种兼顾多方利益的平衡机制。在社会规划论所勾勒的知识帝国美好蓝图中，知识虽身处市场，但并不隶属于市场，褪去了金钱激励的铅华，知识产权制度主要发挥着民主政治功能与文化多样性功能，知识的创造更多来源于个人的求知欲望，而知识的产出主要纳入公有知识范畴，社会公众可以自由分享与使用。❶

功利主义经济论追求的是一种经济理性，以效率和效益为基本价值目标，具有一定的合理性，但是弱化了对社会公平与消费者福利的关注，导致专利市场中寻租活动愈演愈烈。而社会规划论更加注重公共利益，这也是知识产权最终的落脚点。知识产权制度当中存在不同的利益主体，有着截然不同的或者说完全冲突的利益诉求。立法通过权利义务的配置平衡社会生活当中不同主体的利益，从激励个人出发，最终回归到供养社会。知识产权制度通过权利人平等地享有权利，平等地履行义务维持着个人正义之间的平衡，但是实现个人正义与社会正义之间的平衡更加困难。知识产权之所以能成为一项财产，离不开对社会集体性的依赖。因此，知识产权制度的设立不能一味追求经济效益与财富最大化，同时应该考虑知识产权制度对社会关系的构建和影响。知识产权作为一种经济运行中与经济资源及其配置相关的权利，必然涉及公正问题。效率是知识产权制度的灵魂，公正则是知识产权制度的保障，这种平衡在专利领域更加突出。专利领域智力成果沉睡、寻租现象更加常见，因此我们必须明确专利制度所催生的经济效率必须以公正的社会环境为保障。❷专利非实施主体并不是以促进技术创新为己任，而是寻租市场的寄生虫。虽然一些赞成论者认为专利领域的非实施行为可以将专利市场从具有很多买方与卖方的"搜索市场"转变成具有中间人的"集中市场"，降低了专利买方市场与卖方市场信息的不对称性，提高了专利市场的流通效率。❸但是，这种高市场效率是以损害消费者

---

❶ 李士林："重新审视商标法的哲学基础"，载《云南大学学报》2013年第1期，第60页。

❷ 何建华："分配正义：构建和谐社会的伦理之维"，载《毛泽东邓小平理论研究》2005年第3期，第48页。

❸ James F McDonough, Ⅲ. "The Myth of the Patent Troll: An Alternative View of the Function of Patent Dealers in an Idea Economy." Emory Law Journal, vol.56, no.1, 2006, p.189-228.

福利及竞争者利益为代价的。专利领域的非实施主体收购的专利主要是弱专利或即将进入公有知识的专利，这些游走于公共产品与私有权利边缘的专利，本应该尽早进入公有知识供社会公众免费使用，但是专利非实施主体却从这种灰色地带中坐收渔利。他们通常从事潜水专利战术，往往待生产企业投入不可逆资金后再发起诉讼攻势。而且专利非实施主体并不生产专利产品，被诉的生产性企业很难对其提起反诉或进行交叉许可使用，因此难逃"待宰羔羊"的命运。生产性企业要么支付高额的许可使用费继续生产专利产品，最终将增加的成本以提高产品价格的方式转嫁给消费者，降低消费者福利；要么面临被判侵权的风险，形成沉没投资并支付巨额损害赔偿金。此时，因专利非实施主体并不生产专利产品，消费者无法从专利技术中享受实惠，同样降低了消费者福利。专利非实施主体的权利行使方式也具有可非难性。依据减损规则，受害人具有防止损害进一步扩大的义务。❶但是，被侵权的专利非实施主体恰恰等待侵权人的侵权行为大规模发生才行使其权利，这种投机许可与诉讼突袭行为背离了诚实信用与公平正义的价值理念。

在正义的范围内，把握利益平衡，可以实现各方主体对于知识产权利益诉求的有序满足。知识产权法在各种利益之间特别是知识产权人利益和社会公众利益之间求得平衡，需要引入公平和正义原则，需要借助社会规划论的有益经验。"以公平正义确定知识产权法中各种利益的归属，使利益主体各得其所，也就是使利益的分配达到各方都能够接受的程度。"❷社会规划论的理论也具有一定的缺陷，虽然社会规划论关注"消费者福利"与竞争者利益，但是该理论构建带有明显的目的论指向和家长制色彩，是"非自由主义"的。❸社会规划论的愿景是一种乌托邦式理想社会，追求的是一种以和谐、共享为基本价值目

---

❶ "减损规则"是现代契约法上一项重要规则，主要用于合同违约救济领域。例如，根据我国《民法典》第591条规定，当事人一方违约后，对方应当采取适当措施防止损失的扩大；没有采取适当措施致使损失扩大的，不得就扩大的损失请求赔偿。当事人因防止损失扩大而支出的合理费用，由违约方负担。虽然在侵权责任领域，相关法律并未明确规定减损规则，但是从诚实信用、公平价值理念看，减损原理应同样适用侵权责任法领域。

❷ 吴汉东：《知识产权制度基础理论研究》，知识产权出版社2009年版，第184页。

❸ 饶明辉：《当代西方知识产权理论的哲学反思》，科学出版社2008年版，第112页。

标的社会理性，忽略市场对资源配置的合理性与高效率。然而，这种社会理性的构建难以超越经济基础而独立存在，需要以社会经济的发展为保障。此外，虽然政府的"福利规划"在一定程度上可以补充市场和常规经济政策的不足，但是由于人的有限理性，政府规划难以预料到市场经济中遇到的所有问题。而且"社会规划论"作为一种抽象的思想或宏观的指导原则，具有不确定性，难以用来解决知识经济发展过程中的具体问题。社会规划论对于知识产权正当性的解答也许不是完美的答案，但是它的基本观点还是可以为知识产权非实施行为的消解提供指引。

三、经济社会规划论对知识产权非实施行为的匡正

从本质上说，功利主义经济论追求的是一种经济理性。亚当·斯密在《国富论》一书中，最早提出了理性"经济人"的假设，他认为人都是自利性的个体，而人的自利性恰是社会进步和一切经济行为的原动力。继斯密之后，穆勒进一步剖析了理性经济人的特性，认为人们总是趋利避害，能够通过成本收益判断实现自身利益最大化，而这种自利性活动最终增加社会福利。[1]与之相对，社会规划论追求的是一种社会理性，关注的是社会成员之间的公平、分配正义及消费者福利。虽然经济理性与社会理想追求目标不同，但二者并非不可调和，相反，只有将二者相结合才能发挥最优的效果。[2]若经济理性越界社会理性，用纯粹的经济尺度衡量社会关系的合理性，则难以维系社会公平与和谐；若社会理性越界经济理性，用纯粹的社会公平取代经济效率，则难以保障市场的高效运行。因此，经济理性与社会理性需要互相融合、协调发展。经济理性的实现需要社会和谐稳定，而社会理性的实现需要经济的发展。[3]事实上，在国家经济发展初期，经济理性可以优于社会理性，把立足点放在市场效率的提

---

[1] 王西华：《大变革与新概念大思维》，黑龙江人民出版社 2011 年版，第 252 页。

[2] 张体锐："商业寻租与专利制度：经济社会规划策略研究"，载《学术界》2014 年第 6 期，第 87 页。

[3] 常建：《效率、公平、稳定与政府责任》，中国社会科学出版社 2010 年版，第 140 页。

高上，当公平与效率相互矛盾时，社会公平必须服从市场效率，如"以经济建设为中心""发展才是硬道理"。然而，随着国家经济的深入发展，经济理性的主导地位引发了越来越多的社会问题，社会理性的重要性日益凸显，经济理性与社会理性应"两手都要抓，两手都要硬"。只有当社会商品极大丰富，各种资源不再稀缺时，社会理性才能成为唯一的价值目标。

随着我国社会主义市场经济的深入发展，国家法律、政策的制定正在恰当地体现经济理性与社会理性双重价值目标。知识产权市场作为市场经济的重要组成部分，理应妥善协调经济发展与社会公平之间的关系。功利主义经济论侧重保护知识产权人的利益，忽略了对消费公众及其他竞争者利益的保护；而社会规划论虽倡导社会公平及消费者福利，却导致市场经济发展的不自由，干预色彩浓厚。因此，功利主义经济论与社会规划论都不能单独证成知识产权制度设立的合理性，只有将市场的自由调节与规划的理性指导相结合，以"经济社会规划论"才能作为知识产权制度的正当性基础。

毋庸置疑，知识产权制度是鼓励创新的，版权制度鼓励创作，专利制度鼓励发明创造，对于"首创至巧者，赏以自专其利"❶，但是激励创新并不是知识产权制度设立的最终目标。创新创造的终极意义在于应用，进而形成一种知识生产力，促进科学技术的进步与经济社会的繁荣发展。这种认知已经固定在国家的发展战略里，《国家知识产权战略纲要》就指出，"促进自主创新成果的知识产权化、商品化、产业化，引导企业采取知识产权转让、许可、质押等方式实现知识产权的市场价值"既要"引导和支持市场主体创造和运用知识产权"，又要"合理界定知识产权的界限，防止知识产权滥用，维护公平的市场竞争秩序和公众合法权益"。知识产权非实施行为显然偏移了国家对于知识产权制度的角色定位。

知识产权非实施行为的产生是功利主义经济论引导下的知识产权商业化发展的必然结果。最为明显的就是，功利主义的立法宗旨频繁地出现在法律文件

---

❶ 此用语摘自洪仁玕的《资政新篇》，首次提出了我国法律意义上的专利保护制度建议。其中，在"兴舟楫之利"条文中规定，"或用火、用气、用风，任乎智者自创，首创至巧者，赏以自专其利，限满准他人仿做"。

中。我国《专利法》第一条规定："为了保护专利权人的合法权益，鼓励发明创造，推动发明创造的应用，提高创新能力，促进科学技术进步和经济社会发展，制定本法。"TRIPs 协定第七条规定："知识产权的保护与权利行使，应该致力于促进技术的革新、技术的转让与技术的传播，以有利于社会及经济福利的方式促进技术知识的生产者与技术知识使用者互利，并促进权利与义务的平衡。"美国《宪法》第一条第八款也规定："国会有权保障作者和发明者对各自作品和发明在一定期限内的专有权利，以促进科学和工艺的进步。"这些立法目的均表明了知识产权制度的功利性旨趣。像是专利制度设立的目的就是通过赋予专利权人一定期限的垄断权，鼓励发明创新，专利制度给发明者设置了一种"回报预期"，鼓励人们放心地将时间、资金和精力投入智力创造性活动中。❶ 而发明人为了获得这种回报，必须向社会公开其发明。事实上，早在 1474 年世界上第一部专利法即《威尼斯专利法》中就确立了这种激励理论。威尼斯共和国政府为了鼓励发明创造，首次承认发明的财产权属性，并赋予发明人十年的垄断期。作为一种对价，发明人需要向威尼斯政府进行专利登记并公开专利技术。❷ 经过几个世纪的演绎，专利技术已经成为一国经济不可或缺的知识生产力。知识经济的发展与经济全球化进程的加快，促使知识产权尤其是专利权成为国家发展的战略性资源和国际竞争的核心要素。因此，各国纷纷加大对本国知识产权尤其是专利权的创新激励与保护，以增强其在国际社会的竞争力。这样，以功利主义原则为导向的专利权呈现扩张趋势，专利权的私有化及商品化属性日益明显。在这样的价值导向下，产生知识产权非实施行为也就是意料之中的结果。

如果脱离了正确的理论进行指导，知识产权非实施行为难免像脱缰的野马难以驯服。特别是在专利领域，专利技术本身蕴含的巨大商业价值促使专利权的商品属性和私权属性日益突出，专利非实施主体正是基于这一点，开始脱离专利生产环节，疯狂地聚敛专利。实际上，专利市场分工的细化、专利许可行

---

❶ 曹新明："知识产权法哲学理论反思——以重构知识产权制度为视角"，载《法制与社会发展》2004 年第 6 期，第 63 页。

❷ 汤宗舜：《专利法教程》，法律出版社 2003 年版，第 7 页。

为从被动到主动的转变，都是专利商业化、私有化自然进化的产物。不可否认，知识产权非实施行为也有积极的方面。一项专利技术从研发到成功推向市场，需要投入大量的时间、金钱与精力，依靠单独的企业个体尤其是中小企业的力量很难完成商业化进程。不仅如此，专利商业化所面临的市场风险高，一些专利主体不愿意冒失败或者商业化失败后无力回收成本的风险，只能将相关专利转让他人以补偿其已投入的成本。而专利非实施主体介于"专利创造"与"专利应用"之间，在某种程度上担负了市场交易中间商的角色，提高了专利市场运行的效率，促进了专利商业化的进程。因此，一些学者积极为专利寻租主体进行辩护。❶ 但知识产权非实施行为这一投机行为确实引发了很多的社会问题。版权非实施行为就无视着作品的真正价值，专利非实施行为通过"专利潜水战术"劫持生产性企业。知识产权非实施行为不但违反诚实信用原则与公平原则，而且降低了消费者福利，减损着社会的创新能力。知识产权非实施行为这一种异化知识产权应用的权利滥用行为，因为减损着他人利益、消费者福利而饱受骂名。

总之，知识产权非实施行为虽具有可非难性，但同时又具有客观必然性。以"经济社会规划论"为立法基础的知识产权制度则能够匡正知识产权非实施行为，既不会任由知识产权非实施行为肆意妄为，又为知识产权非实施行为的合理发展保留一定的空间。对知识产权非实施行为的规制首先应树立正确的价值取向，通过具体的制度安排去解决知识产权非实施行为引发的公平与效率失衡问题。知识产权非实施行为追逐着利益，闻风而动，它将通过全球化的浪潮涌入经济活跃的地区，越是创新活动丰富、经济发展迅速的地方，越难逃知识产权非实施行为的侵入，如果不对知识产权非实施行为提前布局规制策略，那么一旦等它袭来，与知识产权相关的所有主体都不能幸免。

---

❶ Sannu K. Shrestha. "Trolls or Market-Makers - An Empirical Analysis of Nonpracticing Entities." Columbia Law Review, vol.110, no.1, 2010, p.114-160.

第四章　知识产权非实施行为规制域外经验

第一节　美　国

一、美国知识产权非实施行为的立法规制

（一）联邦立法

1.《美国专利改革法案》

2011 年的《美国专利改革法案》（简称 AIA）是自 1952 年以来美国展开的最大规模专利制度改革，旨在刺激美国经济发展与就业。其中，AIA 第五条"商业先用权抗辩原则"、第六条"授权后重审原则"，以及第十九条"合并审理原则"在一定程度上可以规制专利非实施行为。

第一，商业先用权抗辩原则。修法之前，依《美国专利法》第二百七十三条的规定，某些情况下虽然在先发明人丧失了获得专利权的机会，但其在原有范围内继续实施该专利技术的行为不视为侵害专利权，不过抗辩范围仅限于商业方法领域。而 AIA 显著扩大了商业先用权抗辩原则的适用范围，将其延伸至在美国进行的各种商业使用行为，其中商业使用行为的发生时间需早于申请日之前 1 年或主张宽限期行为之前 1 年。此外，AIA 还扩大了适格抗辩主体的范围，包括订约者、销售商或其他第三方。

第二，授权后重审原则。AIA 删除了旧法中的"多方再审程序"，增设"授

权后重审程序"。凡专利核准后或在发证后 9 个月内，均可依专利无法实施、专利范围不确定等无效理由主张授权后重审程序。

第三，合并审理原则。AIA 提高对多个被告进行合并审理的标准，规定合并审理必须满足以下条件：（1）诉讼主张针对共同的交易行为或由同一交易行为引起；（2）对于所有被告或反诉被告来说，基于共同的事实问题。❶

2.《创新法》

《创新法》从专利诉讼程序如起诉状标准、败诉方付费、利益主体披露、证据开示及终端用户例外等方面制定了严格的措施，以提高专利非实施主体的诉讼门槛与诉讼成本，降低被控侵权人的诉讼成本。❷

第一，提高诉状标准。《创新法》第三条 a 款试图对非实施主体广泛发送律师函的策略进行打击，要求原告在向法院提起侵权诉讼时，必须提供必要的诉讼细节，即被控侵权人如何侵犯了原告专利信息，体现更强的针对性。原告必须识别出每一个被控侵权的专利与权利要求，并识别出每个被控侵权的工具所包括的特定产品名称或型号。

第二，败诉方付费。《创新法》第三条 b 款规定，若原告提起的侵权诉讼请求被法院驳回，法院可视情况判定败诉方支付胜诉方合理的律师费和其他费用。在败诉方支付不能的情况下，法院可以判定败诉方的利益相关人进行支付。

第三，利益主体披露。《创新法》第三条 c 款要求原告在向法院提起侵权诉讼时，须向专利商标局、法院及被告披露任何对诉讼结果有利益关系的当事人，包括涉案专利的权利所有人、有权授予涉案专利再许可的任何主体及与之相关的最终实际控制人，防止专利持有人建立空壳公司对他人发起恶意诉讼。

第四，证据开示。《创新法》第三条 d 款还赋予法院更多自由裁量权，对专利侵权诉讼中的早期证据公示内容进行限制。依规定，证据开示的范

---

❶ 张体锐："专利海盗投机诉讼的司法对策"，载《人民司法》2014 年第 17 期，第 110 页。

❷ 易继明："美国《创新法案》评析"，载《环球法律评论》2014 年第 4 期，第 146 页。

围一般仅限于协助法院判定权利要求的解释性信息，只有在诉讼时效有限、解决法庭动议等特殊情况下才允许扩大证据开示的范围。注重证据开示的针对性、核心性，更重要的是，本条款将证据开示的成本责任转移至请求方承担。

第五，终端用户例外。《创新法》第五条还允许技术生产商和销售商加入非实施主体针对终端用户提起的诉讼中，降低其诉讼策略上的优势。

3. 其他联邦法案

《创新法》是美国针对专利非实施行为的主要立法，该法借鉴了其他一些法案的立法内容，包括《专利质量改进法案》(*Patent Quality Improvement Act*)、《降低专利滥用行为法案》(*Patent Abuse Reduction Act*)、《专利诉讼诚信法案》(*Patent Litigation Integrity Act*)、《专利透明性与改进法案》(*Patent Transparency and Improvements Act*)、《专利主张透明性法案》(*Transparency in Assertion of Patents Act*)、《防止高科技创新者陷入无端法律纠纷法案》(*Saving High-Tech Innovators from Egregious Legal Disputes*)、《终止匿名专利法案》(*End Anonymous Patents Act*)、《专利诉讼与创新法案》(*Patent Litigation and Innovation Act*)、《停止攻击性专利使用法案》(*Stopping the Offensive Use of Patents Act*)，以及《律师函透明法案》(*Demand Letter Transparency Act*)等。这些法案包括的共同思想有：第一，增加透明性；第二，提高诉状标准；第三，变革证据开示规则；第四，扩展专利审查。❶

（二）州立法

知识产权非实施主体的有效武器乃范围广泛、内容模糊的恶意律师函。❷虽然 AIA 在一定程度上规制了专利非实施行为，但其并未包含任何与恶意律师函

❶ Jared A. Smith, Nicholas R. Transier. "Trolling for an NPE Solution." Hastings Science and Technology Law Journal, vol.7, no.2, 2015, p.215-253.

❷ Julie Samuels, A Closer Look at Patent Troll Demand Letters: A Dangerous Problem that Must Be Fixed, Electronic Frontier Found.（Nov.5, 2013）, http://www.eff.org/deeplinks/2013/11/closer-look-patent-troll-demand-letters-dangerous-problem-must-be-fixed，2021 年 7 月 20 日访问。

有关的条款。从 2013 年开始，针对知识产权非实施主体的恶意诉讼行为，美国掀起了以佛蒙特州为首的轰轰烈烈的州立法运动。为保护本州消费者与企业免遭恶意律师函的滋扰，佛蒙特州于 2013 年 5 月 22 日首先对知识产权非实施行为展开立法限制，在《恶意主张专利侵权法》（*Bad Faith Assertions of Patent Infringements Act*）中规定"恶意专利侵权诉讼主张"构成州犯罪。[1] 该法主要是寻求改变成本收益计算方法，增加恶意诉讼成本。[2] 佛蒙特州认为，专利权滥诉尤其是恶意侵权诉讼，会损害本州企业。收到此类诉讼律师函的企业面临成本高昂且旷日持久的诉讼威胁，使得企业在万般无奈下选择和解并支付许可费用，即使有些权利要求是毫无根据的。考虑此类诉讼的直接成本及诉讼威胁背后的间接成本和社会成本，佛蒙特州认为恶意专利侵权诉讼不仅会对本州企业强加高昂成本，同时也影响了本州努力吸引和培育知识型企业的工作，故会损害本州经济发展。[3]

佛蒙特州立法的核心条款是"任何人不得提起恶意专利侵权诉讼"，并确立了一种开放式地确定恶意诉讼的主观标准，列举出 8 个可以证成恶意诉讼的考量因素，如律师函是否包含了必要的信息、是否要求了不合理的许可费用、是否要求在不合理的时间内进行支付等。具体包括：第一，律师函并不包含专利号、专利名称及专利持有人的地址，以及与目标产品、服务和技术侵犯其专利的事实指控；第二，律师函缺乏以上信息，诉讼对象请求以上信息，专利持有人在合理时间内未能提供；第三，专利持有人已经事前提起或威胁提起过一件或更多类似的专利侵权案件，而那些威胁缺乏以上信息或已经被法院认定为无

---

❶ VT. STAT. ANN. tit.9；Peter Kunin，Vermont Approves Legislation Prohibiting Bad Faith Patent Infringement Claims，IP Stone（May23，2013），http://www.theipstone.com/2013/05/23/vermont-approves-legislation-prohibiting-bad-faith-patent-infringement- claims/，2021 年 7 月 20 日访问。

❷ John Herrick. Shumlin Signs "Patent Troll" Bill Aimed at Protecting Vermont Businesses Against False Claims，Vt. Digger（May 22，2013），http://www.vtdigger.org/2013/05/22/shumlin-signs-patent-troll-bill-aimed-at-protecting-vermont-businesses-against- false-claims/，2021 年 7 月 20 日访问。

❸ VT. STAT. ANN. tit.9；Peter Kunin. "Vermont Approves Legislation Prohibiting Bad Faith Patent Infringement Claims." IP Stone（May 23，2013），http://www.theipstone.com/2013/05/23/vermont-approves-legislation-prohibiting-bad-faith-patent-infringement- claims/，2021 年 7 月 20 日访问。

诉讼价值；第四，在发出律师函之前，专利持有人没有对专利权利要求与诉讼目标产品、服务或技术进行比较分析；或者虽然已经进行了对比分析，但并没有识别出专利权利要求覆盖的产品、服务和技术所在的特定领域；第五，律师函要求在不合理的短时间内支付许可费或进行回复；第六，专利持有人提出的专利许可费用并不是基于对许可价值的合理评估；第七，自己明知或应知权利要求或侵权诉讼主张是无价值的，权利要求或侵权诉讼主张是欺骗性的；第八，其他考量因素。同时还列举出了 6 个恶意诉讼不成立的考量因素，如律师函发送者在合理时间内提供了被要求的信息，律师函发送者是专利发明者或是高等教育机构，发送律师函的控诉当事人在专利使用方面进行了实质性投资或者进行了事实上的产品生产或销售等。如果被告能够合理证成原告为恶意诉讼，则需要由控诉当事人缴纳高达 250 000 美元的保证金才能继续进行诉讼，以确保其是善意的。❶ 此外，该法允许遭受恶意律师函的当事人向非实施主体寻求获得实际损害赔偿金、律师费，以及三倍损害赔偿金或 5 万美元的惩罚性赔偿。❷ 佛蒙特州的立法增加了知识产权非实施主体的诉讼成本，某种程度上抑制了知识产权非实施行为的发生。

继佛蒙特州立法之后，美国大部分州都颁布了恶意专利侵权诉讼法，如俄勒冈州、威斯康星州、阿拉巴马州、佛罗里达州、佐治亚州、爱达荷州、田纳西州、密西西比州、印第安纳州、路易斯安那州、缅因州、马里兰州、密苏里州、新罕布什尔州、北卡罗来纳州、北达科他州、南达科他州、犹他州、弗吉尼亚州、华盛顿州、肯塔基州、俄克拉何马州、内布拉斯加州、新泽西州、宾夕法尼亚州、加利福尼亚州、伊利诺伊州及蒙大拿州，等等。这些州虽然都针对非实施主体的恶意诉讼行为做出了相关规定，但是具体法律

---

❶ VT. STAT. ANN. tit.9；Peter Kunin. "Vermont Approves Legislation Prohibiting Bad Faith Patent Infringement Claims." IP Stone（May23，2013），http://www.theipstone.com/2013/05/23/vermont-approves-legislation-prohibiting-bad-faith-patent-infringement- claims/，2021 年 7 月 20 日访问。

❷ VT. STAT. ANN. tit.9；Peter Kunin. "Vermont Approves Legislation Prohibiting Bad Faith Patent Infringement Claims." IP Stone（May23，2013），http://www.theipstone.com/2013/05/23/vermont-approves-legislation-prohibiting-bad-faith-patent-infringement- claims/，2021 年 7 月 20 日访问。

条文并不完全相同。主要表现在两个方面：第一，对"恶意"的具体考量因素存在一定差异。例如，俄克拉何马州立法并不考虑律师函发送者在发送之前是否进行了充分的侵权分析，而是主要考量律师函中的虚假指控行为。依据俄克拉何马州立法，如果律师函中存在虚假陈述，即声称已经针对特定目标对象提起侵权诉讼或在未提起诉讼的情况下以诉讼相威胁，可以认定为"恶意"。不仅如此，如果律师函中的权利主张缺乏合理的事实或法律依据，如权利主张者不具有相关权利、权利已经过期或权利主张中未包含通知的，接收者可能会面临侵权风险的具体事实指控。❶ 与之相对，伊利诺伊州、蒙大拿州立法并不要求"不实威胁"。弗吉尼亚州则规定，如果行为人以威胁方式提起侵权诉讼，也可以被认定为恶意。❷ 第二，一些州立法只保护收到律师函的专利技术终端用户，而不包括制造商或商业性零售商等，如田纳西州、路易斯安那州、俄克拉何马州。❸

　　州立法运动对《美国专利法》改革发挥了重要作用，前述的《创新法》在一定程度上正是借鉴了州立法内容尤其是佛蒙特州立法，如要求更精确详尽的侵权信息、败诉方付费、限制早期的证据公示、要求披露所有与案件结果利益相关的当事人以及终端用户例外原则等。❹ 尽管如此，这些州立法存在与联邦立法适用上的优先问题。例如，萨福克大学法学院的丽贝卡·柯廷教授认为，虽然州立法对非实施行为会发生一定抑制作用，但效果并不明显，因为在法律适用上，联邦法通常具有优先性。依据联邦法的规定，在诉讼之前必须发出律师函。因此，只有改革联邦立法，才能真正发生作用，影响民事诉讼程序。❺

---

❶ OKLA. STAT. tit.23, 111（2014）.

❷ Va. Code Ann. § 59.1–215.2.B.5–6（2014）.

❸ LA. REV. STAT. ANN, § 51：1428（2014）.

❹ Ryan DeSisto. "Vermont vs. the Patent Troll: Is State Action a Bridge too Far." Suffolk University Law Review，vol.48, no.1, 2015, p.109–130.

❺ Rebecca Schoff Curtin. "SLAPPing Patent Trolls：What Anti-Trolling Legislation Can Learn from the Anti-SLAPP Movement." Stanford Technology Law Review，vol.18, no.1, 2014, p.39–78.

二、美国知识产权非实施行为的司法规制

(一)美国专利非实施行为的司法规制

联邦巡回上诉法院前首席大法官雷德表示,诉权滥用是当前专利法危机的主要原因,故司法纠错是必要的救济路径。面对专利非实施主体的滥诉行为,美国法院作出了最迅速的司法回应。

1.重塑禁令救济条件

在易趣案中,原告拥有一项在线销售的商业方法专利,最初欲许可给易趣公司使用,但双方并未达成许可协议。原告遂向易趣公司提起了专利侵权诉讼。初审法院否决了原告永久禁令的动议,认为原告缺乏实施专利的商业活动,不颁布永久禁令不会给原告造成不可弥补的损失。上诉法院撤销了初审法院的裁决,认为一旦专利权有效且专利侵权成立,就应当颁布永久禁令,除非有损公共利益。美国最高法院在该案中重塑了禁令救济标准,认为颁布禁令救济需要衡量以下四个因素:(1)原告是否遭受了不可弥补的损害;(2)法律救济如金钱救济是否足以赔偿损失;(3)衡平救济是否正当;(4)颁布永久禁令是否损害公共利益。肯尼迪法官在该案裁判意见中表示:"新的产业模式已经产生。对于那些持有专利技术但并不生产销售专利产品,而是主要通过获取许可使用费和赔偿金的新型公司,禁令救济成了一种索要高额许可使用费或和解费的议价工具。当专利只是专利产品的一小部分时,全面的禁令救济是不恰当的,不利于保护公共利益。此时,金钱救济足以赔偿侵权损失。"❶

2.更为宽松的律师费转付规则

美国联邦巡回法院在布鲁克斯案中确立了严格的两步调查法,用以确定是否应依据《美国专利法》第二百八十五条支付律师费。地方法院首先必须确定

---

❶ eBay, Inc. v. MercExchange, L.L.C., 547U.S.388, 391(2006).

胜诉方是否提供了明确有说服力的证据证明是"例外"案件。❶ 如果法院认定为例外案件，接着要确定给付律师费是否有正当理由。❷2014 年，最高法院在傲客案中推翻了布鲁克斯案所设置的严格标准，赋予地方法院更多自由裁量权。最高法院认为，布鲁克斯案中的测试标准与《美国专利法》第二百八十五条的规定并不相符，正确的标准应为传统上专利诉讼所使用的优势证据标准。法院指出，"例外"案件相比于其他普通案件，区别仅仅在于一方当事人具有诉讼地位上的实质性优势（考虑到管辖法律和案件事实）或者以不合理的方式提起诉讼。最高法院建议，在裁量是否适用律师费转付规则时，地区法院可以酌情考虑各种因素，包括但不限于"无意义、动机、客观不合理性（包括案件的事实和法律部分）以及在特定情况下推进赔偿和威慑的需要。即使案件属于特殊情况，律师费的裁决仍属于审判法庭的自由裁量权。"最后，最高法院阐明，优势证据标准才是专利诉讼中适当的标准，而不是明确和令人信服的证据。❸ 傲客案对随后费用转付规则的广泛适用起到了立竿见影的影响。

3. 可专利主题新标准

知识产权非实施主体一向青睐软件与商业方法这些权利范围宽泛的专利，这些是其向生产性企业劫持费用的有效利器，对此最高法院作出最引人注目的

---

❶ 依据美国相关法律规定，适用律师费转付规则的"例外"案件包括：（1）合同。在合同中约定发生争议时胜诉方可以获赔律师费。（2）公共基金。若诉讼当事人的行为使得所有非诉讼当事人受益，则可以从公共基金中获赔诉讼方当事人的律师费。（3）实质利益原则。该原则与公共基金原则相似，都是一方当事人的诉讼行为使非诉讼当事人获益，但该原则更多的是针对非金钱利益。（4）藐视法庭。藐视法庭秩序或侵犯他人程序性权利的当事人应赔偿对方律师费。（5）恶意。美国最高法院认为，法院有权依据衡平权力，在一方当事人恶意诉讼、滥诉、缠诉或其他情形下，判决其对另一方当事人律师费进行赔付。法院扩展适用该例外规则，认为当事人具有恶意时，不仅仅针对败诉当事人，也可以要求恶意的胜诉原告对律师费进行赔付。法院适用该规则是惩罚滥用诉讼程序的当事人的需要，而公共基金原则及实质利益原则发挥的都是补偿功能。恶意原则具有惩罚特性。恶意既可以发生在诉讼前也可以发生在诉讼中。诉前如欺骗行为、不遵守仲裁裁决、违反受托人义务、违反法律明文规定等。在诉讼进程中，法院可以判决赔偿律师费以制裁不必要的诉讼拖延行为或本质上恶意的行为。同样，法院也可以因一方当事人提起无法律依据的权利请求、抗辩或动议及其他恶意行为而要求其赔偿对方律师费。（6）制定法及诉讼程序规则例外。除非法律明文规定使用费用转移制度，否则需要严格适用美国规则。

❷ Brooks Furniture Mfg., Inc. v. Dutailier Int'l, Inc., 393F.3d1378（Fed. Cir.2005）.

❸ Octane Fitness, LLC v. ICON Health & Fitness, Inc., 134S. Ct.1749（2014）and Highmark Inc. v. Allcare Health Mgmt. Sys., Inc., 134S. Ct.1744（2014）.

裁决是有关可专利主题的艾丽丝案。

案情

原告（反诉被告，被上诉人）：CLS 银行国际

原告（反诉被告，被上诉人）：CLS 服务有限公司

被告（反诉原告，上诉人）：艾丽丝股份有限公司

CLS 银行国际和 CLS 服务有限公司（二者以下简称"CLS 银行"）共同经营一个促进外汇交易的国际网络。艾丽丝是一家澳大利亚公司，受让获得 5970479 号、6912510 号、7149720 号及 7725375 号四个美国专利（以下分别简称为"479 专利""510 专利""720 专利"及"375 专利"）。这些专利具有共同的性质，它们都与进行金融贸易的计算机交易平台及管理特定形式金融风险的方法相关，即由受托的第三方确保交易双方当事人结算义务的履行，用以消除实际支付方的结算风险。结算风险（settlement risk）是一种只有一方当事人履行支付义务，而交易对方没有相应资本或利益履约的风险。例如，双方当事人基于股票交易或外币交易行为彼此之间产生了兑换或结算义务，但通常情况下，在义务生成与真正结算完成之间会存在一个时间差。在金融语境下，兑换义务或结算过程与达成合同并履行交易的行为通常是分开的。例如，如果两家银行想兑换货币，首先要达成交易协议，但会将真正的交易履行延期至价格确定之后，时间通常为两天。之后，双方银行再向对方当事人支付预定的"结算"数额。这种时间上的迟延产生了一种风险，即一方当事人在结算时，可能不再有足够的资金满足其支付义务。艾丽丝公司的专利旨在解决这种风险，依靠受托的第三方中介，在实际结算前核实或查证每一方当事人的履约能力，以确保交易双方都履行或都不履行结算义务。第三方中介创建交易双方的信用卡和借记卡"影子账户"，真实反映出双方当事人在交易机构如银行的实际账目收支情况。该中介依据实时交易的达成，不断更新影子记录，只允许那些更新了影子记录并显示出足够资源能够满足相互之间结算义务的当事人进行交易。在真正结算的时候，第三方中介指示相关金融机构执行与更新的影子记录相一致的交易，从而降低只有一方当事人履行商定交易的风险。

艾丽丝公司认为，涉案 479 专利的权利要求 33、34 项以及其他三个专利

的所有权利要求都旨在最小化这种结算风险。479及510专利的相关权利要求为方法权利要求，720及375专利权利要求为系统和产品权利要求。其中，方法权利要求包括以下四个步骤：（a）为每个利益相关当事人创建一个影子信用卡和一个影子借记卡，独立于交易机构并由监督机构持有；（b）从每个交易机构处为每个影子信用卡和影子借记卡获得为期一天的结算平衡；（c）因为每笔交易产生一个兑换义务，监督机构核对交易双方当事人的影子信用卡或影子借记卡，只允许在影子借记卡值小于影子信用卡值时进行交易；（d）在一天结束时，监管机构指示其中一个交易机构按照允许的交易核对数额兑换各自当事方的信用卡或借记卡。综合来看，艾丽丝公司专利权利要求为：（1）上述兑换义务的方法（方法权利要求）；（2）实现该兑换义务方法的计算机配置系统（系统权利要求）；（3）包含执行兑换义务方法的计算机可读介质程序代码（中介权利要求）。同时，艾丽丝公司指出，所有这些步骤都需要利用计算机创建电子记录、跟踪多重交易，并发出同步指令。

2007年5月，CLS银行向哥伦比亚特区联邦地区法院提出确认之诉，要求法院认定艾丽丝公司专利无效、不可实施或未被侵权。2007年8月，艾丽丝公司提出反诉，认为CLS银行侵犯了其479专利的权利要求33、34项及510专利、720专利。双方当事人提出交叉动议，要求法院对涉诉的权利要求是否为专利适格主题的问题作出简易判决。2010年5月，艾丽丝公司被授予375专利，艾丽丝公司随即变更了反诉请求，声称CLS银行也侵犯了其375专利的所有权利要求。双方当事人重新发起寻求简易判决的交叉动议，同时CLS银行认为新授予的375专利同样不具有专利适格性。

联邦地区法院同意CLS银行提出的简易判决动议，但否决了艾丽丝公司提出的交叉动议。联邦地区法院认为，爱丽丝公司主张的权利要求都不具有专利适格性。❶艾丽丝公司不服，在法定期限内向联邦巡回法院提出上诉。2012年7月9日，联邦巡回法院的一个审判小组推翻了地方法院裁决，认为艾丽丝

---

❶ CLS Bank Int'l v. Alice Corp., 768F.Supp.2d221（D.D.C.2011）.

四个专利都有效，所有权利要求都属于适格性专利主题。●CLS 银行向联邦巡回法院提出联席审理复审申请书。法院于 2012 年 12 月 9 日授予复审令，邀全体法官共同参与审理。联邦巡回法院经过全院联席审理，肯定了联邦地区法院裁决，维持原判。●艾丽丝公司仍不服，上诉至美国最高法院，美国最高法院最终也作出了维持原判的判决。●

　　▢ **裁判**

　　哥伦比亚特区联邦地区法院基于艾丽丝权利要求需要电子化实施，作出了有利于 CLS 银行的简易判决，认为依据《美国专利法》第一百零一条，艾丽丝专利的每个权利要求都是无效的。联邦地区法院认为，艾丽丝的方法权利要求"利用中介促进交易义务的同步兑现，进而使风险最小化"指向的是"中介结算"（intermediated settlement）这一抽象概念。基于类似理由，联邦地区法院认定艾丽丝中介权利要求、系统权利要求均旨在垄断"抽象概念"本身，不具有专利适格性。最终，联邦地区法院作出了有利于 CSL 银行的裁决。

　　联邦巡回上诉法院经过全院联席审理，最终维持了联邦地区法院裁决。联邦巡回上诉法院多数意见认为，艾丽丝公司的权利要求，实际上是利用"中介结算"这一抽象概念，通过第三方影响交易，进而降低结算风险。虽然在权利要求中附加了利用计算机维护、调整并协调这些步骤，但并未对抽象概念本身添加任何有意义的应用限制。因此，艾丽丝四个专利均无效，都属于不具有专利适格性的抽象概念范畴。对于该案，法官之间的意见分歧很大。十个法官中有七个法官认为，爱丽丝公司的方法权利要求与中介权利要求不具有专利适格性。对于系统权利要求，法官观点对半。对该案的裁判理由，法院公布了五种不同意见：第一，以劳里法官（Lourie）为代表的多数意见认为应采用美国最高法院先前确立的两步检测法，分别评估每个权利要求。劳里法官认为，艾丽丝案中的所有权利要求都是人类创新的基石，脱离了实际应用，而且未附加

　　● CLS Bank Int'l v. Alice Corp., 685F.3d1341（Fed.Cir.2012）, vacated, 484F. App'x559（Fed. Cir.2012）.

　　● CLS Bank Int'l v. Alice Corp. Pty. Ltd., 717F.3d1269, 106U.S.P.Q.2d1696（Fed. Cir.2013）.

　　● Alice Corp. Pty. Ltd. v. CLS Bank Int'l, 573U.S., 134S. Ct.2347（2014）.

任何有意义的限制步骤，无法将抽象概念转换为适格性专利主题。第二，首席法官雷德（Rader）赞成方法权利要求及中介权利要求不具有专利适格性的多数意见，但认为系统权利要求属于可专利性主题范畴。雷德认为，应该将所有权利要求作为一个整体考虑，而不能分解开来评估各自的抽象性。第三，摩尔法官（Moore）表示部分异议，认为过于严格适用抽象概念例外原则将导致无数个人专利及所有商业方法、金融系统与软件专利的终结，同时表示有必要将所有权利要求作为一个整体考虑。第四，纽曼法官（Newman）主张，应回归《美国专利法》第一百零一条的法定主题范畴，摆脱司法例外原则的限制。第五，林法官（Linn）认为，为避免权利要求落入第一百零一条例外，应考虑是否对其附加了充分的限制。

美国最高法院认为，艾丽丝公司的权利要求属于"中介结算"的抽象概念，只是需要利用通用计算机加以实施，无法将抽象概念转化为专利适格性的发明。最高法院认为，爱丽丝公司的权利要求涉及的是，利用第三方中介兑换交易双方金融义务从而降低结算风险的方法。第三方中介创建并更新"影子"记录，以反映出各方当事人在兑换机构持有的真实账目数值，并只允许那些具有足够资源的当事人进行交易。在一天结束时，第三方中介向兑换机构发出不可撤销的交易指令以执行允许的交易。从这些权利要求的表面来看，其指向的是"中介结算"的概念，即利用第三方当事人降低结算风险。而"中介结算"（intermediated settlement）是商务系统中长期流行的一种基本经济实践，是现代经济发展的基石，本质上属于"抽象概念"。经过进一步考量权利要求中的其他附加元素，最高法院认为，只需通用计算机加以执行或实施，无法将"中介结算"这一抽象概念转换为专利适格性发明。最高法院表示，在权利要求中说明或叙述某个抽象概念，同时添加"应用"的字样，并不足以论证其专利适格性。此外，将抽象概念限制在某个特定技术领域使用，也不能保证其专利适格性。在本案中，计算机仅仅是实施"中介结算"这一抽象概念的指令，不能因此而授予其专利资格。法院认为，将权利要求中的因素予以分别考虑，计算机在每步工序中履行的功能只是常规性的、惯性的。利用计算机创建并维持"影子"账户，相当于计算机中一个最基本的功能即电子记录。利用计算机获得数据，核对账目余额并自动发出指令，所有这些计算功能都是该领域容易理解的常规功能。总之，每个步骤只是需要利用通用计算机执行计算机的一般功能。将权利要求中的因素作为一个有序组合考虑，该方法权利要求仅仅是详述了中介结算的抽象概念，并借助通用计算机加以执行。该方法并没有改进计算机本身的功能，也没有提高任何其他技术或技术领域的有效性，只是利用通用计算机执行"中介结算"这一抽象概念指令。因此，不足以将抽象概念转化为专利适格性发明。对于艾丽丝公司的系统权利要求与中介权利要求，最高法院基于相同理由否定了其专利适格性。

🗁 评析

"专利适格性"是专利保护的基本问题，也是当前专利法改革广为热议的话题之一。❶ 随着科学技术与专利法自身的不断发展，可专利性主题的范围呈现动态发展之势，很多问题尤其是专利适格性检测方法一直困扰着法院。克里斯托弗·霍尔曼教授将美国最高法院对专利适格性的司法干预划分为三个阶段：第一阶段干预发生于 20 世纪 70 年代，典型案例为本森案和弗卢克案，将专利适格性作为评估可专利性的一个独立性考量条件；第二阶段干预发生于 20 世纪 80 年代，典型案例为查克拉巴蒂案和迪尔案，为适应新技术发展大幅度限制专利适格性原则的适用，"太阳底下一切人类制造的东西"都属于可专利性主题范畴；第三阶段干预始于 2006 年，典型案例为比尔斯基案、梅奥案和利亚德案，试图避免因可专利性主题范围急剧扩张引发的各种问题，重塑专利适格性原则。❷

近年来，美国最高法院虽然一直致力于明晰可专利性主题的范围，但始终未能提出一个统一的、操作性强的专利主题适格性检测方法。艾丽丝案作为 2014 年美国最具影响的专利案件，其在梅奥案基础上，确立了统一的专利主题适格性两步检测方法，为当事人和法院提供了有益指导。

---

❶ John M. Golden. "Flook Says One Thing, Diehr Says Another: A Need for Housecleaning in the Law of Patentable Subject Matter." The George Washington Law Review, vol.82, 2014, p.1765.

❷ Christopher M. Holman. "Patent Eligibility Post-Myriad: A Reinvigorated Judicial Wildcard of Uncertain Effect." The George Washington Law Review, vol.82, 2014, p.1800-1805.

（1）美国专利适格性主题的法定范围。

《美国专利法》第一百零一条规定："凡发明或发现任何新且有用的方法、机器、产品或组合物，或进行了任何新且有用的改良者，可以依据本法规定的条件和要求获得专利权。"❶ 由此可知，美国专利适格性主题的法定范围包括四类：方法（process）、机器（machine）、产品（manufacture）或组合物（composition of matter）。这种宽泛的类型界定，为绝大多数发明都敞开了专利保护大门，有利于鼓励创新。

值得注意的是，该条规定只解决专利适格性问题（patent eligibility），而非全部的可专利性问题（patentability），这是获得专利保护的门槛条件或形式要件。满足专利适格性并不必然最终成为专利，适格的专利主题还必须满足新颖性、创造性及实用性三个实质性条件及披露要件才能最终获得专利权。❷ 实际上，在 1952 年的美国专利法之前，"专利适格性"并没有作为一个独立的原则存在。此时，美国最高法院主要是基于创造性或非显而易见性条件解决可专利性主题界限问题。❸

（2）美国专利适格性主题的司法例外。

虽然依据《美国专利法》第一百零一条规定，美国专利适格性主题范围非常宽泛，但是有必要排除那些从事科学技术工作之基本工具的专利适格性。❹ 美国法院在长期的司法实践中对专利主题确立了三种有限的司法例外，即自然法则（laws of nature）、自然现象（natural phenomena）及抽象概念（abstract ideas）不具有专利适格性。例如，美国最高法院在利亚德案中认为："我们一直以来都认为，专利法第一百零一条规定包含重要的隐性例外，其中自然法则、自然现象及抽象概念不具有专利适格性。"❺ 在美国，该有限的司法例外原

---

❶ 李明德：《美国知识产权法》（第二版），法律出版社 2014 年版，第 37 页。

❷ 《美国专利法》第一百零二条、一百零三条及一百一十二条规定的实质性要件及程序性要件。

❸ Christopher M. Holman. "Patent Eligibility Post-Myriad: A Reinvigorated Judicial Wildcard of Uncertain Effect." The George Washington Law Review, vol.82, 2014, p.1800.

❹ Gottschalk v. Benson, 409U.S.63, 67, 93S.Ct.253, 34L.Ed.2d273（1972）.

❺ Association for Molecular Pathology v. Myriad Genetics, Inc.569U.S.（2013）.

则已经成为法院解释《美国专利法》第一百零一条及裁判先例时考量的一种优先原则。自然法则、自然现象及抽象概念作为科学技术工作运行的基本工具，对这些基础工具授予专利垄断权，势必会抑制创新。

尽管自然法则、自然现象及抽象概念不属于适格性专利主题，但是美国最高法院并没有对这些司法例外作出明确界定。最高法院在本森案❶、弗卢克案❷、迪尔案❸、比尔斯基案❹及艾丽丝案❺中均认定涉案的专利权利要求为"抽象概念"，不具有专利适格性，在梅奥案中认定涉案的专利权利要求为"自然法则"，❻而在利亚德案中认定涉案的专利权利要求为"自然现象"。❼例如，在本森案中，涉案专利的每个权利要求都叙述了一系列影响数值转换的数据性操作步骤，并需要在任一类型的通用数字计算机上执行。最高法院认为，权利要求中所述的将十进制数字转化为纯二进制数字的计算机执行方法属于"抽象概念"，不具有专利适格性。该数学公式除了与数字计算机相关联外，并不存在本质上的实际应用限制，权利范围太过宽泛，涵盖了该基本算法的所有已知和未知应用领域。因此，涉案权利要求不具有专利适格性。❽又如，在梅奥案中，最高法院认为基于血液检测结果调节药品剂量的医疗诊断方法属于"自然法则"司法例外。本案中，涉诉专利为一种基于病人血液中嘌呤代谢物的浓度调节药品剂量进而优化治疗效果的方法。在专利权利要求中，叙述了特定步骤，包括管理嘌呤药物并确定在病人血液里产生的代谢物浓度，当浓度高于或低于预定临界值时，需要调整药物剂量。最高法院认为，这些权利要求指向的是一种自然法则，即血液中特定代谢物的浓度与嘌呤药物可能性剂量之间的关系。代谢物太少说明药物剂量不足，而代谢物太多则表明药物剂量应该降低

❶　Gottschalk v. Benson，409U.S.63（1972）.

❷　Parker v. Flook，437U.S.584（1978）.

❸　Diamond v. Diehr，450U.S.175，182（1981）.

❹　Bilski v. Kappos，130S. Ct.3218，3231（2010）.

❺　Alice Corp. Pty. Ltd. v. CLS Bank Int'l，573U.S.，134S. Ct.2347（2014）.

❻　Mayo Collaborative Serv. v. Prometheus Labs.，Inc.，566U.S.132S. Ct.1289（2012）.

❼　Association for Molecular Pathology v. Myriad Genetics，Inc.569U.S.（2013）.

❽　Gottschalk v. Benson，409U.S.63（1972）.

以避免对身体造成伤害。法院认为，权利要求中附加的"管理"和"确定"步骤是该领域科学家从事的常规活动，这些限制无法将自然法则转换为专利适格性应用。❶ 再如，在利亚德案中，最高法院认为涉案专利权利要求为"自然现象"，利亚德公司只是发现了 BRCA1 和 BRCA2 两个基因的确切位置与基因序列，但并未创造或改变这两个基因上所承载的遗传信息或结构，不能仅仅因为自然发生的 DNA 片段被分离出来就认为其属于可专利主题范围。❷ 以上这些案件表明判例法中对三个司法例外尚未形成界限清晰的认定方法，从而导致很多重要问题都尚未定论，如在具体评估这三个司法例外时是否适用相同的检测方法。

当然，我们必须承认，所有发明中都包含、利用、反映、依赖或应用了自然法则、自然现象或抽象概念。❸ 例如，艾伦·达勒姆教授认为，任何专利适格性主题都始于在发明人头脑中形成的、对完整且有效发明所具有的某种明确且永久的概念或思想。囿于语言本身的局限性，很难在权利要求中确切捕捉到专利应用事物的本质。因此，抽象性是任何发明的一部分，二者具有密切关系。❹ 从这个意义上说，不能仅因为发明中包含自然法则、自然现象或抽象概念这些基本工具就否定其专利适格性。利用某个基本工具，达到一种全新的且有用的应用结果，仍具有专利适格性。是故，判断专利适格性主题，必须在这些基础工具本身与利用这些基础工具转化为的适格性发明之间作出区分。例如，凯文·柯林斯教授认为，概念是人类的一种心理现象，当权利要求单纯地描述人类的这种思维过程和心理状态时，则不具有专利适格性，如权利要求表达用语或具体化实施的物理实体太过抽象。柯林斯教授指出，"抽象"一方面

---

❶ Mayo Collaborative Servs. v. Prometheus Labs., Inc., 132S.Ct.1289, 1293, 182L.Ed.2d321（2012）.

❷ Association for Molecular Pathology v. Myriad Genetics, Inc.569U.S.（2013）.

❸ Mayo Collaborative Servs. v. Prometheus Labs., Inc., 132S.Ct.1289, 1293, 182L.Ed.2d321（2012）.

❹ Alan L. Durham. "The Paradox of 'Abstract Ideas'." Utah Law Review, vol.2011, 2011, p.839-841.

意味着脱离物理世界的无形性，另一方面可以界定为未应用或实践。❶ 同样，达勒姆教授认为，非发明原理、不具有实用性的概念、过于宽泛的权利要求、研究的基础工具、不具有物理维度的创新等都是抽象性的具体表现。❷

（3）美国专利主题适格性检测方法的早期尝试与发展。

为确定适格性专利主题范围，联邦巡回法院早在 1998 年道富银行案中确立了"有用、具体且有形结果"检测法（useful, concrete, and tangible result test）认为如果发明属于《美国专利法》第一百零一条的四类法定主题范畴，且产生了某个有用、具体且有形结果，则属于适格性专利主题。法院认为，不能仅因为数学算法本身为抽象概念就否定其专利适格性。如果发明是对自然法则或抽象概念等基本工具的应用，并产生了"有用、具体且有形结果"，该发明就具有专利适格性。❸ 随后，联邦巡回法院表示，该检测方法平等适用于产品专利与方法专利。❹ "有用、具体且有形结果"检测法关注发明结果而非发明形式，便于区分基本工具本身与基本工具的应用。❺

然而，在 2008 年全体法官共同审理的比尔吉斯案中，联邦巡回法院放弃了包括"有用、具体且有形结果"检测法在内的先前所有专利适格性检测方法，重新确立了"机器或转换检测法"（machine or transformation test）。在本案中，法官以 11:1 认定，涉案规避金融风险的方法权利要求不具有专利适格性。联邦巡回法院认为，一种权利要求方法满足专利适格性，需要具备以下条件之一：第一，其必须与特定机器或设备相关联；第二，其将一种特定的物品转变为不同的状态或事物。此外，法院认为，即使权利要求方法符合该评估标准，

---

❶ Kevin Emerson Collins. "Biliki v. Kappos: Everything Old is New Again: Biliki and Ambiguity of 'an Unpatentable Abstract Idea'." Lewis & Clark Law Review, vol.15, 2011, p.53−61.

❷ Alan L. Durham. "The Paradox of 'Abstract Ideas'." Utah Law Review, vol.2011, 2011, p.843−852.

❸ State St. Bank & Trust Co. v. Signature Fin. Group., 149F.3d1368（Fed. Cir.1998）.

❹ AT&T Corp. v. Excel Communs., Inc., 172F.3d1352, 1359（Fed. Cir.1999）.

❺ Puneet S. Sarna, How Useful, Tangible, and Concrete is Federal Circuit's Eligible Subject Matter Test? 2008, http://www.kentlaw.edu/honorsscholars/2008students/writings/Puneet_Sarna.pdf, last visited2015−2−10, 2021 年 7 月 20 日访问。

如果"机器或转换"只是偶然的额外解决方案，也不具有专利适格性。❶ 对于"机器或转换检测法"，最高法院表示，该检测方法虽然不是评估可专利性主题的唯一分析方法，但却是判断专利适格性"有益且重要的线索"。同时，布雷耶法官指出，并不是任何产生"有用、具体且有形结果"的发明都具有可专利性。❷ 实际上，在后比尔吉斯案时代，该检测方法一直处于争议之中。一方面，专利商标局、专利复审委员会和一些地方法院一直严格适用该检测法；另一方面，该检测方法也引起了一些法官及学者的批判。例如，莱姆利教授等认为，"机器或转换检测法"不关注发明本身，而是将评估焦点置于外部事物，这对于确定权利要求范围没有任何意义。他们认为，专利权人的权利要求只有与其对现实世界作出的贡献相一致，权利要求范围才是恰当的。因此，专利权利要求应该与发明人某个实践性、应用性贡献相关，如果权利要求未限定任何特定用途，则权利要求过于宽泛，是对抽象概念等基本工具本身寻求专利保护，不具有适格性。❸ 从某种意义上说，莱姆利教授等正在呼唤"有用、具体且有形结果"检测法的回归。

（4）美国专利主题适格性两步检测法的确立。

为恰当区分基本工具本身与基本工具的应用，最高法院在梅奥案中确立了专利适格性分析的基本步骤。最高法院指出：首先，需要确定涉诉权利要求是否指向"自然法则、自然现象或抽象概念"这些不具有专利适格性的基本工具本身。如果答案是肯定的，则需要进一步询问"除了这些基本工具外，是否存在其他因素"。回答这个问题，就要求我们对每个权利要求的要素既要分别考虑又要将其作为一个有序组合进行整体考量，进而确定附加的因素是否将这些基本工具转化为专利适格性应用。艾丽丝案在梅奥案基础上，确立了更为明确统一、操作性更强的专利适格性两步检测方法，又称"艾丽丝检测法"或"艾丽丝/梅奥检测法"：第一步，确定权利要求是否指向"方法、机器、产品或

---

❶ In re Bilski, 545F.3d943, 954（Fed. Cir.2008）(en banc）.

❷ Bilski v. Kappos, 130S. Ct.3218, 3229-30（2010）.

❸ Mark A. Lemley, Michael Risch, Ted Sichelman, R. Polk Wagner. "Life after Bilski." Stanford Law Review, vol.63, 2011, p.1322-1340.

组合物"这四类法定主题范畴。如果不符合这四类，权利要求主题不适格；如果符合这四类，继续审查专利适格性，进入第二步。第二步，确定权利要求是否为"自然法则、自然现象或抽象概念"这三类司法例外。在第二步中，首先需要确定涉诉权利要求是否指向"自然法则、自然现象或抽象概念"这些不具有专利适格性的基本工具本身。如果答案是否定的，权利要求主题适格，应继续审查可专利性的其他实质要件及程序要件；如果答案是肯定的，则需要进一步评估，权利要求作为一个整体是否远不止这些司法例外本身，即附加的其他元素是否对这些基本工具进行了有意义的应用限制。[1] 应该说，"艾丽丝检测法"比以往的专利适格性检测法更为严格，尤其对于软件和商业方法而言更为明显，"艾丽丝"标准使得很多软件与商业方法不再满足可专利性条件。

在艾丽丝案之后不久，美国专利商标局于 2014 年 12 月 6 日颁布《2014 专利主题适格性临时指南》（以下简称《指南》），进一步提出用以审查所有权利要求主题的专利适格性的评估标准。《指南》指出，在分析专利主题适格性或其他任何可专利性条件前，首先需要详细审查披露内容及具体实施方式，进而理解申请人已经发明的是什么；其次需要对权利要求确定最广义的合理解释；最后再利用这种最广义的解释，将权利要求作为一个整体考虑。

（二）美国版权非实施行为的司法规制

版权非实施行为主体多以"帮诉"的方式获取侵权赔偿并将其作为获利的唯一来源，引发了大量的滥诉行为。在美国版权保护力度强、网络侵权现象泛滥的背景下，自 2010 年起，美国的版权非实施行为均将诉讼重心转移至网络盗版领域，大量针对普通网络用户的 MDJD（Multi-Defendant John Doe）诉讼[2] 爆发，造成了"诉讼拥堵"的局面。为应对版权非实施行为主体的滥诉行为，美国法院采取了一系列的司法措施。

---

[1] Alice Corp. Pty. Ltd. v. CLS Bank Int'l, 134S. Ct.2347（2014）.

[2] MDJD 诉讼，也被称为"共同虚名诉讼"，此类诉讼的原告通常先起诉网络服务提供者，再以诉讼取证的名义使其提供下载过作品相关用户、姓名等个人信息，在获得网络用户的信息之后，最后将用户一并起诉，其中大量被告均为普通网络用户。

1. 限制原告诉讼资格

针对不当"帮诉"行为，美国法院对原告的起诉资格进行限制解释，加强了对原告诉讼资格的审查。对原告诉讼资格进行限制可追溯至西尔弗斯案，在西尔弗斯案中，弗兰克电影公司雇佣西尔弗斯创作电视剧剧本《另一个女人》，并约定著作权归弗兰克电影公司所有。电视剧拍摄播出三年后，弗兰克电影公司认为索尼公司拍摄播出的电影《继母》侵犯了其对《另一个女人》的剧本著作权。弗兰克电影公司与西尔弗斯签署了《起诉权转让协议》，约定仅将对被告起诉和索赔的权利转让给西尔弗斯，剧本著作权仍归弗兰克电影公司享有，西尔弗斯据此以原告身份在联邦地方法院提起诉讼，状告索尼侵犯了剧本著作权。诉讼中索尼公司以西尔弗斯对剧本的基础版权没有所有权或受益权为由，提起动议（motion）要求法院驳回起诉，联邦地方法院驳回了索尼的动议。后索尼提起上诉，联邦第九巡回上诉法院先是由三名法官组成审判庭，裁决维持了联邦地方法院的裁决，但随后又在全部 11 名法官出庭的情况下，以 7:4 的表决票，通过了"西尔弗斯无权起诉"的最终判决。第九巡回法院认为，只有受版权法保护的专属权利的合法或实际拥有者才有权提起诉讼。❶

内华达州联邦地方法院在应对版权非实施行为主体 Righthaven 公司时遵循了联邦第九巡回上诉法院的做法，基于原告 Righthaven 公司缺乏诉讼资格驳回了其诉讼请求。❷Righthaven 公司遵循的商业模式可归纳为三个简单的步骤：（1）招募内容所有者，主要是报纸；（2）确定可信的版权侵权案件，如在博客上转发报纸文章；（3）获得部分版权转让，该转让正是针对第二步中确定的侵权行为。这些转让受制于一个秘密的《战略联盟协议》（*Strategic Alliance Agreement*），协议中通常约定 Righthaven 公司仅拥有起诉权而不享有版权所有者的其他任何排他性权利。在秘密战略联盟协议被披露前，Righthaven 公司于 2010—2011 年向法院提起了高达 200 多起诉讼，声称被告侵犯版权，许多被

---

❶ Silvers v. Sony Pictures Entertainment, Inc., 402F.3d881, 884（2005）.

❷ Righthaven, LLC v. Democratic Underground, 791F.Supp.2d968（2011）.

告迫于诉讼压力与 Righthaven 公司达成和解。从本质上说，Righthaven 公司的商业模式就是购买创作者的某项排他性权利但不实施，而是以诉讼为威胁向实施者主张许可费或和解金。在本案中，Righthaven 公司通过与《拉斯维加斯评论杂志》的所有者斯蒂芬斯传媒签订的一份战略联盟协议获得了向侵权行为人起诉的权利。被告民主地下组织（Democratic Undrrground）在诉讼中积极进攻原告，主张原告并无诉权且诉讼属于恶意诉讼，法院对 Righthaven 公司与斯蒂芬斯传媒签订的战略联盟协议进行了严格的审查，发现该协议中约定 Righthaven 公司仅享有通过诉讼从侵权者处获得赔偿的权利而否认其享有版权法规定的其他排他性权利，法院据此认为原告 Righthaven 不具备诉讼资格并驳回了其诉讼请求。在 Righthaven 公司与其合作者的战略联盟协议及商业模式被披露后，法院加强了对 Righthaven 公司相关案件中战略合作协议的审查，导致 Righthaven 公司的相关诉讼均被驳回，最后因无法承担巨额的法律费用而濒临破产。

2. 谨慎进行诉讼合并

版权非实施行为主体之所以能够通过诉讼获得巨额利润，很大程度上归因于美国程序法上的合并审理规则，原告利用合并审理规则可节约高额诉讼成本。在 MDJD 诉讼中，原告并不指望在诉讼中找到每一个 IP 地址背后的人，也不指望每一个被告都有偿付能力或者不经历诉讼就轻易和解，但原告可以预见的是，大多数有能力支付的个人最终会同意以几千美元的价格和解，因为以几千美元的价格和解比在法庭上证明自己无罪的费用低很多。❶ 在这样的诉讼中，许多被告因诉讼压力尽早和解，众被告和解金的叠加会给版权非实施主体带来巨大的利润。根据《联邦民事诉讼规则》第二十条的规定，允许原告在一个诉讼中加入多个被告有两个要求：第一，诉讼必须是针对被告"共同、单独或以其他方式就同一交易、事件或一系列交易或事件而提出的"；第二，必须有共同的事实或法律问题。规定诉讼合并无疑是为了加快审判、节省司法

---

❶ Matthew Sag. "Copyright Trolling, an Empirical Study." Iowa Law Review, vol.100, no.3, 2015, p.1116.

资源，根据《联邦民事诉讼规则》，合并诉讼不仅是被允许的，而且被大力鼓励。❶

但随着 MDJD 诉讼逐渐增多，法院在合并被告时变得非常谨慎，地区法院在 MDJD 诉讼中合并诉讼是否恰当的问题上出现分歧，其中分歧主要在于《联邦民事诉讼规则》第二十条所规定的"同一交易、事件或一系列交易或事件"这一表述是否适用于 BitTorrent❷ 蜂群中的参与者。在马布里案中，法院认为《联邦民事诉讼规则》第二十条并不要求被告"一致行动"或有任何"时间上的距离或时间上的重叠"，其仅要求不同的行动之间具有逻辑关系。❸ 根据这种观点，由于每个被告都下载了相同初始播种者创建的相同种子文件，且《联邦民事诉讼规则》第二十条指的是"一系列的交易或事件"，而不仅仅是"同一交易"，因此可以对被告进行合并诉讼。不同于马布里案采用的宽松观点，在 Dragon Quest Products 案中，法院认为"最初的播种者、其他播种者、不同的同行以及被告可能在相隔数月就参与了这个蜂群，虽然最初的播种者、其他播种者、同行和被告这四类人可能因为同一个最初的种子文件而联系在一起，但法庭认为单凭这种联系并不足以建立合并诉讼"❹。

此外，对 MDJD 诉讼进行合并审理看似能够提高效率、节约司法资源，但法院在实际审理中发现了诸多问题。在涉及电影的案件中，有法官对MDJD 诉讼中不适当合并所产生的问题进行了阐述，"事实和法律辩护的差异将产生不相关的动议；通过安排大量当事人进行听证并发现争议几乎是不可能的；无法使用电子申请系统的自辩人将不得不向所有其他当事人提供所有文件的纸质副本；所有的被告都有权利参加其他当事人的听证；任何最终的

---

❶　United Mine Workers v. Gibbs, 383U.S.715, 724（1966）.

❷　BitTorrent 的工作方式是将一个大文件分割成数千个小块，这些小块可以按任何顺序下载，并由终端用户重新组装起来，一旦一个文件被播种，它可以被多个人同时下载，一群下载种子文件的人被称为"蜂群"。与其他文件共享程序相比，BitTorrent 的一个优点是不需要在播种者和下载者之间保持连接，蜂群中的任何参与者都可以从已经拥有该片段的其他参与者那里下载任何片段。

❸　Malibu Media, LLC v. Does, 291F.R.D.191（2013）.

❹　Dragon Quest Prods, LLC v. Does, 2013U.S.Dist.LEXIS129061（2013）.

审判都需要一百个独立的小型审判庭，有不同的证据和证人，这将严重破坏合并诉讼的效率。累积起来，这些障碍将不必要地拖延任何特定被告案件的最终解决"❶。因此，从这个角度来看，对 MDJD 诉讼进行合并审理似乎并不合适。

3. 律师费转付规则的适用

根据美国《版权法》第五百零五条的规定，法院可酌情决定允许由除美国或美国官员以外的任何一方当事人负担全部诉讼费用，法院还可裁定将合理的律师费作为诉讼费的一部分偿还胜诉一方。在 MDJD 诉讼中，低成本的诉讼费用使版权非实施行为有了获利的空间，若法院判决败诉的版权非实施主体承担被告的律师费，无疑会增加其诉讼成本，转付律师费也成为法院打击版权滥诉行为的利器。《版权法》第五百零五条应采用何种标准，联邦最高法院在福格蒂案❷中给出了答案。在该案中，联邦最高法院拒绝了原告提出的"胜诉的原告可以理所当然地获得律师费，而胜诉的被告需要证明原告是在恶意诉讼的情况下才能获得律师费"的标准，采用了第三巡回法院所提出的"公正标准"，即法院应对胜诉的原告和被告同等对待，律师费的赔偿由法院自由裁量，在自由裁量时应综合考虑版权法宗旨、版权归属及判决是否具有激励作用等因素。在应对版权非实施行为主体 Righthaven 时，法院在迪比亚兹案❸、利昂案❹中均判给了被告律师费，在一定程度上打击了 Righthaven 的滥诉行为。

4. 对未知名被告主动下达保护令

在 MDJD 诉讼中，原告起诉的对象往往是网络用户，因而仅能提供被告的 IP 地址无法提供更多准确的信息，这些被告通常被称为"未知名被告"。原告会请求法院传唤网络服务供应商以获得更多关于未知名被告的信息，包括但不限于姓名、电话、家庭住址等。由于诉讼当事人不能确定时无法开庭，所以一

---

❶　Third Degree Films v. Does1-131，280F.R.D.493，498（2012）.

❷　Fogerty v. Fantasy，510U.S.517（1994）.

❸　Righthaven LLC v. Leon2011U.S. Dist.LEXIS72043（2011）.

❹　Righthaven LLC v. DiBiase2011U.S. Dist.LEXIS41480（2011）.

般情况下法院会予以准许。这种披露未知名被告信息的行为存在两个问题。第一，IP 地址并不能完全代表个人，依据 IP 地址确定未知名被告容易致使起诉对象错误，不仅会违反《通信法案》中对隐私权保护的规定，且原告通常同时起诉多名未知名被告，易形成诉累。有些版权非实施行为主体对多数未知名被告提起诉讼时甚至约有 30% 属于误告。❶ 第二，原告获取信息后可能会对未知名被告进行骚扰，威胁其和解。多数版权非实施行为主体提起诉讼并非为了通过诉讼获得赔偿金，而是以诉讼相要挟与被告达成和解从而获取和解金，原告通过 IP 地址锁定的个人并不完全准确，容易使无辜的被告陷入诉讼纷争并遭受威胁。

根据《联邦规则》第二十六条关于保护令的规定，"在与取证有关的问题上，法院出于正当理由可发布以保护一方当事人或个人免受烦扰、尴尬、压迫或不适当的负担或费用的命令"。未知名被告可据此向法院申请保护令。出于未知名被告信息的隐私性及被告的错误率，法院在一些案件中对未知名被告主动下达了保护令。❷ 法院不会将所获的未知名被告信息直接告知原告，而是以网络服务提供者为中介，由网络服务提供者向未知名被告收集资料、送达传票，再将相关信息与资料转交给法庭，原告在诉讼结束后才能获知相应的信息。在与 Strike3Holdings 相关的两个判决中，法院均认为未知名被告的隐私高于版权非实施主体获取侵权者信息的需要，拒绝向原告披露未知名被告的信息，以保护未知名被告的隐私。❸

三、美国知识产权非实施行为的行政规制

美国前总统奥巴马对最早出现在专利领域的非实施行为一直持反对态度。2013 年 5 月 4 日美国白宫颁布一份关于"专利主张与美国创新"的报告及一

---

❶ Next Phase Distrib，Inc. v. John Does1-27，284F.R.D.165（2012）.

❷ Next Phase Distrib，Inc. v. John Does1-27，284F.R.D.165（2012）.

❸ Strike3Holdings LLC v. Doe，2018U.S. Dist. LEXIS68672（2018）；Strike3Holdings LLC v. Doe，329F.R.D.606（2018）.

系列行政命令。❶ 这一系列行政命令包括美国白宫颁布的 5 项行政规制措施：❷
第一，披露利益相关人。非实施主体通常创立空壳公司掩盖他们的活动，确保
其滥诉行为顺利进行与和解金的获得。披露利益相关人可以确保面临诉讼的
企业在和解金谈判等过程中知晓其专利的全部内容。第二，对功能性权利要
求进行严格解释，防止利益相关者对其专利主张过于宽泛的权利要求。第三，
增强下游使用者如零售商、消费者及其他终端用户应对非实施行为的能力。
第四，扩大专门的外展服务与研究，群策群力探索相关政策与法律。社会创
新需要所有利益相关主体的参与，包括权利持有人、研究机构、消费者保护团
体、社会公益团体及所有的普通公众参与。第五，增强排除令的执行程序。一
旦美国国际贸易委员会（ITC）认定侵犯美国《1930 年关税法》第三百三十七
条并颁布排除令限制侵权产品的进口，美国海关与边境保护局及国际贸易委员
会将共同决定进口物品是否落入排除令范围。

　　2014 年 2 月 20 日，美国白宫对先前颁布的行政措施发表执行状态报告。
具体执行情况如下：❸ 第一，提高透明度。美国专利商标局（简称 USPTO）注
重专利申请审查与专利申请权和专利权透明度审查。针对白宫颁布的第一项行
政措施，USPTO 于 2014 年 1 月 24 日颁布《关于识别权利归属者的修改规定
（草案）》（ Changes To Require Identification of Attributable Owner ），要求专利申
请人和专利所有人在进入 USPTO 程序前准确记录并实时更新所有权信息，包
括所有权人的最终实际控制人。这一举措旨在优化专利审查质量，激励后续
创新，增强竞争、促进技术转移、降低交易成本，使得依托空壳公司进行滥

---

❶　Executive Office of the President, Patent Assertion and U.S. Innovation, 2013, http://www.whitehouse. gov/sites/default/files/docs/patent_report.pdf, 2021 年 7 月 21 日 访 问；The White House, Fact Sheet：White House Task Force on High-Tech Patent Issues, http://www.whitehouse.gov/the-press-office/2013/06/04/fact-sheet-white-house-task-force-high-tech-patent-issues, 2021 年 7 月 21 日访问。

❷　The White House, Fact Sheet：White House Task Force on High-Tech Patent Issues, http://www. whitehouse.gov/the-press-office/2013/06/04/fact-sheet-white-house-task-force-high-tech-patent-issues, 2021 年 7 月 21 日访问。

❸　The White House, Fact Sheet：Executive Actions：Answering the President's Call to Strengthen Our Patent System and Foster Innovation, http://www.whitehouse.gov/the-press-office/2014/02/20/fact-sheet-executive-actions-answering-president-s-call-strengthen-our-p, 2021 年 7 月 21 日访问。

诉行为的伎俩在实施上更为困难。USPTO 计划通过用户友好方式与广大的用户群共同执行该信息报告制度。专利申请人和专利所有人需要向 USPTO 报告相关许可信息，包括许可意愿、许可合同、许可要约条款或许可承诺等，进而 USPTO 可以在线将这些信息提供给访问公众，向公众征求意见。经过公众反馈，USPTO 实时在线上传与更新权属信息。同时，该报告制度向专利申请人和专利权人提供纠错机制。第二，专利权边界更为清晰。针对白宫的第二项行政措施，USPTO 于 2014 年 3 月 27 日颁布 "术语表试点计划"（glossary pilot program）。❶ 依据该计划，专利申请人需要在提交的专利申请说明书中纳入术语表部分，使专利商标局和公众能够更充分地理解专利权利要求的含义，提高专利权利要求的清晰度与可执行性，便捷专利商标局对专利申请的审查。正式的术语表作为专利申请说明书的组成部分，应当包括权利要求术语的概念，以及申请人认为适当的其他任何术语。第三，保护商业街免于滥诉。为确保消费者及商业街的零售商在卷入成本高昂的诉讼或和解程序之前知晓自身的权利，USPTO 发布在线工具包，针对一些常见的问题、专利诉讼信息及特定专利的具体信息作出回应，此外还包括有助于消费者理解诉讼或和解利弊的网站链接等。第四，扩大外展服务与研究。USPTO 宣布扩展其 "爱迪生学者计划"，将卓越的学术专家引入专利商标局，使公众能够获得更多有关滥诉行为的健全数据与研究结论。同时，提高与各利益相关主体的互动，成功举办与高科技专利相关的圆桌会议与专题研讨会。第五，增强排除令的执行。为确保美国国际贸易委员会颁布的排除令在执行上更为透明有效，美国知识产权执法协调员将对现有程序发起跨机构审查活动，确保排除令执行活动期间程序与标准在适用上的透明有效。

同时，美国白宫继续颁布 3 项行政措施，用来防止创新者涉入滥诉行为，同时确保制度体系保护的是最优质量专利。第一，众包检索现有技术。为确保专利的最高质量，USPTO 积极探索一系列新的举措，包括第三方提交计划

---

❶ PTO, Glossary Pilot Program, 79 FR 17137, p.17137–17139, https://www.federalregister.gov/articles/2014/03/27/2014–06792/glossary-pilot-program, 2021 年 7 月 21 日访问。

（third-party submission program），即由企业、专家及普通公众共同参与提供专利申请中的相关现有技术信息，帮助专利审查员、发明持有人、权利申请人认定相关的现有技术，最终判断发明是否具有新颖性。第二，加强对专利商标局人员的技术培训。为提高审查员应对高科技飞速发展的能力，USPTO 特聘请技术专家、工程师及其他专家对专利审查员进行系列技术培训和指导。第三，法律志愿者服务。USPTO 投入教育与实践资源为缺乏法律支援的发明者（尤其是独立发明者和小型企业）提供专利公益服务，即为其指派一名全职的志愿者协调员。❶

第二节 欧洲国家

有报告显示，知识产权非实施行为缘起美国，目前也仅在美国活跃，欧洲地区鲜有发生。❷ 然而，美国与欧洲国家市场连通性较高，具有相似的专利政策。美国与欧洲国家都经营着较多的跨国公司，在相关市场上具有相似的复杂程度，尽管各自的法律体系存在差异，这些司法管辖地区所采用的专利标准基本上是统一的。❸ 诸多迹象表明，欧洲地区有适宜知识产权非实施主体滋生的法律土壤和司法环境。因此，对欧洲地区展开研究，试图探寻非实施主体在欧洲的衍生与变化，分析欧洲地区应对知识产权非实施行为的策略办法，能够为

---

❶ The White House, Fact Sheet: Executive Actions: Answering the President's Call to Strengthen Our Patent System and Foster Innovation, http://www.whitehouse.gov/the-press-office/2014/02/20/fact-sheet-executive-actions-answering-president-s-call-strengthen-our-p，2021 年 7 月 21 日访问。

❷ Anna Mayergoyz. "Lessons from Europe on How to Tame U.S. Patent Trolls." Cornell International Law Journal, vol.42, 2009, p.241−244; Victoria E. Luxardo. "To wards a Solution to the Problem of Illegitimate Patent Enforcement Practices in the United States: An Equitable Affirmative Defense of 'Fair Use' In Patent." Emory International Law Review, vol.20, 2006, p.791−802.

❸ Stefania Fusco. "Markets and Patent Enforcement: A Comparative Investigation of Non-Practicing Entities in the United States and Europe." Michigan Telecommunications and Technology Law Review, vol.20, 2014, p.442.

我国防治知识产权非实施行为提供借鉴。

一、欧洲知识产权非实施行为的起源

21 世纪以来，随着经济全球化的发展与深入，世界各国均加入国际经济交流的舞台，技术发展也呈现出全球化的趋势，跨国企业为寻求全球范围内的专利保护开始将专利布局放眼于各个国家。在技术全球化的影响下，知识产权非实施主体为寻求运作其商业模式的沃土也逐渐全球化，开始踏足欧洲国家。斯蒂芬尼教授从 PatentFreedom❶ 处获得的数据显示，截至 2012 年，共有二十五家从事知识产权非实施行为的公司在欧洲经营，其中经营数量最多的欧洲国家是英国、德国、瑞士和荷兰。斯蒂芬尼对清单中的意大利和德国两个国家进行了仔细的研究，其中前者报告的数量较少，后者报告的数量较多。斯蒂芬尼对意大利的法律体系比较熟悉，为找到至少有一个 PatentFreedom 列出的非实施主体参与的案件，对四个意大利法律数据库进行了检索，结果显示 2000 年至 2012 年只有 5 起案件。考虑到意大利平均每年有 100 多起专利诉讼，至少有一个知识产权非实施主体参与的案件数量极少。而德国是每年专利侵权诉讼申请数量最多的欧洲国家，因此，德国最有可能是产生知识产权非实施行为的司法管辖地区。由于德国法院在判决中并不显示当事人的姓名，在德国法律数据库中搜索含非实施主体的专利案件并不可行，斯蒂芬尼于是对各种来源的新闻报道进行了广泛搜索，最后搜索产生了自 2000 年至 2012 年的 5 份相关报道。斯蒂芬尼的研究结果表示，知识产权非实施行为在欧洲是存在的，但与美国相比，欧洲非实施主体活动水平要低很多，然而非实施主体发起诉讼只是整个知识产权非实施行为冰山显露的一角。可以认为，就许可活动而言，

---

❶ PatentFreedom 的客户主要是那些在 NPE 目标行业经营的公司，该组织收集和分析关于 NPE 活动的数据，并向其用户提供这些数据。这些公司利用 PatentFreedom 获得的信息来评估和管理 NPE 活动的风险，并在 NPE 攻击的情况下，有效地反击该攻击。PatentFreedom 通过与客户互动收集的信息编制了这份 NPE 名单，该名单有一个显著的优势，即来自在欧洲经营的 NPE 的直接经验，而且除了诉讼信息外，还包括许可活动。

非实施主体在意大利和德国的存在一定比这部分调查中出现的情况多很多。❶

　　此外，艾伦与阿芒丁教授为了确定活跃在欧洲的非实施主体，研究了从2000 年至 2019 年来自选定的欧洲成员国（比利时、法国、德国、荷兰和英国）司法管辖区的 102 个裁决样本，这些裁决至少涉及一个有资格作为非实施主体的诉讼人。这些样本主要出自三个来源。首先，他们使用了"斯坦福非实施主体诉讼数据库和分类法"，因为它提供了最大的专利主张者数据库及目前最全面的专利非实施主体分类，然后在 Darts-ip 数据库中搜索在斯坦福大学数据库中集中确定的非实施主体，以发现他们可能在欧洲参与诉讼的实例。其次，他们在孔特拉斯、洛夫、赫尔默和麦克唐纳、波尔曼和奥皮茨、JRC 报告、Darts-ip 报告，以及 IP2Innovate 提供的实例中提取了在欧洲国家法院活跃的非实施主体名单。在这些实例中并非所有实体都从事专利诉讼，JRC 报告认为存在防御性的非实施主体，在这些专利非实施主体的商业模式中一般不包含诉讼。最后，艾伦与阿芒丁还在一些法院所在地实际收集了部分不包括在线数据库中的案例。上述样本中案例的识别依赖于诉讼当事人的身份，因此涉及的诉讼事由非常广泛，既包含侵权诉讼与撤销诉讼，还包括涉及与诉讼威胁、合同问题或者费用追偿有关的不正当竞争行为，还有一些案例主要围绕着初步禁令、证据措施等。❷ 以上数据也表明知识产权非实施行为在欧洲是存在的，但由于欧洲分散的诉讼系统及缺乏透明度，获取的信息不够全面，因而很难确定问题的规模。

　　近十年来，欧洲的知识产权非实施主体日益增多，其在欧洲国家提起诉讼的数量也逐年增长，2014 至 2016 年更是呈现快速增长的趋势。❸ 截至 2021 年

---

❶　Stefania Fusco. "Markets and Patent Enforcement: A Comparative Investigation of Non-Practicing Entities in the United States and Europe." Michigan Telecommunications and Technology Law Review, vol.20, 2014, p.439–465.

❷　Alain Strowel, Amandine Leonard. "Cutting Back Patent Over-Enforcement: How to Address Abusive Practices within the EU Enforcement Framework." Journal of Intellectual Property, Information Technology and Electronic Commerce Law, vol.11, no.1, 2020, p.3–25.

❸　闫坤，张会丽，钱玲珑，等："中美欧 NPE 诉讼趋势研究"，载《信息通信技术与政策》2018 年第 10 期，第 36 页。

1月，将近98%的非实施主体都选择在美国和欧盟发起诉讼，其中美国约有94.3%的诉讼份额，欧盟仅占比3.91%，其他地区诉讼数量为1.8%。[1] 知识产权非实施行为在欧洲活跃度较低主要有以下几种原因。

第一，欧洲国家没有针对专利侵权的惩罚性赔偿规则。欧洲国家秉承大陆法系的传统，各国针对专利侵权损害赔偿适用的是填平原则，对于恶意专利侵权也并无惩罚性赔偿的规则。高额的惩罚性赔偿金不仅能提高非实施主体提起诉讼的积极性，同时也会迫使被诉方因害怕诉讼而与非实施主体达成和解，进一步促进非实施主体商业模式的蔓延。欧洲国家惩罚性赔偿规则的缺乏，遏制了非实施主体活动的欲望。此外，欧洲国家在专利侵权诉讼中裁定的赔偿金较低，也在一定程度上降低了非实施主体诉讼的积极性。[2]

第二，欧洲没有单一的专利诉讼管辖权。根据《欧洲专利公约》(*European Patent Convention*，EPC）的规定，欧洲专利局（European Patent Office，EPO）负责欧洲专利的审查与授权，即欧洲专利申请阶段的各项工作。专利获得授权之后，欧洲专利的专利权人可向EPC成员国提出申请，使专利在选定的成员国生效从而获得保护。[3] 但EPO仅负责申请阶段的受理、审查和授权等工作，授权后的专利行使、维持和无效等均由各缔约国处理，即EPO授予的专利在每个EPC成员国实际上都是独立存在的，欧洲专利的所有者须在每个司法管辖区分别寻求侵权救济、应对无效诉讼。[4] 因此，非实施主体若想在欧洲提起侵权诉讼，需要逐一向各国的法院提起，这将会形成巨额的诉讼费用并花费大量的时间。此外，基于欧洲各国法律制度的差异，诉讼的结果也具有极强的不

---

[1] 秦乐，李梅，毕春丽："全球NPE诉讼情况及典型NPE分析"，http://www.iprdaily.cn/article_27029.html，2021年7月18日访问。

[2] Stefania Fusco. "Markets and Patent Enforcement: A Comparative Investigation of Non-Practicing Entities in the United States and Europe." *Michigan Telecommunications and Technology Law Review*, vol.20, 2014, p.454.

[3] 郭小军："欧盟统一专利制度"，载《专利代理》2016年第4期，第89页。

[4] Stefania Fusco. "Markets and Patent Enforcement: A Comparative Investigation of Non-Practicing Entities in the United States and Europe." *Michigan Telecommunications and Technology Law Review*, vol.20, 2014, p.454-455.

确定性，高额的成本与诉讼的不确定性并不符合知识产权非实施行为的商业模式。然而，2013 年 2 月 19 日，有 24 个欧盟国家❶签署了《统一专利法院协议》（*Unified Patent Court Agreement*，UPCA），支持为欧洲专利建立单一的专利法院。根据该协议，欧盟统一专利法院（UPC）将处理与现存体制下的欧洲专利诉讼问题以及将来欧洲单一专利相关的诉讼事务，对任何欧洲专利有专属管辖权且有着单一效力。由于英国脱欧和德国宪法诉讼等原因，UPCA 至今仍未生效。需要强调的是，UPCA 的通过未必会有利于知识产权非实施行为在欧洲的活动，根据 UPCA 的具体规定，其反而有利于更好地规制非实施行为在欧洲的活动。

第三，知识产权非实施主体的目标行业在欧洲规模较小。非实施主体并非活跃于所有行业与地区，往往会选择处于成长阶段又有发展前景的产业作为目标行业，以实现商业模式获利的最大化。据统计，在 2013 年至 2017 年，知识产权非实施主体发起诉讼案件量排名前 10 位的企业包括中国、美国、韩国、德国及西班牙的公司，这些公司多属于信息通信技术（ICT 技术）领域。❷《2016 美国 NPE 专利诉讼统计报告》显示，非实施主体于 2016 年在美国发起诉讼的行业主要分布于电子商务和软件、消费性电子产品和个人电脑等领域。❸此外，专利审判和上诉委员会（PTAB）是美国进行专利行政审查的机构，其受理的案件自 2013 年起出现暴增现象，在 2015 年至 2017 年达到了 1800 起，其中 IPR 程序❹的案件最多。数据显示，被提起 PTAB 审查的专利大多集中在半导体、电子商务、通信、计算机和机械工程等技术领域，其中通信领

---

❶　届时欧盟成员国为 27 个，除西班牙、波兰和保加利亚外均签署了 UPCA。协议签署后各国仍需完成国内的批准手续，英国政府在 2018 年 4 月批准了 UPCA，但随着英国脱欧进程的正式启动，英国于 2020 年 1 月 30 日正式脱欧，并于 2020 年 7 月撤回了对 UPCA 的批准。

❷　闫坤，张会丽，钱玲珑，等："中美欧 NPE 诉讼趋势研究"，载《信息通信技术与政策》2018年第 10 期，第 36 页。

❸　洪结银，封曾陟，陶爱萍："真的都是'专利流氓'吗——如何正确看待 NPEs"，载《情报杂志》2019 年第 4 期，第 34 页。

❹　IPR 是一项专门的程序，任何人（但专利所有人除外）可通过该程序在美国专利商标局（USPTO）的专利审判与上诉委员会（PTAB）挑战一项或多项美国专利的有效性。

域的案件数量最多。在 2017 年提起 PTAB 审查案件的请求人多为苹果、谷歌、三星和华为等大型企业，而 PTAB 案件的被请求人中有 6 个非实施主体位列前十，如罗斯蒙特、高智公司等。❶ 这也能从侧面反映非实施主体的目标行业主要集中的领域。可见，知识产权非实施主体的目标行业大多为生命周期长、生产规模大和现金流充裕的技术领域，如 ICT、电子商务和软件、电子产品和半导体等领域，近年来智能网联车产业也成了非实施主体诉讼的新目标，❷ 此外，其针对的企业也多为目标行业领域内发展规模大的企业。而在欧洲，这些目标行业并非在每个国家都发展迅速，而是仅蓬勃于某些国家，知识产权非实施主体通常仅对欧洲国家中目标行业收入高的国家感兴趣，如德国、法国和英国等。非实施主体少在波兰等国家开展活动，也是因为在这些国家，目标行业经营的公司数量虽然多但收入很低。❸ 因此，由于知识产权非实施主体的目标行业在欧洲规模相对较小，相关企业的数量及收入均低于美国，所以知识产权非实施主体在欧洲的活跃程度自然低于美国。

除以上原因之外，美国和欧洲国家法律体系的差异、禁令的可用性差异、律师费转移制度的存在等也通常被认为是非实施行为在欧洲活动少的原因。

二、知识产权非实施行为在欧洲国家的发展

（一）美国法律环境的变化导致部分非实施主体将诉讼转移至欧洲国家

鉴于欧洲国家法律制度的差异及非实施主体的目标行业在欧洲的规模等

---

❶ 闫坤，张会丽，钱玲珑，等："中美欧 NPE 诉讼趋势研究"，载《信息通信技术与政策》2018 年第 10 期，第 35 页。

❷ 秦乐，李梅，毕春丽："全球 NPE 诉讼情况及典型 NPE 分析"，发布时间 2021 年 2 月 9 日，http://www.iprdaily.cn/article_27029.html，2021 年 7 月 18 日访问。

❸ Stefania Fusco. "Markets and Patent Enforcement: A Comparative Investigation of Non-Practicing Entities in the United States and Europe." Michigan Telecommunications and Technology Law Review, vol.20, 2014, p.461.

原因，非实施主体前期在欧洲的活动并不多，而是爆发于美国。美国为应对知识产权非实施行为，在立法、司法、行政方面均进行了相应的规制，立法层面颁布了《美国专利改革法案》《创新法》等联邦法律，司法层面重塑了禁令救济条件、放宽了律师费转付规则、在艾丽丝案中确立了可专利主题新标准等，行政层面更是颁布了一系列针对专利的行政规制措施。知识产权非实施行为在美国受到的限制越来越多，法律环境的变化对美国知识产权非实施行为的活动造成了冲击。一般来说，在其他条件相同的情况下，只要预期收益高于其他同等风险的期待投资机会，投资者（如非实施主体）就会进行某种操作，而不管可收回的赔偿金和可利用禁令的具体水平或者诉讼的复杂度。因此，在美国受到冲击的部分非实施主体将诉讼转移至欧洲国家进行，2014 年，由非实施主体在欧洲提起的专利侵权诉讼就达 146 件，而 2014 年恰恰是美国自 2009 年以来专利诉讼案件量首次出现下降的年份，也是美国专利改革和新专利法案自 2011 年颁布后全面生效的一年。也正是在 2014 年，美国最高法院就艾丽丝一案做出判决。数据显示，2013 年至 2018 年，在欧洲提起诉讼的案件数量排名前五位的均为美国公司，涉案数量超过了欧洲总诉讼量的一半，其中诉讼案件量第一的高智公司所提起的诉讼量更是达到了欧洲诉讼案件总量的五分之一，这正是美国非实施主体向欧洲国家蔓延和扩张的表现。❶

在诉讼中，禁令救济无疑是非实施主体用以向被告施加压力的有力法律工具。非实施主体提起诉讼的目的大多是以诉讼换许可费，通过诉讼的手段与被告达成许可协议，一旦法院依据原告的申请颁布禁令，被告将无法再继续销售产品并失去获取利润的能力，无论胜诉与否都将给被告带来一定的打击。在这种情况下，被告与原告达成专利许可的概率会变高，非实施主体的商业模式也得以实现。美国在司法层面重塑了禁令救济条件后，导致非实施主体想要在美国获得禁令救济变得十分困难，而欧洲大部分国家的立法都明确规定了

---

❶ Darts-ip，NPE Litigation In the European Union：Facts and Figures，https://www.Darts-ip.com/npe-litigation-inthe-european-union-facts-and-figures/，2021 年 7 月 18 日访问。

初步禁令措施，如德国、英国、法国、意大利、西班牙、荷兰等，因此，一些美国的非实施主体开始转向欧洲国家提起专利诉讼并申请禁令。在无线星球公司诉华为一案中，原告无线星球公司 ❶ 系一家纯粹的知识产权运营公司，主要通过专利侵权诉讼营利，事实上是一家知识产权非实施主体。2013 年，无线星球公司从爱立信收购了一批专利组合，其中包含 276 项标准必要专利和专利申请，覆盖了全球 42 个国家。2014 年，无线星球公司并没有选择在美国而是在英国对华为提起诉讼，控告华为侵犯其专利权，并请求法院颁布禁令，同时也在德国发起了类似的诉讼，英国法院于 2017 年 6 月签署了一项市场销售禁令限制华为在英销售相关产品。注册于卢森堡的一家名叫康文森公司 ❷ 的非实施主体见英国法院签署了对华为的禁令后，于 2017 年 7 月以华为和中兴侵犯其欧洲专利为由也在英国和德国提起了诉讼，其中康文森公司主张的涉案专利并非自主研发而成，而是其于 2011 年从诺基亚收购的专利中的部分标准必要专利。

（二）美国资本的流入促进了欧洲非实施行为的发展

知识产权非实施行为通常是大规模的，不仅耗费时间，还耗费财力，充足的资金是这种商业模式顺利运行的基础，近年来美国的对冲基金在赞助欧洲非实施主体的活动方面起到了关键作用。美国资本的赞助在与 IP-COM 有关的案件中也有所体现。IP-COM 是一家成立于 2007 年的德国非实施主体，是博世公

---

❶ 无线星球公司（Unwired Plant）成立于 1996 年，总部位于美国加州的一个城市，该公司最开始并非专利运营公司，而是研究当时最先进的网络技术 WAP，之后又联手爱立信、摩托罗拉和诺基亚成立 WAP 论坛。1999 年，该公司改名为 Openwave System，运营软件业务。2012 年，该公司因财务问题险些倒闭，发现专利的巨大价值后开始转向专利运营的道路并重新使用 Unwired Plant 这一公司名。

❷ 康文森（Conversant Wireless）的专利申请量除在 2012—2014 有小部分回升外，一直呈现下降趋势，目前 600 余族（专利族）处于有效状态。其 68% 的专利都选择在美国布局，排名第二和三位的布局地为韩国和中国，分别占比 6%。在持有的专利中，55% 的专利为企业转让，26% 的专利为个人转让，其余为自有专利。

司❶为保护其在主张专利时免受反诉和费用转移的风险而创建的公司。❷IP-COM
从博世受让了一些专利组合，包括一些对 GSM❸ 标准至关重要的专利，欧洲电
信标准协会（ETSI）制定的规则要求以公平、合理和非歧视性（fair，reasonable
and non-discriminatory，FRAND）的条件许可这些专利。IP-COM 与诺基亚曾就
FRAND 费率问题进行了多次谈判，谈判失败后 IP-COM 在德国、英国和意大利
等欧洲国家对诺基亚提起了诉讼，引发了欧洲和美国媒体的广泛关注。该案是
涉及一家重要欧洲公司专利组合的重大行动，但其并不是由欧洲的对冲基金提
供的赞助，而是由位于美国纽约的私募股权公司 Fortress Investment Group 所赞
助，事实上，IP-COM 近一半的业务都是由 Fortress 所提供。❹

（三）德国成为非实施行为最多的欧洲国家

根据知识产权全球案例数据分析库 Darts-ip 的报告，在欧盟范围内非实施
主体更喜欢在德国进行诉讼，从 2007 年至 2017 年，德国每五起专利侵权诉讼
中就有一起是由非实施主体发起的，这十年间在德国由非实施主体提起的诉讼
数量年均增长 19%，特别是在信息技术和通信领域。❺ 非实施主体多在德国起
诉主要有以下三点原因。

第一，德国专利案件采取"分诉制度"。专利的侵权判断与有效性判断是
否放在同一诉讼中对非实施主体的诉讼积极性有显著影响。在德国的专利体系

---

❶　博世是德国的工业企业之一，从事汽车与智能交通技术、工业技术、消费品和能源及建筑技
术的产业。

❷　Stefania Fusco. "Markets and Patent Enforcement: A Comparative Investigation of Non-Practicing
Entities in the United States and Europe." Michigan Telecommunications and Technology Law Review,
vol.20，2014，p.455.

❸　GSM（Global System for Mobile Communications）即全球移动通信系统，是由欧洲电信标准组
织 ETSI 制订的一个数字移动通信标准。

❹　Stefania Fusco. "Markets and Patent Enforcement: A Comparative Investigation of Non-Practicing
Entities in the United States and Europe." Michigan Telecommunications and Technology Law Review,
vol.20，2014，p.456.

❺　Darts-ip, NPE Litigation In the European Union : Facts and Figures, https://www.Darts-ip.com/npe-
litigation-inthe-european-union-facts-and-figures/，2021 年 7 月 18 日访问。

中，专利侵权诉讼是由德国州法院进行审理，而专利无效诉讼是由德国专利法院❶进行审理，两者在不同的法院独立裁决。在这种环境下，专利侵权诉讼会进行得比较顺利，审理速度也更快。在专利侵权诉讼过程中，若被告人向德国专利法院提起专利无效诉讼，德国州法院可以推定专利有效继续审理案件，也可以选择中止侵权案件的审理，等待德国专利法院对专利无效诉讼作出的判决。在德国，由于专利侵权案件的审理时限短于专利无效程序的平均审理时间，侵权诉讼可能会比无效诉讼更早审结，所以以德国州法院推定专利有效继续而继续审理的情况更多，在实践中，也仅有不到 10% 的专利侵权诉讼因无效诉讼程序而中止。在这一方面，我国的专利制度与德国类似，我国法院在专利侵权诉讼中无权审查专利的有效性，被告或其他人只能通过行政程序请求宣告专利无效。

第二，德国非实施主体的原告胜诉率相对较高，且禁令更容易获得。非实施主体在德国发起的诉讼案件中，原告的胜诉率达到了 52%，是欧盟各国中专利侵权诉讼原告胜诉率最高的国家。此外，与欧盟其他国家相比，德国的禁令救济更容易获得，在德国申请初步禁令救济，只要求申请人提交的证据具有表面证明力（prima facie），而无须如波兰一样要求有"充分的"或"明显的"证据证明专利权受到损害。❷

第三，德国是欧洲最大的技术市场。德国是一个工业高度发达的经济大国，许多大企业纷纷落户于此，是资金与技术的聚集地，也是进口商品在欧洲的主要入口之一。2018 年，德国的 GDP 总量接近 4 万亿美元，是英国的 1.4 倍、俄罗斯的 2.4 倍和荷兰的 4 倍，是欧洲名副其实的"经济火车头"，被称为"欧洲最大经济体"和"全球第四大经济体"。尽管近几年德国经济出现衰退，但其 GDP 总值仍稳居全球第四，技术发展水平也始终位居世界前列。

---

❶ 德国专利法院负责审理的案件有三种：当事人不服专利审查部或者专利部决定而提起的申诉，当事人提起的专利无效诉讼，以及有关专利强制许可的诉讼。

❷ 王嘉琮，汪金金："中国遭遇国际 NPE 大规模诉讼的可能性分析"，载《科技与法律》2017年第 6 期，第 69 页。

三、欧洲国家应对知识产权非实施行为的经验

（一）立法层面：对非实施主体权利和行为的限制

1. 未充分实施专利的强制许可

在欧洲，专利强制许可制度的依据和适用条件主要是由国际条约、地区性或者各国国内立法规定。《保护工业产权巴黎公约》中规定公约成员国有权采取立法手段授予强制许可，TRIPs协定中也进一步对强制许可的授权条件进行了明确的规定，欧盟的部分指令和条例❶也是其成员国专利强制许可制度的重要法律基础。大多数欧洲国家已在本国立法中纳入了涉及专利强制许可的规定，但各国负责的主管机构、授予的条件及授予的程序性事项都不尽相同。其中，法国和英国在本国法中创设了未充分实施专利的强制许可。《法国知识产权法典》第613-12条规定，如果专利权人在专利授权后三年内或在申请公布后四年内，没有利用或认真准备利用该专利，或者没有在欧盟范围内对其专利进行足够的商业化，则将授予该许可。任何申请者如果能够证明自己有能力利用该发明，并且不可能从专利权人那里获得协商许可，就可以要求获得许可。《英国专利法》第四十八条规定了三年未充分实施专利的强制许可。❷在我国，为促使专利权人积极实施专利，在专利强制许可制度中也纳入了未充分实施专利的强制许可规则。❸

2. 专利先用权

根据《德国专利法》第十二条的规定，专利申请日前已经在国内投入使用或者做好使用准备的先用人有权为自己的经营目的继续实施该发明。此外，该

---

❶ 主要包括：欧盟关于生物技术发明的法律保护的第98/44/EC号指令和欧盟针对向有公共健康问题国家出口的药品生产相关专利的强制许可的第816/2006号条例。

❷ U.K. The Patents Act 1977.48.

❸ 《专利法》第五十三条："有下列情形之一的，国务院专利行政部门根据具备实施条件的单位或者个人的申请，可以给予实施发明专利或者实用新型专利的强制许可：（一）专利权人自专利权被授予之日起满三年，且自提出专利申请之日起满四年，无正当理由未实施或者未充分实施其专利的；……"

条还明确赋予了先用权人继承或者转让的权利，但该先用权只能随其经营的业务一并继承或转让。我国《专利法》第七十五条也有类似的规定，但仅将该种情况视为不侵犯专利权的情形。❶

3. 律师费转付制度

欧洲大部分国家秉承大陆法系的传统，在侵权损害赔偿的认定上适用填平原则，填平的范围不仅包括专利权人因侵权所遭受的损失，还包括维权的合理支出。许多欧洲国家均在立法中确立了律师费转付制度，由败诉方来承担律师费、诉讼费等合理支出。英国在《民事诉讼规则》中明确规定了律师费转付制度，将律师费用纳入诉讼费用中由败诉方承担。❷ 在德国，由于诉讼案件中的当事人必须聘请代理律师，律师费用与法院费用组成了诉讼费用，根据《德国民事诉讼法》第九十一条的规定，诉讼费用由败诉方承担。除英国与德国外，法国也是适用律师费转付规则的典型国家。此外，适用该制度的国家并不是片面地将所有实际费用让败诉方承担，为确保转付律师费的合理性，各国在适用条件和范围上做了严格的限制。例如，德国法院在认定律师费用时严格按照德国《律师报酬法》的标准进行，英国为确保律师费用数额的合理性设立了专门的律师费评定机构。

4. 发证后专利审查制度

每个专利制度都包括实质性的专利要求，其中新颖性和创造性要求是最基本的。专利审查机关为了确保专利的独占性只适用于真正的新发明，会对符合专利要求的技术进行筛选再赋予申请人相应的专利权。但再严谨的专利审查制度也会不可避免地漏掉一些不符合专利授权条件的不当专利，因为已知技术的范围每天都在增加，而用于专利审查的时间却没有增加。专利保护制度激励了具有不正当经济动机的非实施主体去利用这些不当专利。专利诉讼是复杂、昂贵且不确定的，技术的复杂性和专利理论的模糊性使得侵权认定对于一般法官和非专业的陪审团来说是困难的，因此，即使被主张的专利属于不当专利，被

---

❶ 《专利法》第七十五条第（二）项："……（二）在专利申请日前已经制造相同产品、使用相同方法或者已经作好制造、使用的必要准备，并且仅在原有范围内继续制造、使用的；……"

❷ 徐昕：《英国民事诉讼与民事司法改革》，中国政法大学出版社 2002 年版，第 412 页。

告也可能仅仅为了减轻诉讼的困扰、风险和费用而进行和解，而这正是这些非实施主体的目的所在。❶ 面对不当专利及利用它们的非实施主体，人们意识到了对专利的不当授权进行纠错的重要性，因此存在各种审查发证后专利有效性的制度。发证后专利审查（Post-issuance Patent Review，PIPR）是指在专利被授权后重新审查其有效性的司法或行政程序。对不当专利的纠正有利于从源头打击非实施主体的不当经济活动。

在欧洲，由于多种专利法体系并存，发证后专利审查更为复杂，其中效力范围最广的是 EPC 范围内的 PIPR 系统。根据《欧洲专利公约》第九十九条的规定，对于 EPO 授予的欧洲专利，任何人只能在发布后的九个月内向 EPO 提出异议申请，在异议中对专利提出疑问的理由仅限于可专利性（包括主题事项、新颖性、创造性）、不完整的披露及主题超出申请内容。鉴于 EPO 异议的局限性，在欧洲对不当专利进行诉讼的主要方式还是逐国诉讼。虽然欧洲各国的实体专利法具有一定的协调性，但审查专利的权限、对法律术语的解释及诉讼程序仍然存在诸多差异。对于将不良专利提交 PIPR 的一方来说，在实体法和程序法各不相同的欧洲国家提起 PIPR 会增加法律的不确定性，而这些差异也会给非实施主体更多的选择机会以规避风险。然而，预期的统一专利法院系统将改变这种情况。

2013 年 2 月 19 日，24 个欧盟成员国签署了建立统一专利法院（UPC）的国际协议，即《统一专利法院协议》（UPCA）。UPC 将受理与欧洲专利与单一专利有关的案件。UPCA 下的 PIPR 工具是撤销诉讼，可以对欧洲专利或者单一专利提起诉讼，该协议在序言中也将加强撤销不当专利列为基本目标。UPCA 规定了一个广泛的 PIPR 制度，能够有效打击利用不当专利牟利的非实施主体：第一，撤销的理由十分广泛并被明确列举，包括专利主题、新颖性、创造性、明确性、工业运用、充分披露等，几乎任何一方都能以任何不可专利性的理由提起撤销诉讼。第二，对撤销诉讼没有规定时间要求，这与 EPO

❶ Jonathan I. Tietz. "The Unified Patent Court and Patent Trolls in Europe." Michigan Telecommunications and Technology Law Review, vol.25, 2019, p.303.

的 9 个月异议窗口与 UPCA 的 5 年金钱损失诉讼时效相反。第三，UPC 对单一专利的撤销诉讼具有专属权限，最大限度地减少了 PIPR 中基于法院的不确定性。第四，UPC 雇用的是具有技术资格的法官，没有陪审团。法官的专业能力可能会提高 PIPR 的质量和准确性，能够正确处理技术问题并准确解释专利语言，从而对专利有效性和范围做出更明智的决定。第五，UPC 的技术性法官分配程序限制了作为原告的非实施主体选择法院的影响。根据 UPCA 的规则，如果出现撤销问题，将从集中的法官库中为这些程序分配法官，这意味着在专利有效性问题上作为原告的非实施主体几乎没有法院可以选择。

（二）司法层面：对 SEP 禁令救济进行限制

当一项专利被认定为某行业技术标准体系中必不可少的技术时，该专利会成为该行业的标准必要专利（Standard Essential Patents，SEP）❶。SEP 的持有者在市场中具有天然的强势地位，其他经营者若想进入该行业必须得到 SEP 的许可授权，否则会面临侵权的风险。在利益的驱使下，SEP 持有者很有可能会滥用其权利，以诉讼和禁令相要挟，要求专利实施者支付高昂的许可费。为防止 SEP 权利人滥用权利，国际标准组织通常情况下都会要求 SEP 权利人作出对专利实施人许可 SEP 的"公平、合理、非歧视性"承诺，即 FRAND 原则。但 FRAND 原则本身过于抽象，没有具体的适用规则，以致无法判断具体的许可行为是否符合该原则的要求，且各国立法也无明确的规则指引，由此导致涉及 SEP 与 FRAND 承诺的诉讼案件在全球范围内频发。❷

许多大型知识产权非实施主体看到了 SEP 背后巨大的利益，开始纷纷购入 SEP 向大企业发起诉讼，期望利用诉讼与禁令救济给专利实施者施加压力，从而获取高额的许可费，如无线星球公司诉华为案、康文森公司诉中兴案、

---

❶ 标准必要专利，又称"基本专利"或"核心专利"，是指经技术标准体系认定为该技术标准体系所必不可少的一项技术，而该技术又作为一项专利技术被专利权人所独占。该释义张平，马骁：《标准化与知识产权战略》，知识产权出版社 2005 年版，第 133 页。

❷ 张永忠，王绎凌："标准必要专利诉讼的国际比较：诉讼类型与裁判经验"，载《知识产权》2015 年第 3 期，第 85 页。

Sportbrain Holdings 诉华米案等，在上述案件中原告的涉案专利均是从其他企业批量收购而来。对于知识产权非实施主体来说，禁令救济无疑是在 SEP 诉讼中寻求高额许可费的最佳法律工具，禁令的颁布会使专利实施者无法进行正常的生产与销售，将给大企业带来无法估量的损失，因此企业往往会因惧怕禁令而与 SEP 权利人达成和解。

在 SEP 许可谈判中，当谈判双方无法在 FRAND 原则的基础上就许可条件达成一致意见时，SEP 权利人能否向法院寻求禁令救济？又有何条件？欧盟法院（Court of Justice of the European Union，ECJ）在华为诉中兴一案❶中给出了答案。2011 年 4 月 28 日，华为在德国向中兴提起诉讼，主张中兴侵犯其第四代 LTE 专利并向法院申请了禁令救济。❷ 在华为诉中兴一案之前，德国法院在 SEP（包括作出了 FRAND 承诺声明的 SEP）侵权案件中强制许可和禁令救济抗辩一直采用的是 2009 年德国联邦最高法院在"橙皮书案"中确立的"橙皮书案规则"❸，2012 年的摩托罗拉诉微软案❹、摩托罗拉诉苹果案❺更是在"橙皮书案"的基础上提高了被告获得强制许可和禁令救济抗辩的门槛。在此规则下，被告很难成功对抗 SEP 权利人的禁令救济申请。由于该规则过于偏向

---

❶　Huawei Technologies Co. Ltd v ZTE Corp., ZTE Deutschland GmbH, Case C-170/13, 16 July 2015.

❷　华为和中兴同属于欧洲电信标准化协会（European Telecommunications Standards Institute，ETSI）的成员，都拥有与"长期演进技术"（Long Term Evolution，LTE）标准相关的 SEPs 并按照 ETSI 的专利政策作出过 FRAND 承诺声明。

❸　德国联邦最高法院在"橙皮书案"中承认原告在满足以下条件时，被告可以主张强制许可抗辩：（1）原告的专利成为进入市场必不可少的前提条件；（2）原告的拒绝许可缺乏合理性和公正性。此外，最高法院还对被告提出了限制性的要求：（1）被告必须向原告提出了无条件的、真实的、合理的、易于被接受的（unconditional, genunie, reasonableness and readily acceptable）要约；（2）被告须预期履行其合同相关义务，如提供财务账单，事先审慎合理地判断原告可能要求的专利许可费、将自己准备的专利使用费存于专门的托管账户等。因为禁令救济与强制许可具有法律效力上的关联性，可以推导出被告提出禁令救济抗辩，也需要满足以上条件。此外，该案中不存在 SEP 权利人向标准化组织做出 FRAND 承诺声明的情况，因此"橙皮书案规则"中也不涉及 FRAND 承诺声明的问题。

❹　Motorola v. Microsoft, 2012, Regional Court of Mannheim, Federal Republic of Germany, Case No.2O240/11.

❺　Motorola v. Apple, 2012, Higher Regional Court of Karlsruhe, Federal Republic of Germany, Case No.6U136/11.

SEP 权利人，欧盟委员会（European Commission）对"橙皮书案规则"产生了质疑，认为"橙皮书案规则"的做法与竞争法存在冲突。在摩托罗拉诉苹果公司一案中，欧盟委员会对摩托罗拉向法院请求禁令救济的行为展开了反垄断调查，欧盟委员会认为，在苹果已经同意接受法院基于 FRAND 原则判决的专利费率的情况下，摩托罗拉仍向法院提出禁令救济申请的行为违反了欧盟竞争法的规定，属于滥用市场支配地位的行为。❶ 由于德国法院与欧盟委员会对于 SEP 案件中禁令救济申请的适用存在不同见解，审理华为诉中兴一案的德国杜塞尔多夫法院中止了诉讼，就涉及 SEP 的诉讼中如何适用禁令救济的相关问题提请了 ECJ 进行解答。

2015 年 7 月，EJC 对该案作出了裁决。ECJ 认为 SEP 权利人向法院申请禁令救济的行为应该受到一定限制性条件的约束，并在裁决中对作出 FRAND 承诺的 SEP 权利人规定了一系列在谈判许可中必须履行的义务，给 SEP 权利人提出禁令救济申请设置了一定的"门槛"。其中，作出 FRAND 承诺的 SEP 权利人在许可谈判中必须履行以下义务。第一，权利人若认为其 SEP 受到了侵害，必须首先向被控侵权人发出警告并指明其具体的侵权方式。第二，若被控侵权人提出了进行 FRAND 许可谈判的意愿，权利人必须首先提供含 FRAND 许可条款的书面要约，条款中还应包含具体的许可费与费用计算方式。第三，只有当被控侵权人不按照商业惯例或者诚信原则积极磋商，而是采取策略性、拖延性的措施时，权利人才可寻求禁令救济。❷

该案在欧盟范围内确立了禁令救济的标准，强化了 SEP 许可谈判规范，同时也平衡了 FRAND 许可谈判中权利人与被许可人之间的地位，在预防知识产权非实施行为方面具有积极意义。

---

❶ 赵启杉："竞争法与专利法的交错：德国涉及标准必要专利侵权案件禁令救济规则演变研究"，载《竞争政策研究》2015 年 9 月刊，第 83 ～ 96 页。

❷ 赵启杉："竞争法与专利法的交错：德国涉及标准必要专利侵权案件禁令救济规则演变研究"，载《竞争政策研究》2015 年 9 月刊，第 83 ～ 96 页。

第三节　亚洲国家

一、主权专利基金

2000 年，一家名为高智发明的专利联合公司正式成立，它从微软、英特尔、索尼、诺基亚、苹果、谷歌、雅虎和英伟达等全球公司获得了超过 50 亿美元的专利。❶ 在它成立的头十年里，这家由私人控股的公司拥有的专利量在美国排名前五。2009 年 3 月，高智发明将其经营范围扩展到日本、韩国、中国、印度等地，在国外开设了新办事处，囤积了重要行业的专利。目前，高智拥有 7 万项专利，并收取超过 30 亿美元的许可费。在专利市场上，还有其他不同商业模式的专利联合公司。例如，金合欢研究公司是美国最大的上市专利许可公司，该公司也被称为"专利非实施主体之母"。它宣称，作为专利权人和被许可人之间的中间人，它为专利权人带来了 7.5 亿美元的收入。

面对美国强大的专利联合公司的崛起，其他国家感到非常震惊，于是其他国家的政府决定通过建立主权专利基金（Sovereign Patent Fund）来进行反击。主权专利基金是指以国家下拨的资金为主，同时联合私人资本而设立的基金，该基金的成立是为了收购专利，形成专利池，在全球范围内进行布局。主权专利基金的存在具有重要作用，可以帮助本国的企业预防知识产权风险，增强本国企业的科技竞争力。因此，科技产业实力雄厚的亚洲国家和地区相继地创建了主权专利基金，每个国家和地区创建的基金都有不同的目标和战略。

---

❶ Tom Ewing, Robin Feldman. "The Giants among Us." Stanford Technology Law Review, vol.2012，2012，p.44-45.

（一）各国专利基金情况

1. 日本的专利基金

2009 年 7 月，日本政府通过经济、贸易和工业部成立了其主权专利基金，即日本创新网络公司（the Innovation Network Corporation of Japan，INCJ），INCJ 的具体宗旨是促进创新和提高日本企业的价值。❶ 日本政府本着明确保护国内关键创新行业的政策和目的，已经向 INCJ 注入 2860 亿日元，即 25 亿美元，并且计划为 INCJ 投资提供高达 18 000 亿日元（约合 158 亿美元）的担保。❷ 尽管 INCJ 声称这是一项公私合作的倡议，但是实际上私营公司仅仅只提供了 5% 的种子资本。INCJ 已经在 79 个广泛的技术领域投资了 8000 亿日元（约合 70 亿美元），并且通过 "知识产权基金" 从事业务发展。❸INCJ 并没有将其活动仅仅局限在日本范围内，它通过在海外的积极拓展，从外国的公司获得了不少尖端的核心技术。

2010 年 9 月，INCJ 成立了日本第一个知识产权基金——生命科学知识产权平台基金（the Life-Science Intellectual Property Platform Fund，LSIP），该基金在生物标记、干细胞、癌症和阿尔茨海默氏症四个领域获得专利。该基金的使命为 "提高大学知识产权的价值并将他们的先进技术商业化"。 该基金利用 INCJ 领先的制药公司合作伙伴，将专利授权给制药公司。LSIP 基金的活动完全由知识产权战略网络公司管理。除了生命科学领域外，INCJ 还关注其他领域。例如，2013 年，INCJ 与两家私营公司合作，成立了另一个基金，主要是购买手机、液晶面板和光盘技术方面的闲置知识产权。购买专利之后，INCJ 将其许可给国内外公司使用，以此来实现货币化。从战略上讲，INCJ 希望通过创造大量有吸引力的知识产权，将其许可给国内外的公司，以此来实现投资

---

❶ Innovation Network Corp. Japan，https: //www.incj.co.jp/english/about/overview，2021 年 7 月 26 日访问。

❷ Innovation Network Corp. Japan，https: //www.incj.co.jp/english/about/overview，2021 年 7 月 26 日访问。

❸ Innovation Network Corp. Japan，https: //www.incj.co.jp/english/about/overview，2021 年 7 月 26 日访问。

利润。

为了进一步获取并许可专利，INCJ 还创建了一个名为"知识产权桥"（IP Bridge）的子公司。❶知识产权桥通过松下及其子公司获得了大量的专利，据估计，其所持有接近 83% 的专利都是通过收购获得的。此外，它还从富士通获得了 500 项专利。知识产权桥在执行专利收集过程中发挥了积极作用。知识产权桥的设立宗旨是坚决反对"搭便车"行为，让"搭便车"的人支付"许可费"，避免知识产权成果被窃取。其中，知识产权桥将保留该金额的一半，并将剩余的部分归还给原来的专利权人。设立知识产权桥的有关人士认为，日本社会创新能力不断下降，而借助知识产权桥开展的专利集中行为有助于日本早日成为一个开放的创新社会。

2. 韩国的主权专利基金

2010 年，韩国经济部成立了一个主权专利基金，即知识产权发现基金（Intellectual Discovery，ID）。政府向 ID 提供了 1.4 亿美元，私营公司也在该基金上投资。2011 年至 2013 年，ID 又从政府和私营部门额外获得了 2.5 亿美元。ID 为了获得知识产权并将其货币化，采取了激进的立场。目前，ID 宣称它拥有 3800 项专利，并从事全球 5000 多项专利的交易。❷ID 从大学和其他机构收购知识产权，并且专门解决知识产权纠纷，积极购进本国企业所需的国外专利将其许可给所需企业，以及为大企业提供相关专利服务等多元化服务。它声称自己是亚洲最古老的知识产权投资公司和知识产权货币化公司中的领先分子。目前，ID 及其附属公司凭借其军武库专利联合，正在管理着超过 5 亿美元的交易，其专利集中在主要行业技术部门的重要领域，如移动通信、半导体、网络、能源和智能汽车等。除了 ID 外，韩国政府还根据韩国知识产权局的倡议，创建了一个名为"IP 立方体合作伙伴"的小型专利基金。这两项专

---

❶　IP Bridge Promotes Open Innovation by Sharing a3, 500-Strong Portfolio of Japanese Intellectual Property, Japan External Trade Org, https://www.jetro.go.jp/en/mjcompany/ip.bridge.html，2021 年 7 月 27 日访问。

❷　About ID, Intell. Discovery, http://i-discovery.com/site/en/overview/aboutid.jsp，2021 年 7 月 27 日访问。

利基金都是韩国政府实现知识产权强大国家战略政策的产物。

（二）主权专利基金的商业模式

主权专利基金一般通过专利许可、授权及专利诉讼等方式，促进专利技术转移、货币化，从而来维护本国企业的利益。主权专利基金通过收购专利（特别是标准必要专利），防止国外的专利权人来压榨国内的企业。由主权专利基金聚合的庞大专利组合给国内的公司提供了根据许可协议访问专利池的机会，而不是必须直接单独从许可方那里获得每项专利的许可。专利池简化了专利访问，并降低了国内公司的成本。如果没有政府的干预（即创建主权专利基金），国内公司就不会以较低的价格获得所需的专利。同时，主权专利基金还会通过专利授权、诉讼等方式来完成特定的金融目标。就诉讼而言，不同国家和地区的主权专利基金所采取的具体措施有所不同。

2015 年 7 月 24 日，日本知识产权桥起诉中国公司 TCL 及其在美国的全资子公司侵犯了它的专利。知识产权桥在美国特拉华州地区法院提起诉讼，指控被告在阿尔卡特 OneTouch 品牌下的移动设备侵犯了其必要专利。该诉讼的提起体现了知识产权桥不顾国籍追究侵权者的意愿。知识产权桥公司在诉讼中利用的专利大多是通过松下公司获得的。2013 年，知识产权桥首次建立时，从松下获得了数百项专利。2016 年年初，知识产权桥对新加坡宽带公司提起了第二次专利侵权诉讼，指控其侵犯了六项专利。在所宣称的六项专利中，有五项来自松下。与第二起专利诉讼类似，知识产权桥在特拉华州地区法院基于松下的专利对综合视觉技术公司提起了第三次诉讼。

韩国的知识发现基金虽然拥有许多专利，但在诉讼方面一直都很沉默。据报道，ID 将其权利转让给了得克萨斯州新成立的公司——游戏和技术有限公司，该公司在得克萨斯州东区提起了针对暴雪娱乐公司、拳头公司、维尔福集团和战争网的专利侵权诉讼。该案件被转移到加州中部地区，然后在转移三个月后被驳回。此外，韩国的知识产权发现基金没有涉及任何其他诉讼。

（三）主权专利基金并不从事非实施行为

正如前文所述，专利非实施行为是指那些本身并不制造专利产品或者提供专利服务，而是从其他公司（多数是破产公司）、研究机构或独立发明人手上购买专利的所有权，然后寻找合适的目标公司进行专利许可谈判，以达成许可合同，从中赚取专利许可费或者是待相关企业使用其专利进行生产并占有一定市场份额时，通过突然提起专利诉讼的方式赚取巨额赔偿金的行为。根据电子前沿基金会（Electronic Frontier Foundation，EFF）的叙述，专利非实施主体在威胁专利使用人和提起诉讼的时候，会将其手中的专利作为强大的武器。[1]专利非实施主体利用手中的专利，向专利使用人发送威胁信息，要求其支付许可费。大部分收到该信息的受害者都会选择支付许可费，就算他们认为自己没有侵犯其专利权，因为诉讼费用要远远高于许可费。[2]有些学者认为，只要主权专利基金提起任何与侵犯专利权相关的诉讼，那么该主权专利基金就是专利非实施主体。

虽然主权专利基金从事的活动看似同专利非实施行为类似，但实则是存在很大的区别的。这是因为主权专利基金并没有为自己的利润而聚集和主张专利。例如，韩国知识产权发现基金的目标是希望刺激亚洲新兴的知识产权业务。它积极投资初创企业，开发新想法，获得高质量的专利。[3]知识产权发现基金通过知识产权研发项目增加发明价值，并为其知识产权资产支付费用来奖励发明者。知识产权发现基金用其5亿多美元的投资基金进行了5000多项专利的交易，但目前没有任何未决诉讼。主权专利基金最近出现了新的动向，日本的知识产权桥基金就向公众强调，它已经超越了促进开放创新和专利聚合的最初目标。该基金已与九州大学签署了一项药物发明协议，开发"由硅多孔材

---

[1]　Patent Trolls, Elec. Frontier Found. https://www.eff.org/issues/resourcespatent-troll-victims，2021年7月26日访问。

[2]　Edward Lee. "Patent Trolls: Moral Panics, Motions in Limine, and Patent Reform." Stanford Technology Law Review, vol.19, no.1, 2015, p.113.

[3]　About ID, Intell. Discovery, http://i-discovery.com/site/en/overview/aboutid.jsp，2021年7月26日访问。

料组成的微胶囊技术"的新药供给系统，还与马来西亚数字经济公司签署了一项关于技术创造合作的协议，该协议允许马来西亚科技企业进入日本广阔的创造技术创新研发领域，并进入日本市场。此外，韩国的知识产权发现基金也正在改变他们的方向，未来要更密切地关注对外许可和销售。❶

自主权专利基金诞生以来，还没有直接证据表明日本、韩国等国家的政府在制定有利于本国政策的同时骚扰来自其他国家的公司。部分学者的观点在现实中还没有得到多少支持，并且，时间确实也会充分告知我们主权专利基金的真实特征。主权专利基金的行为在全球创新市场的背景下虽然很复杂。❷但是到目前为止，主权专利基金并没有主动从事知识产权非实施行为，未对社会创新造成负面影响，明显区别于以利益为导向的专利非实施主体。

（四）小结

亚洲的主权专利基金都是公私合作伙伴关系。创建这些主权专利基金的政府提供了大部分资金，而私人公司只提供了一小部分。这些基金实现了政府建立创新和专利市场的目标，通常在政府的控制范围内运作。

政府严格控制的主权专利基金模式在动态的全球创新和专利市场中是不可行的。各国政府根本没有财政资源来持续供应战略基金，因为一些战略基金已经面临预算危机。例如，为了解决财务的不确定性，韩国的知识发现基金正在探索作为私人实体新未来的战略选择。虽然 ID 在许可收入和专利交易方面取得了一些成功，但其私有化的愿望也非常强烈。最重要的是，私有化可以免受政府对其活动的限制。同样，日本的知识产权桥基金也期待着未来可以完全私人化。知识产权桥基金首席执行官认为，其专利的商业化最终应该是由私营部门管理的业务。政府以公共资金的形式提供的支持最终将会消失。ID 和知识产权桥基金都清楚地意识到，只有当他们遵循高智和其他没有政府推动的私营

---

❶ About ID, Intell. Discovery, http://i-discovery.com/site/en/overview/aboutid.jsp，2021 年 7 月 26 日访问。

❷ Kristen Osenga. "Sticks and Stones: How the FTC's Name-Calling Misses the Complexity of Licensing-Based Business Models." George Mason Law Review, vol.22, no.4, 2015, p.1001, 1005, 1010.

部门实体组成的专利非实施主体的例子时，其专利组合的商业化才能完全取得成功。为了在全球市场上同其他国家竞争，主权专利基金必须与其他不受政府规则干扰的私人企业平等运作。因此，换句话说，主权专利基金未来应该逐渐转向私人化，这样才可以更好地发挥作用。

二、知识产权非实施行为的反垄断法应对

知识产权法和反垄断法都努力在市场上促进创新活动。两者都旨在促进提升消费者福利。然而，知识产权法和反垄断法实现这一政策目标的主要手段是不同的。也就是说，虽然知识产权法赋予了所有者专有权，但反垄断法在很大程度上反对任何具有反竞争影响的行为。而知识产权非实施行为极有可能产生反竞争的影响，因此，部分国家在反垄断法中也存在针对知识产权非实施行为的规定。本部分主要介绍韩国反垄断法对知识产权非实施行为的处理。

（一）韩国反垄断法的介绍

2014 年，韩国反垄断执法机构——韩国公平贸易委员会（the Korea Fair Trade Commission，KFTC）修改了《不公平行使知识产权的审查准则》（以下简称《知识产权准则》），这为执行知识产权相关反垄断事项提供了重要参考。在 2014 年的《知识产权准则》修正案中，新增了一个章节来讨论知识产权非实施行为潜在的反竞争危机。这是一个值得注意的发展，因为在此之前，并不清楚 KFTC 是否会对涉及知识产权非实施行为的竞争问题行使其执行权力。

《知识产权准则》明确地提到了知识产权非实施行为。根据知识产权准则 III-7 条，知识产权非实施主体的业务主要是在从第三方购买专利权后建立强大的专利组合，然后根据该组合通过许可或提起专利法诉讼来实现利润。虽然有讨论的余地，但这个定义可能不包括具有相当强内部研发能力或制造设施的实体。

KFTC 虽然承认知识产权非实施行为可以发挥有利和促进的作用，但认为与其他类型的专利持有人相比，非实施主体更有可能滥用其专利权。KFTC 的

理由是，非实施主体通常不需要与其他专利持有人进行交叉许可交易，因为其提起诉讼将面临遭受反诉或交叉索赔的风险较小。从这个推理来看，KTFC 似乎清楚地看到，专利持有人的某些反竞争行为超出了有效行使专利权的范围，应该受到反垄断的审查。

作为韩国的主要反垄断法规，《垄断监管和公平贸易法》（the Monopoly Regulation and Fair Trade Act）第 2-2 条规定，KFTC 的反垄断管辖权主要适用于外国企业的行为对韩国市场产生影响的时候，无论该行为是在韩国境内或境外进行的。此外，《知识产权准则》I-2 条也表明无论这些外国企业是否在韩国设有业务，都可以对其行使管辖权。因此，如果发现在韩国存在的知识产权非实施行为对韩国市场产生了不良影响，它们就可以受韩国管辖。

（二）垄断监管和公平贸易法对知识产权非实施行为的规制

垄断监管和公平贸易法是管理韩国竞争事务的主要法定来源，包括因行使知识产权而产生的反垄断问题。总的来说，垄断监管和公平贸易法的范围比美国或欧盟的与行使知识产权有关的竞争法条款的范围更广泛、更灵活，其能够通过事先介入知识产权许可，阻止知识产权非实施行为的无限制发展。根据该法，韩国竞争主管局可以针对以下三种情况提前展开调查。

（1）不公平合作行为。

公司同意共同确定价格和产量等重要交易条款，或者共同对领域、交易合作伙伴或产品类型实施限制，如果双方因此限制相关市场的竞争，此类行为可能根据《垄断监管和公平贸易法》第十九条被认定为不公平合作行为。这种行为通常是通过许可合同进行的。

（2）滥用市场主导地位。

首先，排除性滥用。如果处于市场主体地位的企业排除其竞争对手并限制相关市场的竞争，根据《垄断监管和公平贸易法》第 3-2 条（滥用市场主体地位）可视为对市场主导地位的滥用。例如，拒绝向其他企业许可其知识产权、以歧视性方式对待其他企业或者根据独家条款交易。在这方面，值得考虑的是审理一起涉及 Posco 拒绝交易的公开案件。❶Posco 是韩国国内热轧钢盘圈市场的主要供应商，其市场份额接近垄断地位，它拒绝向冷轧钢板市场的竞争对手提供热轧钢盘圈。这个拒绝供应存在很大问题，因为热轧钢卷是生产冷轧钢板的重要原材料。韩国最高法院认为，"当拒绝交易是为了维持或加强市场垄断的意图或目的，即通过限制市场上的自由竞争，人为地影响市场秩序的时候，我们承认此时存在反竞争行为，这种行为可以客观地引起反竞争效应"。考虑到上述案例中 Posco 享有相关的知识产权，所以，笔者认为，如果认定在相关市场上占主体地位的知识产权人拒绝授予许可违反了垄断监管和公平贸易法，需要考虑主观和客观两个方面。主观方面要求主体表明其维持或加强市场中垄断地位的意图，而客观方面要求证明这种行为对反竞争效应产生了合理的威胁。其次，剥削性滥用。《垄断监管和公平贸易法》和相关的总统令规定，占据市场主体地位的企业的行为不合理地确定、维持或改变价格是非法的，除非有正当的理由。因此，如果一个占据市场主体地位的公司因需求或供应成本的剧烈变化而大幅上涨或小幅降低价格，是不被允许的。

（3）不公平贸易行为。

根据《垄断监管和公平贸易法》第二十三条，公司即使没有市场主体地位，如果公司排除其竞争对手并限制相关市场上的竞争，例如拒绝许可其他公司或以歧视性方式对待其他公司，仍可能从事非法的不公平贸易行为。此外，在知识产权许可谈判中，市场上具有资源和经济优势的一方在具有下列行为时可被认定为非法的"滥用高级谈判地位"：第一，单方面设定对对方不利的条件。第二，强迫对方以货币、商品、服务的形式提供经济利益。第三，设定销售目标，并强制实现销售目标。在这里，成立非法的不公平交易行为的前提是"妨碍公平交易"。在这种情况下，妨碍公平贸易一词得到了广泛的解释，而KFTC 的《不公平贸易行为审查准则》(*the Guidelines for Review of Unfair Trade Practices*) 将妨碍公平贸易定义为结合了反竞争和不公平。这里的"不公平"区别于"反竞争"，被解释为竞争方法或贸易术语是不公平的。因此，韩国竞

---

❶ Supreme Court [S.Ct.], 2002Du8626 (en banc), Nov.22, 2007 (S.Kor.)

争法的独特之处在于，即使与相关市场的反竞争没有直接相关，如果某些业务在竞争方法或贸易条款本身不公平的情况下，也是违反了垄断监管和公平贸易法的相关规定的。

（三）知识产权准则对知识产权非实施行为的规制

《知识产权准则》最初于 2000 年颁布，虽然其没有法律约束力，但它提供了一个重要的框架，这个框架实际上约束着 KFTC 对相关案件的审查。近年来，与知识产权相关的反垄断问题变得更加重要，KFTC 于 2014 年 12 月修订了《知识产权准则》。《知识产权准则》承认，包括专利在内的知识产权制度通过为技术创新提供有力的激励措施来鼓励创造。在这方面，垄断监管、公平贸易法和知识产权制度具有一个共同的政策目标。垄断监管和公平贸易法可以通过尊重知识产权的合法行使，同时规范偏离知识产权制度基本目的的行为实现这一共同政策目标。在此基础上，《知识产权准则》规定了几个判断行使知识产权是否合法和合理的角度：第一，行使有关知识产权是否与保护和鼓励新发明、鼓励使用有关技术、促进工业发展的基本目的相冲突。第二，有关知识产权的行使对相关市场竞争环境产生的影响。《知识产权准则》也认识到，宣布某些类型的活动本身是非法的并不合适，应该理性地去分析知识产权人的行为是否违法。因此，《知识产权准则》在 II–2 条规定，如果知识产权的行使妨碍公平交易，但同时提高了效率，这种行使是否违反了垄断监管和公平贸易法，原则上应在比较和权衡两种影响的程度后再进行判断。

在 II–2 条确立的基本框架下，韩国《知识产权准则》在第 II–7 条根据知识产权非实施行为的基本特征将其归纳为五种类型，并认为在市场环境中符合只要符合这五种类型特征就应当给予其反垄断法的规制。

第一种类型，收取与正常商业惯例相比不合理的使用费。如果在普通交易过程中，没有特别的正当理由，向被许可人收取大量特许权使用费，可能构成滥用专利权，并可能违反反垄断法。在许可协议中，特许权使用费通常类似于产品市场中的价格。也就是说，特许权使用费预计将为创新技术的开发者或所有者提供公平和充分的补偿。我们应该认识到，虽然特许权使用费收入往往服务于知识产权的核心目的，但在判断与特许权使用费相关的做法是否具有反竞争性、是否违反了垄断监管和公平贸易法时，必须围绕个别许可合同的合同条款和事实情况来判断。一般来说，对专利技术的实施者征收专利使用费被视为专利权的合法行使。开发创新技术往往涉及相当大的风险，需要在时间和成本方面进行大量投资，因此，这些技术成果应得到适当的奖励。然而，某些涉及使用费的做法可能会妨碍公平交易，因此可能会被视为非法行使知识产权。这些做法包括：（1）与其他实体合作，不公平地决定、维护或更改特许权使用费条款；（2）根据被许可人身份等因素，收取具有歧视性条款的特许权使用费；（3）对未使用许可技术的部件不公平地收取使用费；（4）不公平地对超出知识产权权利的期限收取使用费；（5）允许知识产权持有人单方面决定或变更合同未明确规定的使用费计算方法。在确定某一特定案件的特许权使用费的数额或费率是否合理时，可以考虑多种因素。这些因素包括：专利的客观技术价值、许可人从其他被许可人处获得的特许权使用费、被许可人为获得类似专利许可而支付的特许权使用费、许可协议的特点和范围、许可期限和使用专利生产的产品的盈利能力等。

第二种类型，利用从第三方获得的专利，收取不合理且否认先前适用的FRAND 条款的使用费。标准必要专利是指为符合特定技术标准而必须使用的专利。因此，如果不使用标准必要专利所涵盖的专利技术，就不可能制造出符合标准的产品。由于这一特点，标准必要专利持有人可以很容易地操纵市场。对于计算机网络和电信等网络业务而言，建立兼容性标准几乎是不可避免的，在许多情况下甚至是必要的。标准设置通常涉及一系列延长的程序，在此期间，多个业务运营商会讨论、确定和传播通用标准。标准设置组织（Standard-setting Organizations）通常要求标准必要专利持有人做出预先宣布的承诺，一旦确定他们的专利将成为标准必要专利的一部分，他们将在 FRAND（公平、合理和非歧视性）条件下许可专利。FRAND 条款的承诺是必需的，因为它可以改善专利搁置的问题。当标准必要专利的持有者试图滥用其专利权，例如，一旦持有者拒绝许可或要求过高的专利使用费时，由于其过高的成本，专利搁置将发生。持有标准必要专利的知识产权非实施主体可能试图搁置专利或收取不合理的歧视性使用费。《知识产权准则》反映了对这种拖延行为的担忧，并表明，作出 FRAND 承诺的标准必要专利持有人施加的特许权使用费条款将受到严格的审查。捆绑销售也被判定为非法销售。例如，持有标准必要专利的知识产权非实施主体可能有动机将其标准必要专利的许可与不需要的非标准必要专利的许可联系起来。如果在相关技术市场上占据主体地位的知识产权非实施主体迫使被许可人获得其他专利或整整一组专利是违法的。

第三种类型，组建联合体并实施知识产权非实施行为，拒绝以歧视性条款向联合体非成员授予许可或授予许可证。几家运营公司可以以财团的形式一起创建一个知识产权非实施主体，并随后获得专利。这些公司和该主体随后可以串通起来，拒绝向那些不属于该财团的其他企业颁发许可证，或者他们可能会试图收取过高的特许权使用费，这种行为可能会表现出反竞争效应。

第四种类型，以遗漏重要信息或者对该信息产生误解等欺骗手段提起诉讼或者发出专利侵权终止通知书的行为。这是指一个主体要求多个当事人支付特许权使用费，而不一定会披露专利所有权信息或所谓的专利侵犯行为的确切性质。特别是在没有明确专利权的情况下，要求支付使用费或威胁提起诉讼的行为很可能被认为是违反反垄断法的不公平行为。

第五种类型，专利私有化行为。在某些情况下，运营公司可能会创建一个专利池，专门对其竞争对手提起专利侵权诉讼。私有化是指拥有专利的经营公司将其专利转让给知识产权非实施主体，期望知识产权非实施主体通过新获得的专利积极维护其专利权，而运营公司本身则将隐藏在知识产权非实施主体的面纱后面。根据商业和法律环境的不同，从事这种类型的行为可能具有合理的商业意义。这是因为，一般来说，在技术市场上，交叉许可或反诉的可能性往往会限制市场主导参与者的积极性。然而，相比之下，知识产权非实施主体更适合利用专利诉讼，因为它们几乎不会承担被反起诉的风险，也不存在交叉许可交易的需要。私有化行为还可以作为提高竞争对手成本的有效手段，而运营公司实际上仍然不受反诉的威胁或交叉许可的困扰。

（四）小结

知识产权非实施行为存在限制市场自由竞争的可能性，此时反垄断法就可以发挥作用。韩国反垄断机构担心知识产权非实施主体可能从事反竞争行为，因此，在其最近修订的《知识产权准则》修正案中新加入了一个相关章节。该修正案表明，如果知识产权非实施行为构成垄断，KFTC 将提起诉讼。当判断知识产权非实施行为是否构成垄断的时候，应当充分调查行为本身，而不是主体的性质和身份。当知识产权非实施行为产生了反竞争的效果时，反垄断法应该去规制，但是如何科学地规制这类行为，需要根据本国国情，结合本国实际情况具体确定规制措施。

第五章 我国知识产权非实施行为立法规制

第一节 矫正知识产权立法根基

我国的法律法规及规章在第一条开宗明义，明确立法宗旨的习惯，即规定立法宗旨的好处在于能够让公众更好地理解为什么要制定该法律、法规或者规章。❶ 我国知识产权单行立法也不例外，都在第一条规定了立法宗旨。尽管这一条具有原则性且比较和抽象，但总结这些立法宗旨，我们可以发现我国知识产权单行立法的宗旨过于强调激励创新，保障权利人利益，对于促进知识产权实施关注不足。

一、现有知识产权立法根基之困境

正因为我国的法律法规及规章会在第一条表明立法宗旨，该条款会奠定整部法律文本的价值取向，因此相较其他条款，第一条鲜少进行修改，一旦修改就展示出立法重大的变化，需要引起公众注意。在知识产权单行立法中，《专利法》第一条立法宗旨条款变动较多，也变动较大，分别在 2000 年第二次修

---

❶ 尹新天：《中国专利法详解》，知识产权出版社 2011 年版，第 10 页。

改和 2008 年第三次修改时进行了变动。❶《中华人民共和国商标法》（以下简称《商标法》）第一条立法宗旨条款在 2001 年第二次修改中进行了扩充。❷《著作权法》第一条立法宗旨条款则始终没有进行过变动。❸

目前，我国《专利法》的立法宗旨为"为了保护专利权人的合法权益，鼓励发明创造，推动发明创造的应用，提高创新能力，促进科学技术进步和经济社会发展，制定本法"。

我国《商标法》的立法宗旨为"为了加强商标管理，保护商标专用权，促使生产、经营者保证商品和服务质量，维护商标信誉，以保障消费者和生产、经营者的利益，促进社会主义市场经济的发展，特制定本法"。

我国《著作权法》的立法宗旨为"为保护文学、艺术和科学作品作者的著作权，以及与著作权有关的权益，鼓励有益于社会主义精神文明、物质文明建设的作品的创作和传播，促进社会主义文化和科学事业的发展与繁荣，根据宪法制定本法"。

立法宗旨条款的变动，反映了我国对于知识产权制度所能发挥作用认识的深化，知识产权制度也逐渐摆脱了计划经济的影子，展现出市场经济模式的优势。通览知识产权单行立法的立法宗旨，主要还是集中在激励创新上面，对于促进知识产权应用关注较少。可知识产权非实施行为消减了知识产品的价值，

---

❶　自 1985 年《专利法》施行以来，第一条立法宗旨条款出现了两次变动。2000 年《专利法》第二次修改时，从"为了保护发明创造专利权，鼓励发明创造，有利于发明创造的推广应用，促进科学技术的发展，适应社会主义现代化的需要，特制定本法"修改为"为了保护发明创造专利权，鼓励发明创造，有利于发明创造的推广应用，促进科学技术进步和创新，适应社会主义现代化建设的需要，特制定本法"。2008 年《专利法》第三次修改时，则修改成"为了保护专利权人的合法权益，鼓励发明创造，推动发明创造的应用，提高创新能力，促进科学技术进步和经济社会发展，制定本法"。

❷　自 1983 年《商标法》施行以来，第一条立法宗旨条款只经历过一次变动，2001 年《商标法》第二次修改时，将"为了加强商标管理，保护商标专用权，促使生产者保证商品质量和维护商标信誉，以保障消费者的利益，促进社会主义商品经济的发展，特制定本法"修改为"为了加强商标管理，保护商标专用权，促使生产、经营者保证商品和服务质量，维护商标信誉，以保障消费者和生产、经营者的利益，促进社会主义市场经济的发展，特制定本法"。

❸　自 1991 年《著作权法》施行以来，第一条立法宗旨条款始终为"为保护文学、艺术和科学作品作者的著作权，以及与著作权有关的权益，鼓励有益于社会主义精神文明、物质文明建设的作品的创作和传播，促进社会主义文化和科学事业的发展与繁荣，根据宪法制定本法"。

没有对促进创造的主体给予足够的激励，无法创造市场，即便是更为基础的促进创新功能，知识产权非实施行为都不能很好地实现。

这些立法宗旨首先都强调了权利保护。不可否认，保护权利人合法权益是实现其他立法目的的基础，现阶段我国知识产权单行法都关注到对权利人利益的保护。无论是"保护文学、艺术和科学作品作者的著作权，以及与著作权有关的权益""保护专利权人的合法权益"，还是"保护商标专用权"，都表现出对权利人利益的关照。对权利人权益进行保障是实现智力成果产出、转化以及促进经济社会繁荣的必要条件。但是知识产权制度也不是一味强调权利保护，在关注个人权利之余，也警惕着个人权利的滥用。2008 年《专利法》进行修改时，就将原条文中"保护发明创造专利权"的表述更改为"保护专利权人的合法权益"。这样的变化反映出我国对于知识产权制度特别是专利制度属性和作用认识的深化。专利制度不仅要充分维护专利权人的合理利益，也要充分顾及社会和公众的合法利益，需要在两者之间实现一种合理的平衡。❶ 权利是一把双刃剑，在社会逐步建立起对知识产权尊重的过程中，知识产权也有滑入滥用的风险，而权利滥用也将最终打击公众对于知识产权的崇拜。党的十八大以来，我国在知识产权领域部署推动了一系列改革，在知识产权制度完善与知识产权同社会的良性互动之下，我们逐渐认识到"防止权利滥用"与"加强知识产权保护"同等重要。习近平总书记在谈及全面加强知识产权保护工作时明确提出"研究制定防止知识产权滥用相关制度"是深化知识产权保护工作体制机制改革的重要环节。❷ 防止权利滥用也符合知识产权制度的宗旨对社会公众合法利益的保护。如果忽视使用者的权益，使他们的权益得不到保障，从更广泛的意义来说，知识产权人的利益也将无法得到保障，因为任何知识产权人在一个环境下是所有人，在另一个环境下则是使用者。知识创造离不开对他人已有成果的利用，保护他人也是在保护权利人自己。❸

---

❶　尹新天：《中国专利法详解》，知识产权出版社 2011 年版，第 10 ~ 11 页。

❷　习近平："全面加强知识产权保护工作 激发创新活力推动构建新发展格局"，中国政府网 2021 年 1 月 31 日，http://www.gov.cn/xinwen/2021-01/31/content_5583920.htm，2021 年 7 月 31 日访问。

❸　吴汉东：《知识产权制度基础理论研究》，知识产权出版社 2009 年版，第 184 页。

我国知识产权单行立法的立法主旨长期关注对创新活动的激励，但却忽视了推动知识产权的应用，忽视让它反哺于社会。这种忽视加重了社会对知识产权应用的轻视，而对知识产权应用的轻视又加深了立法宗旨对于知识产权应用的忽视，长此以往就形成了一种恶性循环，导致社会对知识产权制度产生了一种误解，即刺激创新就是知识产权制度的全部任务。其实，现阶段知识产权领域许多棘手的问题都根源于对知识产权制度目的的错误把握，忽视对知识产权后续的应用就会导致知识产权制度的异化。当前，知识产权制度更注重激励创新创造行为本身，而对后续知识产权应用关注不足是知识产权立法根基的困境。

二、知识产权立法根基之矫正

我国知识产权单行法的立法宗旨虽有变动，但变动总体较小，立法宗旨基本上都是以激励创新创造、加强知识产权保护为基本立足点。2019 年、2020年我国知识产权单行法迎来集中修改期，不少学者提出了对立法宗旨修改的意见，希望进一步突出对知识产权的利用，但是这一时期知识产权单行法的立法宗旨并没有任何改变。强调智力成果的应用已经是摆在所有知识产权单行法立法面前的问题，例如，在《著作权法》第三次修改之前，冯晓青教授就提出，"我国《著作权法》第三次修改的基本定位应当是著作权保护和运用并重，虽然传播可以认为在广义上包括了运用，但毕竟两者具有不同的内涵，作为立法宗旨条款，明确强调著作权的运用也具有必要性"❶。这样的修改，强化了对作品应用的导向，将进一步促进我国文化事业的繁荣和文化产业的发展。《商标法》的历次修改也在围绕着促进商标使用展开，"使用"的缺位也导致商标囤积等商标领域非实施行为的发展。专利领域也不例外，正是因为对于专利实施

---

❶　冯晓青："关于当前我国知识产权专门立法与修订若干问题的探讨（之一）"，微信公众号"冯晓青知识产权"2019 年 8 月 5 日，https://mp.weixin.qq.com/s？src=11&timestamp=1628166412&ver=3234&signature=TsIaj1k2dg8us4iuNg30o*j7skMMdPLYgxPAp59sCQi1AdVdPXQHTTrqtvrnS8ACcatfZAacavVnoMYI2OjL4uQ96p02knahBU6EMGFLIUrrdvn7aWQSjqM7nbKo7Bvb&new=1，2021 年 7 月 10 日访问。

的忽视，才使专利在某些程度上演变为一种获得单位奖励的条件，大量专利宣传见诸报端，专利出现在宣传栏、荣誉墙上，却单单在市场上难觅踪迹。有些专利一开始就不是为解决市场痛点而研发的，自然得不到市场认可，而有些专利具有市场转化价值，却由于缺少转化的渠道、转化的激励而被迫束之高阁，终其一生也不能进入市场。

知识产权不是装点门面的摆件，也不是发起攻击的工具，原本它存在的目的很单纯，就是应用。通过知识产权的实施，知识产权凝结的智力成果将释放在生产力发展的全过程中，进而促进社会繁荣。关注创新，关注权利人合法权益的维护，本无可厚非，但是只关注创新的前阶段，忽视应用的后阶段不利于知识产权制度的持续发展。关注智力产品从无到有的过程远远不够，能够畅通智力产品从研发的"一"到消费者手中的"多"的渠道才是知识产权提升价值的方法，而推进知识产权应用就是打通这一渠道的关键。因此，我国亟须对知识产权立法根基进行矫正，需要在立法宗旨条款开宗明义，将知识产权应用提升到同知识产权创造一样的高度上来。刺激创新固然重要，但是没有应用，将使整个知识产权制度出现断裂，"应用"是知识产权制度亟待疏通的最后一公里，如果没有知识产权的应用，之前阶段所有的投入都将化为乌有。

促进创新绝对不是知识产权制度存在的唯一目的，或者终极目的，促进创新只是手段，推动创新成果的应用推广才是最终目的所在。知识产权制度有两大推广应用的途径，一是权利人自身主动加强对知识产权的应用。知识产权越来越成为市场主体参与市场竞争的战略资源，权利人实施、应用知识产权不仅能够获得经济效益，而且能够建立起自己的竞争优势。二是权利人允许他人应用知识产权。其他实施者通过协商谈判、支付费用，获得对知识产权应用的权利，这样能保证全社会减少重复创新的费用，降低创新的总成本。但知识产权非实施行为的存在显然阻塞了这两个渠道，知识产权非实施主体自己不实施知识产权，也不会轻易允许他人实施知识产权。如果不对知识产权立法宗旨进行矫正，知识产权非实施行为就会无所畏忌，愈演愈烈。

虽然促进知识产权应用依赖立法的系统工程，但是立法宗旨条款重视对知识产权的应用尤为重要。我国知识产权单行立法应当转换这种以经济理性为主导的功利主义立法思维，改变社会理性在知识产权保护制度中的附庸地位，秉承"经济社会规划论"立法思想，真正做到兼顾权利人、社会公众及其他竞争者利益，同时促进知识产权商业化激励，强化知识产权的使用义务，这样才能从根本上树立社会对知识产权应用的尊重，才能为知识产权体系奠定积极的价值基础。

第二节　全面确立诚实信用及权利不得滥用原则

党的十八大以来，我国知识产权事业发展迅速，我国逐渐探索走出了一条具有中国特色的知识产权发展之路。2020 年 11 月 30 日，习近平总书记在中央政治局第二十五次集体学习时从国家战略高度和进入新发展阶段要求出发，再次对知识产权保护工作提出重要要求，其中就包括加强统筹知识产权立法、鼓励建立知识产权保护自律机制、推动诚信体系建设。在知识产权领域全面确立诚实信用及权利不得滥用原则，是推动诚信体系建设的重要一环，也为遏制知识产权非实施行为这一有违诚信的权利滥用行为提供了解决之道。

2021 年 1 月 1 日施行的《中华人民共和国民法典》（以下简称《民法典》）第七条和第一百三十二条规定了诚实信用和禁止权利滥用原则。诚实信用原则不仅对于民法意义重大，对于知识产权法也具有非凡的意义。通常而言，一般的财产权不具有市场进攻性，权利获取和行使中的滥用权利现象不一定突出。知识产权则具有市场进攻性，可以作为市场布局和竞争攻防的工具，有些市场主体通过"巧妙使用"知识产权就能达到制衡竞争对手的效果。❶ 因此，在知识产权领域强调权利的获取和行使需要遵守诚实信用和禁止权利滥用原则，具有特别的意义。

---

❶ 孔祥俊：《民法典》与知识产权法的适用关系"，载《知识产权》2021 年第 1 期，第 11 页。

一、诚实信用原则

（一）相关知识产权单行法对诚实信用原则的态度

近年来，一些知识产权单行法陆续引入诚实信用原则。1993 年，《中华人民共和国反不正当竞争法》（以下简称《反不正当竞争法》）在颁布时就明确"经营者在市场交易中，应当遵循自愿、平等、公平、诚实信用的原则，遵守公认的商业道德"。2013 年，《商标法》引入诚实信用原则。这是对当时愈发猖狂的商标抢注现象的回应。伴随着恶意抢注他人商标、滥用商标权利等非诚信注册和使用商标现象日渐突出，对此加以有效遏制成为 2013 年商标法修订的重要内容，遂有了"申请注册和使用商标，应当遵循诚实信用原则"（第七条）的规定。2020 年修订的《专利法》在第二十条也引入了诚实信用原则。它规定："申请专利和行使专利权应当遵循诚实信用原则。不得滥用专利权损害公共利益或者他人合法权益。滥用专利权，排除或者限制竞争，构成垄断行为的，依照《中华人民共和国反垄断法》处理。"该规定显然与遏制滥用专利制度、提升专利质量及遏制滥用专利权有关。

反观同样在 2020 年进行修改的《著作权法》却未引入诚实信用原则。或许出于对著作权与商业联系不够紧密的考虑，目前《著作权法》还未引入诚实信用原则。专利与商业生产潜力相关，商标与商誉相连，前者是市场开疆拓土的利器，后者是市场主体征战商场的见证。与工业产权相比，著作权具有的市场进攻性就显得弱了许多，企业在进行市场布局和竞争攻防时会较少将著作权作为工具。有人认为与专利权纠纷、商标权纠纷相比，著作权纠纷恶意诉讼和滥用诉权的行为比较少见，且涉及的标的额也较小，特此引入诚实信用原则总有一种杀鸡焉用宰牛刀的意味。

（二）引入诚实信用原则的必要性

知识产权单行法是否要引入诚实信用原则，需要结合相关立法运行二三十余年的效果，分析现行立法是否存在漏洞及引入诚实信用原则是否能解决这些问题来进行判断。

知识产权制度是一种舶来品，改革开放以来，知识产权为我国市场经济的发展注入了不少活力，知识产权单行法在施行的二三十年间，为我国经济腾飞保驾护航。施行知识产权单行法以来，我们在知识产权保护领域取得了很大的成就：相关单行法经过数次修改，不断贴合我国现实生活的需要与相关国际条约的规定；在知识产权制度的保护和激励下，我国工商业与文学艺术、科学、技术、教育事业空前繁荣；行政、司法机关在保护知识产权方面的配合愈发紧密、协调；人民法院审理知识产权纠纷案件的质量有了实质性提高；社会公众逐渐树立起对知识产权的尊重；越来越多的主体投入创新创造的活动中，等等。但是我们不能就此忽视知识产权领域还有一系列亟待解决的问题。

我国的知识产权制度具有后发优势，但这也意味着我们只是用了几十年的时间走完了西方国家几百年走过的路，我们还没来得及对知识产权制度的正当性、知识产权所追求的价值理念和应遵循的基本原则进行认真、深入的研究，更谈不上达成共识，在知识产权保护政策的选择上还摇摆不定，由此也产生了很多问题。

例如，最为突出的问题就是知识产权侵权。伴随着经济与科技的发展，在数字经济时代，知识产权的权利范围在不断扩大，侵权行为更加多样，造成的影响也更加深远。最高人民法院发布的《知识产权侵权司法大数据专题报告》❶ 显示，2015 年 1 月 1 日至 2016 年 12 月 31 日，审结的全国知识产权侵权一审案件量呈上升趋势，并且 2016 年相较 2015 年同比上升 41.34%。而近年来，随着高新技术产业快速发展和新商业模式的层出迭现，再加上社会公众维权意识的提高，知识产权纠纷愈发常见，在可以预见的将来，知识产权侵权案件还会增多，案件的标的数额也会增大，涉及产业利益会越来越多，知识产权

---

❶　最高人民法院信息中心："知识产权侵权司法大数据专题报告"，微信公众号"知识产权那点事" 2017 年 7 月 6 日，https://mp.weixin.qq.com/s? src=11&timestamp=1628166757&ver=3234& signature=X5BQq-3cY6Z60h6I*5jySyS2MNZaBec3r6HQB*rorHj-GVfLr8t5M7UwDPPQ4SoscybpWYIh-DOhnNgB8s8OWqk-hUJRt97qOwviTDVpkg6G1qH-Wb8q8S7q5wfwn75m&new=1，2021 年 7 月 10 日访问。

侵权行为也会越来越复杂、隐蔽。除此之外，知识产权制度中相关主体权利义务关系的失衡问题也需要引起我们重视。权利义务关系的失衡主要表现在权利人的权益有一种不断扩展的倾向。权利人的权利项逐渐增多，保护力度也不断提升，对于社会公众而言，原来旨在确保其使用知识产权的一系列制度，如合理使用，在当今新的政治、经济和技术等条件下面临实施的困难。

归根结底，对以上问题进行总结还是要回归到一个永恒的话题，即个人权利与社会公共利益的平衡。诚然，对于以上问题的解决离不开细致的规则，但在严密规则的背后也留有诚实信用原则适用的广阔余地。可以说，从知识产权的诞生、使用到消亡，都需要诚实信用原则这把标尺来丈量。

（三）诚实信用原则的意义与作用

在日常生活中也有"诚信"一词，从"诚信"到"诚信原则"我们要跨越生活到专业的鸿沟。费雷伊拉就认为诚信是被吸收到法中的人类生活关系要素。诚信并非立法者的创造，它来自生活，有限定的内容。简而言之，费雷伊拉认为，诚信是道德的法律化。❶ 要注意，一旦道德的诚信转化为法律的诚信，二者的表现就不同。徐国栋教授认为，普通的法律规范往往体现了"勿害他人"的要求，而诚信原则体现了"爱你的邻人"的要求。❷

诚实信用原则的出现打破了传统民法的结构，弥补了传统民法的不足。诚实信用原则作为一项基本原则，具有立法准则、行为准则、审判准则的功能，它的存在还为司法机关进行创造性司法活动预留了空间，使司法机关在一定范围内能够通过创造性的活动补充具体规则的运用。诚实信用原则等基本原则的存在是应对语言符号多元的含义、立法响应相较社会生活变化的滞后性及立法者认识的局限性的极佳措施。诚实信用原则，将道德规范与法律规范合为一体，兼有法律调节和道德调节的双重功能，使法律条文具有极大的弹性，法院因而享有较大的裁量权，能够据以排除当事人的意思自治，而直接调整当事人

---

❶ 徐国栋：《民法基本原则解释——诚信原则的历史、实务与法理研究》，北京大学出版社 2013 年版，第 37 页。

❷ 徐国栋："论市民法中的市民"，载《天津社会科学》1994 年第 6 期，第 94～99 页。

之间的权利义务关系。❶ 因此，诚实信用原则作为一种黏合剂，填补了具体制
度适用之间的嫌隙，保障了法律应用的柔性与适应性。

诚实信用原则在民法领域具有普适性，在知识产权领域全面确立诚实信
用原则，在补强或者调适法律规则适用的同时，还能对行政机关的活动进行
指引。2021 年 3 月 11 日，国家知识产权局发布《关于规范申请专利行为的办
法》（简称《办法》）第一条明确表示，要"坚决打击违背专利法立法宗旨、违
反诚实信用原则的各类非正常申请专利行为"。《办法》第二条又列举了非正常
申请专利行为的九种类型，其中第九种就是以诚实信用原则为标准确立的兜底
条款。❷ 在知识产权单行法中明确引入诚实信用原则，也将为行政授权与执法
活动提供法律依据与行事标准。国家知识产权局在《关于施行修改后专利法相
关问题解答》中也明确：自 2021 年 6 月 1 日起，国家知识产权局依照修改后
的《专利法》第二十条第一款对初步审查、实质审查和复审程序中的专利申请
进行审查。❸ 申请专利、商标中的非正常申请行为违背了诚实信用的基本原则。
由于著作权的取得目前不需要行政授权，诚实信用原则在著作权上的溢出效应
与专利权和商标权相比较弱，但是引入诚实信用原则依旧能为所有相关主体提
供行为规范。相比民法学界对诚实信用原则研究取得的斐然成绩，知识产权对
于诚实信用原则的关注并不足够，运用并不充分，这也引发了包括知识产权非
实施行为在内不诚信行为的发生。

虽然诚实信用原则可适用于知识产权单行法，但如果知识产权单行法没有
规定诚实信用原则，想要直接套用法条的规定来审判案件或者处理问题是比较
困难的，目前《著作权法》就遭遇了这一阻碍。在知识产权单行法的法律文本
中明确规定诚实信用原则，意义重大。目前，对诚实信用原则在《著作权法》

---

❶ 梁慧星：《民法》，四川出版社 1988 年版，第 323 页。转引自梁慧星："诚实信用原则与漏洞
补充"，载《法学研究》1994 年第 2 期，第 23 页。

❷ 《关于规范申请专利行为的办法》第二条第九项规定：违反诚实信用原则、扰乱正常专利工作
秩序的其他非正常申请专利行为及相关行为，属于非正常专利申请。

❸ "关于施行修改后专利法相关问题解答"，中国政府网 2021 年 5 月 27 日，http://www.gov.cn/
zhengce/2021-05/27/content_5613195.htm，2021 年 7 月 31 日访问。

中的重要意义还缺乏深刻认识。虽说基本原则也不一定要在法律文本中明确规定，只要能在具体制度中充分体现诚实信用原则的要求和精神也是可以的，但在这一方面《著作权法》还有改进空间。

在法律文本中确立诚实信用原则只是第一步，更为重要的是建立公众对诚实信用的信仰。诚实信用原则是一切市场活动参与者应遵循的基本准则，一方面它鼓励人们通过诚实劳动积累社会财富；另一方面它又要求人们在市场活动中不损害他人合法利益、社会公共利益和市场秩序。"知识产权的核心价值，就是诚信。没有诚信，就没有基本的道德和秩序，就没有国家、社会、个人的安全。"❶ 诚实信用原则对于经济社会而言可谓意义重大，诚信既是一种法治要求，又是一种道德要求，诚实信用原则在知识产权领域的全面确立将筑牢对知识产权非实施行为的立法规制体系。

二、权利不得滥用原则

虽说禁止权利滥用原则是诚实信用原则的必然延伸和应有之义❷，但前者并不能涵盖诚实信用原则的全部，知识产权非实施行为归根结底就是一种滥用权利的行为。2020 年 4 月公布的《中华人民共和国著作权法修正案（草案）》规定的禁止权利滥用条款就在当年引起了很大争议。因在其他法域及国际条约中尚没有相关规定，引入权利滥用条款的合理性问题受到了广泛关注。该草案规定了两个禁止权利滥用的条款，其一是第四条的原则性规定，要求著作权人"不得滥用权利影响作品的正常传播"；其二是第五十条规定了"滥用著作权、扰乱传播秩序的，著作权主管部门可以进行责令改正、警告、没收非法所得、罚款等行政处罚"。

当时有不少专家学者反对以上条款，主要理由如下：（1）其他法域及国际条约中尚没有相关规定，树立禁止权利滥用原则要慎之又慎；（2）根据现实情

---

❶ 刘春田："《著作权法》第三次修改是国情巨变的要求"，载《知识产权》2012 年第 5 期，第 12 页。

❷ 孔祥俊："《民法典》与知识产权法的适用关系"，载《知识产权》2021 年第 1 期，第 11 页。

况，著作权领域的最大挑战在于打击侵权，而非制止权利滥用，著作权被滥用的概率很低；（3）禁止权利滥用规则本身就容易被滥用，判定是否为权利滥用的标准和难度太高，稍有不慎就容易妨碍正常权利的行使；（4）创作作品和传播作品是相辅相成的关系，增加禁止权利滥用条款没有必要；（5）现有著作权制度已经充分考虑了公共利益；（6）行政权力过多介入私权并不合适，还会引发新的执法问题。❶

虽然 2020 年《中华人民共和国著作权法修正案（草案）》规定的禁止权利滥用条款被最终删除，但这是由于该条款确实规定较为模糊与粗糙，不能就此来否定《著作权法》乃至整个知识产权制度引入禁止权利滥用原则的必要性、合法性。特别是不能因为目前著作权滥用并没有成为著作权领域的主要矛盾，就对它的发展不以为然。经济社会发展日新月异，快速发展的经济社会总是在为制度设计提出新的意料不到的问题，如《商标法》引入诚实信用原则是希望以此来规制商标恶意注册行为，但是立法在对现实生活进行回应时，商标抢注等商标恶意注册现象已经成为商标领域的棘手问题，制度已经错过了整体规划立法、司法、执法安排的先机，错失了将问题扼杀在摇篮里的机会，以至于商标恶意注册仍旧是商标领域的焦点问题。对权利不得滥用原则的确立宜提前规划，提前安排。诚然，就制度设计而言，著作权人不太容易滥用其享有的专有权利。但是，不容易滥用并不意味着绝对不滥用。随着数字技术的不断发展，《著作权法》保护客体的逐渐增多、权利范围的不断扩大，著作权制度在颁布之初实现的平衡在过去三十年已经出现了极大的改变。目前与著作权侵权案件相比，滥用著作权的案件并不太多见，但是包括版权非实施行为在内的滥用著作权现象正在抬头，立法没有必要刻意滞后，不能缺少必要的忧患意识。

---

❶ 李琛："著作权法修订不宜引入'权利滥用'条款"，人民网 2020 年 6 月 17 日，http://ip.people.com.cn/n1/2020/0617/c136655-31749642.html，2021 年 7 月 27 日访问；陶乾："对著作权滥用的解析与反滥用条款的质疑"，微信公众号"中国知识产权杂志" 2020 年 6 月 12 日，https://mp.weixin.qq.com/s? src=11&timestamp=1629461444&ver=3264&signature=NgtGHiHTQ47gDaG8wGbmmU6sNuf*hIRJLLzNOvITOhTl6UAzc7ENhj3esdaUX7*Frzk2eqVB7Jz*mCIWXtQY5IR4bZzK0annaaRn3QhR-nY2ve9jjx98dYrOx7v8NkXM&new=1，2021 年 7 月 27 日访问。

在知识产权领域全面确立权利不得滥用原则意义重大。在诉讼中，知识产权滥用现象正在抬头。实践中，知识产权侵权纠纷诉讼也不同于普通的民事诉讼，表现出了三个显著特点：一是知识产权资源较为集中。现有的市场上，知识产权作为一种企业竞争的重要战略资源，往往集中在行业某些主体手中。版权领域，就有不少的图片、影像或音乐公司掌握了大量著作权，比如因"黑洞照片"而备受关注的某公司，靠着囤积版权掌握着市场的竞争资源，为企业发展奠定基础。专利、商标领域更是大公司拼命发展、抢占资源的领域，申请量前十名的主体不少都是为公众熟知的企业。由于知识产权越来越成为市场主体法的"经济命脉"，注重知识产权的企业大都有专业的法律服务人员，全程保护其权利。二是职业维权。在对知识产权的保护不断加强的大环境下，应运而生了一批"职业维权者"，这些"职业维权者"专门收购、囤积知识产权或者帮助其他知识产权人寻找知识产权侵权行为，并利用其专业的知识，以诉讼等手段帮助自己或者权利人维权，同时也以此收获不菲的经济价值。三是和解率较高。由于维权专业化趋势愈发明显，再加之我国知识产权侵权案件涉案金额普遍不太高，且对于部分参与诉讼的知识产权非实施主体而言，诉讼只是一种倒逼对方购买其产品或服务的手段，如果能达成和解，就根本没有诉讼的必要，所以此类案件多数能够和解处理。

这些特征使知识产权侵权纠纷诉讼在很多时候更像是一种有心人的"生财之道"，权利人滥用诉权，碰瓷、逼迫侵权人的现象屡见不鲜。特别是专利权纠纷、商标权纠纷中恶意诉讼和滥用诉权的行为更加常见，我们必须警惕知识产权滥用现象的抬头，在知识产权领域全面确立权利不得滥用原则，毕竟防患于未然总比亡羊补牢更有效果。

在民法典时代，知识产权虽然有其本身的独特理念和制度，在法律调整和具体适用上具有很强的自洽性，但不可能完全实现自给自足，仍应以民法基本精神和基本原理为统领和指导。[1] 诚实信用原则仍旧能指导知识产权的立法、司法、执法过程。知识产权制度一直在努力对知识资源进行合理分配，诚实信用原则与权利不得滥用原则贯穿于分配过程的始终。目前，我国知识产权制度

---

[1] 孔祥俊："《民法典》与知识产权法的适用关系"，载《知识产权》2021 年第 1 期，第 4 页。

已经逐渐认识到诚实信用与权利不得滥用原则的重要性，全面确立诚实信用及权利不得滥用原则可以解决知识产权非实施行为给我们造成的困境。

第三节　强化知识产权实施义务

我国知识产权非实施行为主要集中在专利、版权和商标这三大领域，因此若想在立法上强化知识产权实施义务，也应该从这三大领域入手。通过将三大领域中强化权利人实施义务的规定互相比较可以发现，我国《商标法》的规定相较于其他两个部门法显得更为细致和具体。《商标法》不但在条文中明确规定了何为"商标使用"，而且还制定了"不以使用为目的不予注册商标""不以使用为目的注册商标无效""注册商标三年不使用撤销""三年不使用不获赔"等一系列法律制度，以督促和强化商标申请人或商标权人的"商标使用"义务。不过，《商标法》并没有对商标权人的实施义务作出正面的规定，而《专利法》和《著作权法》却在其条文中作出了正面的表述。例如，《专利法》规定的"强制许可"制度，正面规定了在特殊情形之下，专利权人有将其专利许可给他人实施的义务；《著作权法》第二十四条、二十五条规定的"合理使用"制度与"法定许可"制度同样赋予了著作权人许可他人"实施"自己版权作品的义务。因此，在强化我国知识产权实施义务的过程之中，知识产权三大部门法之间可以通过条文和制度的相互借鉴、取长补短，使我国知识产权非实施行为的规制体系更加严密和完善。

一、专利权人实施义务

（一）《专利法》实施义务的规定

1."专利立法目的"条款

我国《专利法》在立法目的条款就将专利实施义务予以明确。《专利法》

第一条规定，其目的并不局限于保护专利权人的利益，而是为了鼓励发明创造、推动发明创造的应用，继而推动社会发展。因此，"推动发明创造的应用"必须是市场主体遵循的目标，也是专利价值得以实现的基本路径。此立法目的早在 1984 年中国第一部《专利法》的第一条中 ❶ 就已经确立。该条文中"推动发明创造应用"的表述就直接点明《专利法》不仅注重对专利权人利益的保护，而且对于发明创造的实施也十分重视。专利权人不仅可以自己实施专利获益，也可以通过签订专利实施合同的方式许可他人实施专利来获取专利许可使用费。因此，若某个专利实施的范围越广，则该专利给专利权人带来的经济效益也就越高，这很显然能激励所有单位和个人努力进行发明创造，并将大力推广实施自己的专利，最终实现促进科学技术进步和经济社会发展的目标。

2. "职务发明专利"条款

《专利法》第六条规定："……职务发明创造申请专利的权利属于该单位，申请被批准后，该单位为专利权人。该单位可以依法处置其职务发明创造申请专利的权利和专利权，促进相关发明创造的实施和运用……"，立法者在条文表述中将加强专利实施的立法意图予以直接表明。一方面，该条款赋予了单位将其职务发明创造申请专利的权利，明确了职务发明创造专利权的归属，并将直接"促进相关发明创造的实施和运用"正面规定在法条之中，其加强专利实施的立法目的不言自明。另一方面，相对于其他国家"发明人优先"的权利归属原则，该条款采取"雇主优先"的权利归属原则在某种程度上也是对专利实施的一种强化和促进。该条款中的"单位"不仅包括各类企业、事业单位，还包括国家、团体、部队及民办企业等，很明显这些"单位"对科研技术推广和实施的实力要普遍强于"发明人"和"设计人"，因此将专利权归于实力更加雄厚的"单位"，显然更加有利于这些职务发明创造的推广和实施。

3. "专利授予条件"条款

《专利法》第二十二条规定："授予专利权的发明和实用新型，应当具备新

---

❶ 根据 1984 年《专利法》第一条规定，专利法之目的在于保护发明创造专利权，鼓励发明创造，促进发明创造的推广应用，促进科学技术的发展，以适应社会主义现代化建设的需要。

颖性、创造性和实用性。……"该条款明确列举了发明和实用新型授予专利权应当具备的条件，即发明专利和实用新型专利除了应当具备新颖性、创造性的条件外，要想获得排他性的专利权，具备实用性必不可少。该条文的第四款也对"实用性"的含义作出了法律定义："实用性，是指该发明或者实用新型能够制造或者使用，并且能够产生积极效果。"由此可见，一项发明或者实用新型要想获得专利法的保护，必须能够被专利权人制造或者使用，即如果该发明创造是一种工业产品，那么这款工业产品依照该发明创造能够被制造出来；如果该发明创造是一种工业技术方法，那么这种技术方法能够被实际投入工业使用，换言之，只有能够被专利权人实施的发明创造，才符合授予专利权的条件。因此我们能够得出，我国《专利法》为了强化专利的实施，在专利权的授予阶段就设置了门槛，不能够被实施的发明创造早已被拦在了"门外"。

4. "专利特别许可"条款

《专利法》第六章规定的"指定许可"制度、"开放许可"制度和"强制许可"制度都与强化专利实施有着密切的联系。首先，《专利法》第四十八条对国务院专利行政部门和地方政府专利及相关工作部门的公共服务工作提出了要求，为强化专利实施提供了强大的基础支撑和服务保障。其次，《专利法》第四十九条规定的"指定许可"制度，同样加强了专利的实施，但需要注意的是，指定许可的对象仅为发明专利，而指定许可的专利权人仅限于国有企业事业单位，又因为实施主体是国务院有关主管部门和省、自治区、直辖市人民政府指定的单位，并不包括个人且只能在批准范围内实施，所以"指定许可"制度对专利实施只能起到有限的促进作用。再次，《专利法》第五十条规定的"开放许可"制度同样对专利实施有强化作用。在"开放许可"制度中，国家专利行政部门经专利权人的自愿申请并审批通过后，国家专利行政部门会通过公告的方式向全社会公布该专利的相关信息，为有意愿实施此专利的被许可人提供完备的专利信息，解决了以往专利人与被许可人因信息不对称而导致专利转化率低的问题，大大加强了专利的实施。最后，《专利法》第五十三条至六十三条规定了"强制许可"制度。国务院专利行政部门规定了将专利强制许可给他人实施的四种原因：第一种是在专利权人"未实施或者未充分实施其专利"或被"依法认定为垄断行为",他人经申请获得发明专利或者实用新型专利的强制许可;第二种是因"国家紧急状态"或"公共利益",专利行政部门给予他人实施专利的强制许可;第三种是为了"公共健康目的"而仅针对药品专利的强制许可;第四种则是关于从属专利的强制许可规定。无论是基于何种原因而授予的强制许可,都在一定程度上强制赋予专利权人许可他人实施其专利的义务,能够推动和促进专利的实施。

(二)强化专利权人实施义务

在美国,虽然专利领域存在很多关于非实施行为的报道,但是对商标领域非实施行为的讨论并不多见。商标领域为何没有发生或很少发生非实施行为,对此迈克尔·米瑞斯教授从八个方面解释了为何商标领域的非实施行为不会发展成为一个严重的社会问题。米瑞斯教授认为,其中最重要的原因在于《商标法》中规定了"使用"要件,激励商标使用人大力实施其商标,以防止其商标通用化,确保其商标强度,防止淡化,维持该商标的未来产业线等。非实施主体不太可能在未使用商标的情况下对其他企业提起诉讼。此外,商标许可或转让必须与其附随的商誉一道,而且商标许可时许可人必须对被许可人进行一定程度的质量控制。换句话说,商标会处于持续使用的状态。商标权人在合理期限内不使用商标将面临撤销风险。❶因此,解决专利领域的非实施行为问题,可以借鉴《商标法》规定,强化专利的实施义务。

我国在《商标法》领域,不仅规定"不以使用为目的的恶意商标注册申请,商标局应当予以驳回",而且规定"注册商标成为其核定使用的商品的通用名称或者没有正当理由连续三年不使用的,任何单位或者个人可以向商标局申请撤销该注册商标"和"注册商标三年不使用则失去获得损害赔偿的权利"。《商标法》中对"商标使用"的规定,可以激励商标权人大力实施其商标,以防止商标资源浪费。那么我国在《专利法》中同样可以制定类似的规定,来强

---

❶ Michael S. Mireles. "Trademark Trolls: A Problem in the United States." Chapman Law Review, vol.18, no.3, 2015, p.815-868.

化专利的实施义务，抑制专利非实施行为。

首先，在专利权的申请阶段，可以仿照《商标法》第四条来增设或修改条文，如增设"对于不以实施为目的的专利申请行为，知识产权局应当予以驳回"，并仿照商标法的做法，将"专利实施目的"条文贯彻到专利法的各个阶段：第一，对专利法授予专利权的条件进行改造，将三个授予条件中的"实用性"条件增加"专利实施目的"的含义，即"实用性"不仅要求"发明或实用新型能够制造或者使用"，而且要求"申请人有实际实施发明或实用新型的目的"或者在原有三个授予条件的基础上新增第四个"目的性"条件，增加对申请人"专利实施目的"的考查，以此来强化授权阶段的专利实施义务；第二，将"专利实施目的"纳入《专利法》第四十五条"不符合本法有关规定"的情形中，即任何单位或者个人认为该专利权授予时专利权人无"专利实施目的"的，可以向国务院专利行政部门请求宣告该专利权无效。

其次，《专利法》可以通过增设"专利权人在获得权利后的一段合理时间内，及时向专利局提交充分的专利商业化证据"的条文，并在此基础之上仿照《商标法》的相关条文构建"专利长期不实施撤销"制度，来强化专利的实施义务。我国1992年《专利法》中就已经有过"专利撤销"制度的规定❶，但是1992年《专利法》的撤销理由仅包括两条：第一条是授予专利权的发明和实用新型不具备新颖性、创造性和实用性；第二条是授予专利权的外观设计不具备新颖性、创造性或与他人在先取得的合法权利相冲突，而且1992年《专利法》第四十四条规定被撤销专利权的法律后果是"自始即不存在"，这显然与当时专利法的"无效宣告"制度规制范围互相重叠，因此，2000年《专利法》将"专利撤销"制度予以删除。❷随着经济社会的发展，专利非实施行为的大量出现，成为时下专利立法领域亟待解决的问题之一，通过重新增设"专利撤销"制度，并将撤销理由变更为"在专利权被授予后一段合理时间内如三年或五年，权利人无正当理由未充分实施专利"，并配合上述"提交充分的专利商

---

❶　1992年《专利法》第四十一条规定："自专利局公告授予专利权之日起六个月内，任何单位或者个人认为该专利权的授予不符合本法有关规定的，都可以请求专利局撤销该专利权。"

❷　尹新天：《中国专利法详解》，知识产权出版社2011年版，第455页。

业化证据"的条文，不失为一种有效解决专利非实施行为、强化专利实施义务的方法。

最后，基于"提交充分的专利商业化证据"的条文，还可以仿照《商标法》第六十四条增设"不实施不获赔"制度。诉讼是专利非实施行为惯用的获益手段，专利非实施行为的商业模式凸显了其在诉讼策略上的优势，反过来又大大增强了进行许可费与和解金谈判的砝码。鉴于知识产权非实施主体在侵权监督和权利主张方面的专业化水平高，其诉讼成本也较低。此外，随着新技术的不断涌现与互联网技术的深入发展，知识产权范围呈现扩张趋势，而法律的滞后性催生了越来越多的侵权灰色地带。大多数无辜的被诉生产性企业或网络用户为避免涉入费用高昂的侵权诉讼或泄露个人隐私信息，通常"甘愿"支付许可费或和解金。例如，莱姆利教授及其研究团队曾对 30 家企业进行了实证研究，发现仅仅在一年当中这些企业就收到 593 份权利主张，其中 386 份权利主张由非实施主体提起，占比 65%；413 份权利主张在没有提起诉讼的情况下以和解方式解决，占比 70%；而最终只有 180 份权利主张进入了诉讼程序。❶因此，增设"不实施不获赔"制度，给予被诉侵权人"专利未实施抗辩权"，能够有效抑制专利非实施行为。

二、著作权人实施义务

（一）《著作权法》实施义务的规定

1."立法目的"条款

在版权领域，版权人的"版权实施"行为通常被称作"版权作品传播"❷，即将自己享有版权的作品通过各种途径和媒介进行广泛的散布。《著作权法》

---

❶ Mark Lemley, Kent Richardson, Eric Oliver. "The patent enforcement iceberg." Texas Law Review, vol.97, 2019, p.806.

❷ 本书对于"版权实施"与"版权作品传播"一对概念不加以区分，"版权作品传播"即指代"版权实施"。

第一条规定："为保护文学、艺术和科学作品作者的著作权，以及与著作权有关的权益，鼓励有益于社会主义精神文明、物质文明建设的作品的创作和传播，促进社会主义文化和科学事业的发展与繁荣，根据宪法制定本法。"该条文除了体现出版权人的正当权益应当受到保护外，对于版权作品传播者的正当权益也给予了立法上的肯定，此外条文表述中还特别点明了"鼓励有益于社会主义精神文明、物质文明建设的作品的创作和传播"，更加凸显出我国《著作权法》强化"版权实施"的立法目的。

2."版权财产权"条款

我国《著作权法》在制定版权的具体权利内容时，将权利分划为两种类别，一类为精神权利的版权人身权，另一类属于经济权利的版权财产权。《著作权法》第十条中，足足规定了十二种具体的版权财产权及一项兜底条款来彰显版权人财产权利的种类，此种列举加兜底的规定方式，一方面有利于激励他人进行版权作品的创作，增加可以被传播的版权作品的数量；另一方面有利于版权人认清和了解自己版权的各项权能，能够通过多种不同的方式去"实施"自己的版权来获益，从而实现推动和加强作品传播。

3."权利限制"条款

《著作权法》第二章第四节规定了两种限制版权人权利的制度，一种是"合理使用"制度，另一种则是"法定许可"制度。我国1990年颁布的《著作权法》中就已经规定了"合理使用"制度，"合理使用"制度对版权人的权利作出了限制性的规定，即在法律规定的情形之下，他人可以自行"使用作品"，不需要经过版权人的许可，也不必支付报酬。而该条文中规定的"使用作品"一词其实就是"传播版权作品"或者"版权实施"的另一种表达形式。换言之，他人在法律规定的情况下，可以不经版权人的许可而进行作品的传播，即实施"版权实施"行为。因此，"合理使用"制度不仅仅是对版权人的权利作出了一定的限制，还在某种程度上大大加强了作品的传播，强化了"版权实施"。

"法定许可"制度的设立相对较晚，2001年《著作权法》才首次将"法定许可"条款增设于"合理使用"条款之后。"法定许可"同"合理使用"一样，都是《著作权法》对版权人权利的限制性规定，依照"法定许可"的规定，在法定情形下，即在"为实施义务教育和国家教育规划而编写出版教科书"等情形之下，他人可以不经版权人的许可而"使用其作品"，但是不同于"合理使用"，"法定许可"需要支付报酬。不过，与"合理使用"制度相同，"法定许可"不但限制了版权人的权利，而且扩大了版权作品的传播途径，特别由于此条款主要针对的是科学教育领域，更能广泛促进作品的传播，加强"版权实施"。此外，《著作权法》将之前"法定许可"条文中的"除作者事先声明不许使用"的限制条件删除 ❶，也体现出《著作权法》限制版权人权利、强化"版权实施"的立法意图。

4."邻接权"条款

《著作权法》在第四章规定了"与著作权有关的权利"，即"邻接权"。根据《中华人民共和国著作权法实施条例》（以下简称《著作权法实施条例》）第二十六条和第二十八条的规定，我国"邻接权"主要包含四类权利：第一类是出版者的版式设计权；第二类是表演者的表演者权；第三类为录音录像制作者对其制作的录音录像制品享有的权利；第四类则为广播电台、电视台对其播放的广播、电视节目享有的权利。首先，对邻接权的权利主体而言，出版者、表演者、录音录像制作者和广播电台、电视台这四类权利主体都是作品的传播者，因此《著作权法》赋予作品传播者以法定权利这一举措无非是为了激励更多的传播者进行作品传播，从而进一步扩大作品的传播范围，加强"版权实施"；其次，从邻接权保护的对象来看，版权保护的对象必须是文学、艺术和科学领域的作品，邻接权保护的对象是"经传播者艺术加工后的作品"，但是邻接权保护的对象并没有像版权保护的对象（作品）一样对独创性作出要求，此种降低要求的保护模式，更能刺激其他人为了获取邻接权去参与作品的传

---

❶ 《著作权法》第二十五条规定："为实施义务教育和国家教育规划而编写出版教科书，可以不经著作权人许可，在教科书中汇编已经发表的作品片段或者短小的文字作品、音乐作品或者单幅的美术作品、摄影作品、图形作品，但应当按照规定向著作权人支付报酬，指明作者姓名或者名称、作品名称，并且不得侵犯著作权人依照本法享有的其他权利。前款规定适用于对与著作权有关的权利的限制。"

播，促进"版权实施"；最后，从邻接权的权利来源来看，邻接权的取得需要经过版权人的授权，这同样也扩展了版权人"版权实施"的途径。综上所述，《著作权法》中"邻接权"条款的规定，大大促进了作品的传播，强化了"版权实施"。

（二）强化著作权人实施义务

《著作权法》虽然规定了上文所述的各种强化"版权实施"的条款，但是上述条款对于规制版权非实施行为起效甚微，这是因为上述条款只是正面促进了"版权实施"，并没有真正对版权人的非实施行为给予不利的法律后果，因此能否仿照《商标法》给我国《著作权法》设立类似"不以传播为目的创作作品不授予版权""长期不传播作品撤销版权"和"不传播不获赔"等制度来对版权非实施主体进行规制是我们当下要讨论的问题。

首先，从权利的取得方式来看，版权不同于专利和商标，版权的取得不用履行一定的行政审批或者授权手续，在作品创作完成之时就自动取得，那么"不以传播为目的创作作品不授予版权"制度就很难套用，因为版权的取得不需要经过行政机关的审批，而不审批就无法审查版权人是否具有传播的目的。虽然我国版权领域存在版权登记制度，但版权登记制度只是为了更好地保护权利的一种非强制性措施，版权非实施主体完全可以不进行版权登记就能获得作品的版权。其次，从权利的自身属性来看，专利权和商标权与人们的物质需求联系更加密切，保护专利权能够推动发明创新、促进科学技术的进步；保护商标权可以保护生产经营、促进市场经济的发展，而对版权的保护则更侧重于人们物质基础之上的精神层面的享受。因此，长期不传播作品的危害并不及长期不实施专利和长期不使用商标严重。最后，基于作品创作完成即取得版权的特点，我们很难确定版权取得的时间，也就无法认定作品是否"长期不传播"，所以"长期不传播作品撤销版权"的制度很难在版权领域适用。

三、商标权人实施义务

（一）何谓商标实施

在商标领域，知识产权的实施行为——"商标实施"，通常被称作"商标使用" ❶，即商标权人将商标投入商业活动中进行商业性使用。我国《商标法》亦对此概念作出了定义，《商标法》第四十八条规定："本法所称商标的使用，是指将商标用于商品、商品包装或者容器以及商品交易文书上，或者将商标用于广告宣传、展览以及其他商业活动中，用于识别商品来源的行为。"从《商标法》规定的条文中可以看出，"商标使用"是一个涉及范围十分广泛的概念，不但包括在生产和销售过程中的直接使用商标，而且包括在广告宣传、商业展览甚至进出口贸易中的间接使用商标；既涵盖商标权人自身对商标的使用，又涵盖侵权行为人对商标的使用。❷ 依照商标从确权至维持的不同阶段，"商标使用"大体可以划分为三种类型，第一种是商标注册中的"使用"；第二种是商标权维持中的"使用"；第三种则为商标损害赔偿中的"使用"。

1. 商标注册中的"使用"

商标注册阶段中的"商标使用"，是指商标权人在商标注册阶段就已经实际使用商标或者有使用商标的意图，各个国家在商标的注册阶段对"商标使用"的要求并不相同。例如，美国商标法一直以来遵循普通法的传统——商标权源自于实际使用。市场主体要想获得排他性的商标权，只需要在商业活动中使用具有显著性的商标，并不需要去商标局进行注册。虽然美国后来也建立起了商标注册制度，但是"商标使用"仍是获得商标注册证书所绕不开的一

---

❶ 本书对于"商标实施"与"商标使用"一对概念不加以区分，"商标实施"即指代"商标使用"。

❷ 黄晖：《商标法》（第二版），法律出版社 2015 年版，第 119 页。

环。❶ 从《兰哈姆法》的精神和相关的判例来看，甚至可以说美国商标的注册与商标权的获得无关，商标实际上一经"使用"后，市场主体就已经获得了商标权，而基于"商标使用"的商标注册，不过是获得一张注册证书的程序，以及在《商标公告》上的公告。❷ 换句话说，在美国商标注册更像是一种权利的确认程序，商标局通过授予商标注册证书及发布商标公告确认商标注册申请人拥有商标权，而不是通过注册程序授予申请人商标权本身，即使是通过"意图使用"注册途径的申请人，最终想获得商标权和完整效力的商标注册证书仍需要将商标实际投入市场使用。由此可见，美国商标注册阶段的"商标使用"，是需要申请人将商标投入市场进行商业使用的。

然而，并不是所有国家和地区都要求商标注册申请人在注册商标时就存在"商标使用"行为。同欧盟一样，我国《商标法》一直以来采用的也是商标注册取得制度，且最初也并未在注册阶段要求商标注册申请人存在"商标使用"的行为。随着市场经济的不断发展，司法实践当中开始频繁出现商标恶意注册、商标囤积等违反诚实信用原则的不良现象，因此，如何规制此种商标非实施行为也逐渐成为我国立法者重点关注的问题。

为了应对商标非实施行为的产生，《商标法》在注册阶段加入对"商标使用"行为的要求。《商标法》第四条规定："不以使用为目的的恶意商标注册申请，应当予以驳回。"《商标法》将"不以使用为目的的恶意商标注册申请"作为商标注册的绝对禁止事由，将打击商标非实施行为的关口前移，有效地遏制了商标恶意注册、商标囤积等商标非实施行为的产生。但从该条文的字面表述及国家市场监督管理总局 2019 年 10 月发布的《规范商标申请注册行为若干规

---

❶ 美国《兰哈姆法》规定了两类商标注册申请的途径，申请人可以根据自身情况选择一类进行申请注册。第一类是申请人已实际使用商标，即所谓的"使用"申请；第二类是申请人有在商业上善意使用商标的意图，即所谓的"意图使用"。但对于第二类申请，商标局颁发的仅是"核准通知"，申请人仍需在一定期限内实际使用并提交使用声明后，才可以获得同第一类申请人有相同法律效力的商标注册证书。

❷ 李明德：《美国知识产权法》，法律出版社 2014 年版，第 519 页。

定》第八条 ❶ 的规定可以看出，该条文虽然在商标注册阶段对商标申请人作出了"具有使用目的"的"商标使用"要求，但是这里的"商标使用"既不是美国《兰哈姆法》中所规定的第一种"申请人已实际使用商标"的申请类型，也不是第二种需要申请人在一定期限内实际使用并提交使用声明的"意图使用"的申请类型，而是由商标局根据注册商标数量、申请人所在行业、经营状况和申请历史中是否存在恶意注册行为等诸多因素来综合判定的一种特殊情形。我国《商标法》在注册阶段对"商标使用"的要求与其说是商标法对申请人商标注册时的条件限制，不如说是商标局对商标申请人未来使用商标可能性的一种考察。

2. 商标权维持中的实施

商标的"生命"在于"使用"。商标的显著性依赖商标的使用，没有显著性的商标则丧失了被法律保护的基础。假如商标所有人在其注册取得商标后长时间不使用，则该商标的显著性就无从产生，识别来源的功能更是无处"施展"，那么在理论层面该商标就没有被法律保护的必要；即使商标所有人曾经使用过注册商标，甚至该商标取得较高的商业信誉，但假若长期停止使用，该商标上已经产生的显著性也会随着时间的推移慢慢消失，失去商标权利维持的根基，法律对于这样的注册商标，也没有继续给予保护的必要。❷ 因此，商标权人要想维持商标专用权，必须持续对商标进行使用，如果长时间不使用商标则会导致权利失效。各个国家的商标法也对此作出了相应的规定：美国《兰哈姆法》规定，商标所有人持续三年不使用商标视为放弃商标权；法国《商标

---

❶ 《规范商标申请注册行为若干规定》第八条规定："商标注册部门在判断商标注册申请是否属于违反商标法第四条规定时，可以综合考虑以下因素：（一）申请人或者与其存在关联关系的自然人、法人、其他组织申请注册商标数量、指定使用的类别、商标交易情况等；（二）申请人所在行业、经营状况等；（三）申请人被已生效的行政决定或者裁定、司法判决认定曾从事商标恶意注册行为、侵犯他人注册商标专用权行为的情况；（四）申请注册的商标与他人有一定知名度的商标相同或者近似的情况；（五）申请注册的商标与知名人物姓名、企业字号、企业名称简称或者其他商业标识等相同或者近似的情况；（六）商标注册部门认为应当考虑的其他因素。"

❷ 张玉敏："注册商标三年不使用撤销制度体系化解读"，载《中国法学》2015年第1期，第226页。

法》规定，商标所有人无正当理由连续五年不使用商标即丧失商标权；德国《商标法》规定，商标所有人连续五年不使用注册商标，则失去基于该注册商标产生的请求侵权救济的权利。

我国《商标法》对商标权维持中的"商标使用"要求，重点体现在商标撤销制度之中。《商标法》第四十九条规定，"注册商标成为其核定使用的商品的通用名称或者没有正当理由连续三年不使用的，任何单位或者个人可以向商标局申请撤销该注册商标"。对于该规定中"商标使用"是否应该涵盖识别来源的机能，早期知识产权学界对于注册商标撤销制度中"商标使用"的含义存在两种不同的见解：第一种认为只有发挥识别来源机能的使用才构成"商标使用"；第二种认为该制度中的"商标使用"只要形式上符合我国旧《商标法实施条例》第三条所规定的商标使用情形即可，无论该使用是否发挥了识别来源的机能。本书认为识别来源机能是该条文中"商标使用"的应有之义：一方面，从商标撤销制度的立法目的来看，该制度的设立在某种程度上是为了"鞭策"商标所有人去使用商标，从而让注册商标不断发展、逐步累积商业信誉，而商标只有发挥了识别来源机能的"商标使用"才会形成商业信誉的累积；另一方面，如果注册商标自始至终都没有发挥识别来源的机能而进行使用，那么就没有发挥商标标识的作用，也就不能认为其是作为商标进行使用，从而就不会与其他商标产生混淆，因此商标权人制约他人商标选择的自由是缺乏根据的。❶ 我国后来商标法的修订也明确了这一点，2013 年修订的《商标法》不但将"商标使用"纳入了商标法正文当中 ❷，并且在原《商标法实施条例》第三条规定举例式列举的基础之上增加了"用于识别商品来源"的限制性定语，真正从立法意义上确定了我国不使用撤销条款中"商标使用"必须涵盖识别来源的机能。

---

❶　田村善之：《商标法概说》，株式会社弘文堂 2000 年版，第 28 页。

❷　《商标法》第四十八条规定："本法所称商标的使用，是指将商标用于商品、商品包装或者容器以及商品交易文书上，或者将商标用于广告宣传、展览以及其他商业活动中，用于识别商品来源的行为。"

3. 商标侵权判定中的实施

商标侵权判定中的"商标使用"与上文所提到的注册商标不使用撤销制度中的"商标使用"是一对经常被对比的概念。目前,多数国家对"商标使用"都做出了列举式的规定,但对于上述两种"商标使用"概念所涵盖的范围却并未做出区分。本书认为商标侵权判定中"商标使用"的涵盖范围不但包括上文中注册商标不使用撤销制度中带有识别来源功能的"商标使用",而且应该包括其他例外"商标使用"的情形。"在注册商标撤销制度中,为了避免没有进行任何形式使用的注册商标给他人商标选择的自由造成过大妨碍,当然应该对使用进行严格解释,即要求其使用必须是发挥识别机能的使用。而在商标侵权行为判断中,被侵害的商标往往是已经使用并积聚了商标权人市场信用的商标,为切实保护商标权人已经积聚的市场信用,此时对使用应进行扩大解释,即其使用不限于发挥识别机能的使用。"❶

从司法实践的角度来看,在侵权判定中"被告使用原告商标"只是一种事实判断,而这种使用是否能够"识别商品来源"并非必须具备的条件。例如,行为人将商业竞争对手的商业标志进行丑化设计,后将丑化后的标志贴在质量较差或者廉价的商品上投入市场。此种行为并不会使相关公众产生混淆,所以并没有发挥识别来源机能的作用,但是此种行为却可以让相关公众对原商标的印象大打折扣,导致对原商标的评价降低甚至引发消费者的厌恶情绪。因此,假如将"能够识别商品来源"作为商标侵权判定必须具备的条件,那么此种情况下上述行为就会因为不具备发挥识别来源机能而被判定为不侵权,这显然是不合理的。因此,商标侵权判定中的"商标使用"概念与不使用撤销制度中的"商标使用"概念相比,涵盖的范围要更加广泛,即使行为人的商标使用行为不具备识别来源的机能也可能构成商标侵权。

---

❶ 李扬:"注册商标不使用撤销制度中的'商标使用'界定——中国与日本相关立法、司法之比较",载《法学》2009 年第 10 期,第 99 页。

（二）《商标法》实施义务的规定及不足

1.《商标法》实施义务的规定

我国商标制度从立法之日起便一直采取商标权注册取得制，商标权注册取得制度虽然相较于商标"使用获得"制度有更高的效率，更能顺应市场经济的发展，但也因为对"商标使用"缺乏"使用获得"制度同样的义务性规定，导致司法实践中出现大量商标囤积、商标抢注等商标非实施行为，从而造成了行政资源浪费、商标资源枯竭和恶意诉讼滋生等一系列问题。为了预防和规制上述不当行为，我国《商标法》也开始逐步修订，力图在商标制度的各个阶段增加商标权人对"商标使用"的义务。

首先是《商标法》增加了在商标注册阶段的"商标使用"义务，即"不以使用为目的恶意商标注册，应当予以驳回"。其次是将"使用目的"纳入商标注册审查，让"不以使用为目的的恶意商标注册申请"成为商标注册审查中的绝对禁止注册事由。最后是对于初步审定的商标，《商标法》将第四条纳入第三十三条所列举的异议情形之中，任何人在三个月异议期内发现该商标的注册申请人"不以使用为目的的恶意商标注册申请"都可以向商标局提出异议。并且，即使想要提起异议的人错过这三个月的异议期，商标注册申请人通过注册程序获得了商标专用权，仍可以向商标局请求宣告该注册无效，因为商标法也将第四条纳入第四十四条所规定的注册商标无效宣告的情形之中。综上所述，从注册申请、审查到异议的各个阶段，《商标法》都将"使用目的"的要求纳入其中，商标申请人或商标权人都会受到"使用目的"的约束。

除了对商标"使用目的"的要求，从我国《商标法》第四十九条的规定也可以反向推出注册商标所有权人有着连续使用、规范使用注册商标和积极维护注册商标显著性的义务。该条文的第二款❶也被称为"撤三"条款，该条款基本内容主要有三点：首先，没有正当理由的情况下连续不使用三年才会导致撤销，至于何为正当理由，《商标法》并未给出明确的规定，根据国家商标局

---

❶ 《商标法》第四十九条第二款规定："注册商标成为其核定使用的商品的通用名称或没有正当理由连续三年不使用的，任何单位或者个人可以向商标局申请撤销该注册商标。"

发布的《提供商标使用证据的相关说明》，主要包含不可抗力、国家政策性限制和破产清算等情形。其次，任何单位和个人都有权向商标局提起注册商标的撤销申请。最后，只有商标局才有权作出撤销注册商标的决定。从立法目的来看，"撤三"条款的目的是督促商标权人进行"商标使用"，"鞭策"商标权人持续维持商标的显著性，激发注册商标的活力，而督促"商标使用"的手段为"不使用撤销其注册商标"。因此，从另一角度来看，该制度从反面规定了注册商标所有人有着连续使用和积极维护注册商标显著性的义务，而违反这种"商标使用"义务则会承担注册商标被撤销的法律后果。

违反"商标使用"义务的法律后果除了被撤销注册商标外，我国《商标法》还另外规定了其他对于商标权人的不利后果。《商标法》第六十四条第一款规定❶，商标权人在提起侵权诉讼之时，被诉侵权人可以以商标权人"未使用注册商标"来作为抗辩理由，若商标权人不能证明其在提起诉讼之时的前三年有过"商标使用"行为，且不能证明其因侵权行为造成其他损失，则被起诉的侵权行为人不承担赔偿责任，即商标权人失去获得赔偿的权利。违反"商标使用"义务则失去获得赔偿的权利的理论基础在于：第一，若商标权人没有过"商标使用"的行为，则侵权行为根本不会导致其商品或服务的销量降低，所以侵权行为并不会造成所谓的"实际损失"。第二，商标的商誉依靠"商标使用"，没有"商标使用"行为的商标并不会产生商誉的累积，所以侵权行为人也无法利用没有商誉的商标获得收益。❷

2.《商标法》实施义务规定的不足

（1）缺乏对商标权人实施义务的正面规定。从前述可知，《商标法》在商标注册申请阶段规定了"使用目的"的要求；在商标维持阶段规定了"连续三年不使用撤销"的制度；在权利维护过程中增加了"不使用则失去获得赔偿权

---

❶ 《商标法》第六十四条第一款规定："注册商标专用权人请求赔偿，被控侵权人以注册商标专用权人未使用注册商标提出抗辩的，人民法院可以要求注册商标专用权人提供此前三年内实际使用该注册商标的证据。注册商标专用权人不能证明此前三年内实际使用过该注册商标，也不能证明因侵权行为受到其他损失的，被控侵权人不承担赔偿责任。"

❷ 冯术杰：《商标法原理与应用》，中国人民大学出版社2017年版，第248页。

利"的限制。虽然从上述制度我们能够直接或间接地推断出，在我国商标领域注册商标所有权人有"商标使用"的义务，但是我国《商标法》并没有对商标权人的"商标使用"义务作出正面的规定。诚如孙国瑞所言："这种立法方式一来减弱了'商标使用'义务的规范效应，二来也易出现法律规范之间立法理念与适用效果的冲突。"❶我国其实早在 2005 年发布的《商标审查及审理标准》（简称《商标审查标准》）中明确规定了"商标注册人负有规范使用和连续使用注册商标并积极维护注册商标显著性的法定义务"。并在 2017 年《商标审查标准》修订时仍将该条规定予以保留，然而由于该条规定只出现在《商标审查标准》的第七部分"撤销注册商标案件审理标准"的引言之中，并不具备统领整个《商标审查标准》的效力，且因为该《商标审查标准》文件的效力层级远低于商标法，所以该条规定起到的约束力远远不及在《商标法》中直接正面规定，很难对商标权人起到督促"商标使用"义务的作用。❷

　　我国《商标法》将"不以使用为目的的恶意商标注册"纳入绝对禁止注册事由之中，在总则部分增加商标注册须具备"使用目的"的要求，可以说是将商标权人负有履行"商标使用"义务这一背后隐含的理念进一步强化。针对"不以使用为目的的恶意商标注册"的判断问题，《商标法》及《商标审查标准》均未给出具体配套措施和细化解释，在国家市场监督管理总局于 2019 年年底颁布的《规范商标申请注册行为若干规定》第八条就列举了几项可供综合参考的情形，如申请人及其关联自然人、法人的申请数量，申请人的行业及经营规模，申请人是否存在恶意注册的"前科"等。《商标法》最近的修改主要围绕着商标囤积、商标抢注等商标非实施行为展开，而商标局对于商标申请注册中"使用为目的"的判断仅停留在针对商标注册申请人各种客观情况综合考虑后的主观判断阶段，并未真正涉及对商标权人实际"商标使用"的考察。因此，这些修改虽然在某种程度上加深了商标权人负有"商标使用"义务这一理念，但对商标权人进行"商标使用"的约束力较差，而直接在总则部分正面规

---

❶　孙国瑞，董朝燕："论商标权人的商标使用义务"，载《电子知识产权》2020 年第 4 期，第 10 页。

❷　彭学龙："论连续不使用之注册商标请求权限制"，载《法学评论》2018 年第 6 期，第 107 页。

定商标权人负有履行"商标使用"的义务，更能在制度上约束和督促商标权人积极进行"商标使用"。

（2）商标实施义务各条款间存在冲突。在《商标法》第四条被修订之前，商标囤积、商标抢注等商标非实施行为在我国司法实践中就已经较为常见，原有司法实践中也已经形成了一套解决此类商标非实施行为的法律规制体系，如何将该条文与原有规制体系互相协调是当下需要解决的重要问题。

首先，在2013年《商标法》简化商标申请注册程序、降低注册费用之后，司法实践中曾经出现过规模性恶意抢注、囤积注册商标进行买卖的乱象。针对此类乱象，当时的法律及司法解释难以提供有效的解决措施，因此在社会各界强烈的需求和呼吁声中，我国在司法裁判和行政审查过程中逐渐开启了使用"其他不正当手段注册"条款的规制之路。例如，在蜡笔小新商标案件❶之中，北京市高级人民法院（以下简称"北京高院"）就对于争议商标原申请人诚益公司的系列行为作出了属于"其他不正当手段注册"的定性。北京高院认为诚益公司此前存在大批量、规模性抢注他人商标并转卖牟利的行为，且就其地理位置而言，理应知晓"蜡笔小新"商标，所以其注册行为存在恶意，属于违反诚实信用原则、损害公共利益、扰乱商标注册秩序的行为。因此，北京高院对商标评审委员会作出的诚益公司构成"以其他不正当手段取得注册"的结论予以确认。后来，在司法实践中逐步使用原《商标法》第四条❷"出于生产经营需要"激活"其他不正当手段注册"条款，以援引后者作为前者实体支撑依据的方式来遏制商标囤积、恶意注册等商标非实施行为。如在海棠案❸中，北京知识产权法院就将属于原则性规定的第四条"出于生产经营需要"依附于"其他不正当手段注册"，对于恶意注册的商标予以无效宣告。但是，2019年《商标法》对第四条作出了重大修改，增加了"不以使用为目的恶意商标注册申

---

❶ 北京市高级人民法院（2011）高行终字第1427号行政判决。

❷ 2013《商标法》第四条规定："自然人、法人或者其他组织在生产经营活动中，对其商品或者服务需要取得商标专用权的，应当向商标局申请商标注册。本法有关商品商标的规定，适用于服务商标。"

❸ 北京知识产权法院（2016）京73行初3799号判决。

请，应该当予以驳回"，这就意味着，本来需要援引"其他不正当手段注册"条款来驳回的商标囤积、恶意抢注等情形，现在直接可以由修改后的第四条进行解决，且商标法此次修改同时将修改后的第四条纳入了现第四十四条第一款❶宣告无效的事由之中，在异议和无效宣告程序中也不再使用"其他不正当手段注册"，至此"其他不正当手段注册"条款原有的规制范围几乎被《商标法》第四条所覆盖，该条款面临被架空的尴尬处境。

其次，在"不以使用为目的的恶意注册"条款被修订之前，对于司法实践当中通过商标注册抢占较高知名度的公众人物姓名、肖像、知名作品或者角色名称侵犯姓名权、肖像权和著作权等在先权利的，司法裁判的观点和学术界的意见也早已趋于统一。2017年最高人民法院发布的《最高人民法院关于审理商标授权确权行政案件若干问题的规定》（简称《商标授权确权规定》）第十八条至第二十二条对于上述侵权行为给予了明确的规制方式，特别是对于之前知识产权学界争论不断的"角色商品化权"问题也通过该《商标授权确权规定》的第二十二条❷给予了官方的正式解答，2020年《商标授权确权规定》修订时仍对上述条款予以保留。至此，此类侵犯在先权利的行为，均由《商标法》第三十二条❸在先权利条款予以规制。上述侵犯在先权利的行为主要包含两种类型：一种是抢先注册商标后自己进行"商标使用"；另一种是抢先注册商标后自己不用，把商标囤积起来待价而沽或是与原权利人通过诉讼或"协商"的方式谋取利益。而后一种情形，在大多数情况下根据《规范商标申请注册行为若干规定》第八条就容易被认定为"恶意"，完全符合"不以使用为目的的恶意

---

❶ 《商标法》第四十四条第一款规定："已经注册的商标，违反本法第四条、第十条、第十一条、第十二条、第十九条第四款规定的，或者是以欺骗手段或者其他不正当手段取得注册的，由商标局宣告注册商标无效；其他单位或者个人可以请求商标评审委员会宣告该注册商标无效。"

❷ 《商标授权确权规定》第二十二条规定："当事人主张诉争商标损害角色形象著作权的，人民法院按照本规定第十九条进行审查。对于著作权保护期限内的作品，如果作品名称、作品中的角色名称等具有较高知名度，将其作为商标使用在相关商品上容易导致相关公众误认为其经过权利人的许可或者与权利人存在特定联系，当事人以此主张构成在先权益的，人民法院予以支持。"

❸ 《商标法》第三十二条规定："申请商标注册不得损害他人现有的在先权利，也不得以不正当手段抢先注册他人已经使用并有一定影响的商标。"

注册"条件，那么此种情况下使用何种规定来规制，当前商标法及其司法解释并没有作出解答。

最后，规制商标领域非实施行为的"注册商标不使用撤销"制度与《商标法》第四条也存在一定的冲突。"注册商标不使用撤销"制度是几乎各国商标法均采用的一项维持商标"生命"的核心制度，《商标法》第四十九条同样规定了该项制度，"注册商标没有正当理由连续三年不使用的，任何单位或者个人可以向商标局申请撤销该注册商标"。从条文可见，该制度规定的法律后果为注册商标连续三年不使用会被撤销，而假若行为人"不以使用为目的的恶意注册"取得了注册商标所有权，且连续三年没有进行"商标使用"，那么此时法律后果应该如何判定？是选择"注册商标不使用撤销"制度的撤销，还是选择《商标法》第四条宣告商标无效？这也成为当前《商标法》及其司法解释亟待解决的问题。

（三）《商标法》商标实施义务的完善

1. 总则部分正面规定商标权人的实施义务

权利和义务具有一致性。"法律权利与法律义务是相互依赖的，存在法律权利，也就存在法律义务，反之亦然。"[1] 我国《商标法》的立法核心便是保护商标权人的注册商标专用权，商标权人作为被法律尊重和保护的权利人，有权正当行使自己的权利，且积极履行"商标使用"的义务，那么当其滥用权利或不履行义务之时就应受到不利的法律后果，承担相应的责任。[2] 一方面，权利义务相统一原则是民法乃至整个法律领域的核心原则，商标法归属于民法，理应受到此原则的指导。《民法典》第一百三十一条规定："民事主体行使权利时，应当履行法律规定的和当事人约定的义务。"那么置于商标法之中，商标权人作为民事主体，在行使自己商标专用权的同时，理应履行商标使用的义务。另一方面，商标权相较于民法上的传统财产权利有着无形性、可复制性和

---

[1] 刘星：《法理学导论——实践的思维演绎》，中国法制出版社 2016 年版，第 161 页。

[2] 孙国瑞，董朝燕："论商标权人的商标使用义务"，载《电子知识产权》2020 年第 4 期，第 8 页。

永久存续性等特点，一旦商标权人取得注册商标，就代表其对某特定领域的商标资源形成垄断，加上商标法对商标权人的保护也在呈现不断扩张的趋势，若一味强调对商标权人的保护，则极易出现商标权人与其他竞争者和公共利益之间的失衡。❶ 因此，在《商标法》中正面规定商标权人有商标使用的义务显得十分有必要。

他山之石可以攻玉，对国外立法经验的借鉴，往往可以解决我国当下商标领域面临的棘手问题。韩国《商标法》同我国一样，也是采用商标权注册取得制度，因此同我国一般，在实践中也出现了大量商标囤积、恶意注册等商标非实施行为。韩国为解决此种问题，几次大幅度修改其《商标法》，其现行《商标法》的核心就是突出权利人的"商标使用"义务。韩国《商标法》❷第一条规定："商标法的目的是通过保护商标，确保维护商标使用者的商业声誉"，并且紧接着在第二条便规定了"商标使用"的内涵及具体形式，同时在第三条定义了商标注册人为"任何在韩国使用或打算使用商标"的人。从立法体例上看，韩国《商标法》虽然采取注册取得制度，但是其在总则部分不断通过法律条文的表述，重点突出"商标使用"在整个韩国商标法中的地位。法条所在的位置，在某种程度上能够反映出立法的目的和精神，从体系解释某个条文时，应当对其上下文的条文进行联系，使其能完整融入整个体系，"对于下文的理解不能排除前面的条文，法律人应该推定，立法者对法律条文的先后安排是有用意的。编章节条款项目的序位表达了立法者对法律意义重要性的不同认识"❸。因此，我国《商标法》不但应当正面规定商标权人负有履行"商标使用"的义务，而且应当把该条文放置在总则部分，让其起到统领整个商标法全局的作用，以显示我国《商标法》对"商标使用"的关注和重视。

2. 协调适用现有各规制条款

艾斯勒在《哲学词典》中将体系定义为："把既存之各色各样的知识或概

---

❶　孙国瑞，董朝燕："论商标权人的商标使用义务"，载《电子知识产权》2020 年第 4 期，第 14 页。

❷　《十二国商标法》，十二国商标法翻译组译，清华大学出版社 2013 年版，第 355 ～ 356 页。

❸　梁慧星：《裁判的方法》，法律出版社 2017 年版，第 137 页。

念，依据一个统一的原则安放在一个经由枝分并且在逻辑上互相关联在一起的理论框架中。"❶ 针对商标囤积、恶意抢注等商标非实施行为，我国《商标法》规定了各种条款、制度来进行规制。只有明确各规制条款的边界，协调各规制条款之间的适用，将各规制条款依据诚实信用的基本原则形成一个逻辑自洽的规制体系，才能有效遏制各类商标非实施行为，保护商标权人的利益，维护整个商标制度健康有序的发展。

（1）《商标法》第四条与"其他不正当手段注册"条款的协调。如上文所述，在《商标法》第四条修改以前，我国司法实践中为解决商标囤积、恶意抢注等商标非实施行为的乱象，逐步开启了使用"其他不正当手段注册"条款来规制的历程，后来《商标法》修改后，此种乱象开始由《商标法》第四条进行规制。《商标法》第四条与"其他不正当手段注册"条款的区别在于，《商标法》第四条强调的重点不在于"恶意注册"而在于"使用为目的"，我们从2019年国务院提请审议的《商标法》修正草案与最终版本《商标法修正案》❷的区别中也可以推断得出此结论，甚至有观点认为"恶意注册"的限定词汇是为了防御性注册而特意添加的，❸ 该条文修改的目的就在于加强"商标使用"。而"其他不正当手段注册"条款其针对的范围较为宽泛，《商标授权确权规定》第二十四条规定，"以欺骗手段以外的其他方式扰乱商标注册秩序、损害公共利益、不正当占用公共资源或者谋取不正当利益"的行为均可以被认定为"其他不正当手段"。因此，《商标法》第四条修改之前，"其他不正当手段注册"条款能够起到规制大量商标囤积、恶意抢注等商标非实施行为的作用，但是在针对性解决商标非实施行为的《商标法》第四条出台后，"其他不正当手段注册"条款理应将此部分规制领域让出。换言之，涉及"不以使用为目的"注册

---

❶ 黄茂荣：《法学方法论与现代民法》，中国政法大学出版社 2011 年版，第 427 页。转引自张玉敏："注册商标三年不使用撤销制度体系化解读"，载《中国法学》2015 年第 1 期，第 224 ~ 225 页。

❷ 经宪法和法律委员会研究后，在国务院提请审议的"不以使用为目的"修正草案的基础上增加了"恶意"的字眼才构成了最终版本的《商标法修正案》。

❸ 孔祥俊："论非使用性恶意商标注册的法律规制——事实与价值的二元构造分析"，载《比较法研究》2020 年第 2 期，第 59 页。

情形的由《商标法》第四条来规制，"其他不正当手段注册"条款成为规制商标非实施行为以外的违法注册情形的兜底条款。

（2）《商标法》第四条与"在先权利"条款的协调。从立法目的来看，《商标法》第四条修改的目的就在于规范商标注册秩序、维护商标注册制度，保护的是公共利益。而"在先权利"条款的设立，维护的是姓名权、著作权等在先权利人，主要保护私人利益。因此，《商标法》第四条对于侵犯他人在先权利的情形应该谨遵自己的立法主旨，秉持谦抑性原则。对于个别侵犯他人在先权利的情形，法院只须使用"在先权利"条款进行处理，只有侵权人的申请数量达到危害商标注册制度、损害公共利益的程度，法院才能以《商标法》第四条予以规制。

（3）《商标法》第四条与"撤三"条款的协调。《商标法》第四条与"撤三"条款的立法目的都是为了加强"商标使用"，维护商标制度良性发展。有观点认为，"撤三"条款相较于《商标法》第四条更为中性和温和，对待商标权人更为宽容，是允许商标权人"犯错"的条款。例如，商标权人在商标注册时不具备商标使用的目的，但其若在商标注册成功后的三年内使用了该注册商标，商标依旧不会被撤销。可见"撤三"条款的宗旨不在于惩戒"商标的不使用"，而在于督促和鞭策"商标使用"。而《商标法》第四条则相对严厉，是商标注册中绝对禁止注册的事由，因此，类似"撤三"这样温和、中性的条款应当有更宽的适用空间，而以恶意注册论处的严厉制度则应当从严解释和严格适用，有更为严格的适用条件和空间，主要适用于那些显而易见的极端典型情况，而模糊不清的灰色空间则留给"撤三"条款去解决。❶而至于法律后果不同的问题，可以通过严格判断商标权人注册时是否具有"恶意"来进行区分，若注册时存在"恶意"则适用《商标法》第四十四条引用第四条的无效宣告制度，"恶意"不明显或不具备"恶意"时则适用"撤三"条款，以此实现法律后果的分流，避免出现一种情形两种法律后果的尴尬局面。

---

❶　孔祥俊："论非使用性恶意商标注册的法律规制——事实与价值的二元构造分析"，载《比较法研究》2020年第2期，第70页。

第四节　重新确定损害赔偿计算方法顺序

虽然诉讼仅是知识产权非实施主体的虚晃招式，但是借助诉讼获取的不正当利益却不断激励更多非实施主体参与知识产权寻租，远高于诉讼成本的赔偿数额，使诉讼成为非实施主体稳赚不赔的生意经。因此，只有探求知识产权现行立法未能较好规制非实施行为的原因，并通过立法修正畸形的损害赔偿计算方式及完善损害赔偿额的裁量标准，压缩其寻租空间，才能有效打击不良的知识产权非实施行为。

一、现有损害赔偿计算方法顺序

（一）我国知识产权损害赔偿计算方法顺序的立法沿革

1.《著作权法》关于损害赔偿计算方法顺序的立法沿革

1990 年《著作权法》并未对损害赔偿计算方法加以规定。1991 年施行的《著作权法实施条例》仅在第五十三条规定了著作权行政管理部门可以责令侵害人赔偿受害人的损失，但是也并未对如何计算损害赔偿有具体的规定。2001 年第九届全国人民代表大会常务委员会第二十四次会议对我国《著作权法》进行了第一次修正，在第四十八条中明确规定了实际损失、违法所得、法定赔偿三种损害赔偿计算方法，三种计算方法适用顺序法定模式。其中，根据第一顺位的实际损失或者第二顺位的违法所得计算的赔偿数额包括权利人为制止侵权行为支付的合理开支。法定赔偿作为兜底性计算方法，当时的《著作权法》对此规定了 50 万元的上限额度。2010 年第十一届全国人大常委会第十三次会议对我国《著作权法》进行了第二次修正，此次修正案将第一次修正案中关于损害赔偿计算方法的规定从第四十八条调整至第四十九条，实质内容并未作出修改，仍然沿用顺序法定模式。

现行《著作权法》由 2020 年 11 月 11 日第十三届全国人民代表大会常务委员会第二十三次会议通过，并已于 2021 年 6 月 1 日正式施行。此次修改，《著作权法》在以往规定的三种损害赔偿计算方法之外增加了"权利使用费"这一种计算方法，因此《著作权法》第五十四条关于损害赔偿计算方法的规定有四种：权利人的实际损失、侵权人的违法所得、权利使用费、法定赔偿，且在实际损失与违法所得两种计算方法上取消顺序性规定，只有当实际损失或者违法所得难以计算时方可参照适用权利使用费确定损害赔偿额。法定赔偿在此充当"兜底"角色，若前三者均无法确定，则由人民法院根据侵权行为的情节，判决给予 500 元以上 500 万元以下的赔偿。与此同时，《著作权法》首次引入惩罚性赔偿规定，以前三种计算方法确定数额的一至五倍确定惩罚性赔偿数额。由此可见，我国著作权法领域关于损害赔偿计算方法的规定经历了从无到有的过程，这是基于司法裁判中经常需要运用损害赔偿计算方法解决实际问题，立法的模糊导致司法适用的不确定性，从而倒逼立法机制的改革进步。

2.《专利法》关于损害赔偿计算方法顺序的立法沿革

我国首部《专利法》于 1984 年第六届全国人民代表大会常务委员会第四次会议通过。该法第六十条规定："专利管理机关处理侵权行为时，有权责令侵权人停止侵权行为，并赔偿损失，但该条文没有对专利侵权损害赔偿数额计算方式作出具体说明。"1992 年，第七届全国人民代表大会常务委员会第二十七次会议对我国《专利法》进行第一次修正，本次修法并未改变第六十条规定的内容。然而当时的理论界及实务界，已对专利侵权行为的损害赔偿计算方法产生争议，这预示着在立法中明确专利侵权行为的损害赔偿计算方法已迫在眉睫。随后，最高人民法院在 1992 年 12 月 29 日发布的《关于审理专利纠纷案件若干问题的解答》中明确以实际经济损失、侵权所得利润及不低于专利许可使用费的合理数额三种方式确定专利侵权的损害赔偿计算方法。对这三种计算方法的适用采取自由选择模式，有选择权的主体为人民法院，其可根据案情的不同情况选择适用。与此同时，该法条遵循意思自治原则，尊重权利人自主选择的权利，允许当事人双方商定用其他计算方法计算损失赔偿额。2000

年第九届全国人民代表大会常务委员会第十七次会议作出第二次修订《专利法》的决定，本次修法将损害赔偿计算方法确定为权利人损失、侵权所得利益、许可使用费的倍数三种，在权利人损失与侵权所得利益两种计算方法上适用自由选择模式。与此同时，为了满足司法实践需要，2001 年 7 月 1 日施行的《最高人民法院关于审理专利纠纷案件适用法律问题的若干规定》第二十一条将专利许可使用费倍数明确在一至三倍，以合理确定赔偿数额，并在 2000 年的《专利法》之外规定了第四种损害赔偿计算方法，即法定赔偿，规定其数额为人民币 5000 元以上 30 万元以下，最多不超过人民币 50 万元。2008 年第十一届全国人民代表大会常务委员会第六次会议通过了对我国《专利法》第三次修订的决定，在第六十五条规定专利侵权损害赔偿计算方法，具体规定为："侵犯专利权的赔偿数额按照权利人因被侵权所受到的实际损失确定；实际损失难以确定的，可以按照侵权人因侵权所获得的利益确定。权利人的损失或者侵权人获得的利益难以确定的，参照该专利许可使用费的倍数合理确定。赔偿数额还应当包括权利人为制止侵权行为所支付的合理开支。权利人的损失、侵权人获得的利益和专利许可使用费均难以确定的，人民法院可以根据专利权的类型、侵权行为的性质和情节等因素，确定给予一万元以上一百万元以下的赔偿。"该规定将计算方法由选择性变更为顺序性。

我国现行《专利法》由 2020 年 10 月 17 日第十三届全国人民代表大会常务委员会第二十二次会议通过，并已于 2021 年 6 月 1 日正式施行。经过第四次修正的《专利法》第七十一条保留了以往规定的计算方法，即实际损失、侵权获利、许可使用费的合理倍数、法定赔偿四种，但是与以往的顺序法定模式不同的是，本次修法以"或者"一词将实际损失与侵权获利置于并列地位，当二者在具体案例中难以确定时则参照该专利许可使用费的倍数合理确定，最后以 3 万元以上 500 万元以下的法定赔偿作为兜底的计算方法，列举了法定赔偿的考量因素，包括专利权的类型、侵权行为的性质和情节等，并在本次修法中引入了惩罚性赔偿的规定。至此，我国《专利法》与《著作权法》对于损害赔偿计算方法的立法规定统一为自由选择模式。

可见，我国《专利法》从 1984 年立法之初直到 1992 年第一次修法，均未对损害赔偿计算方法有所规定。后由于理论界与实务界对该问题的热烈争议及实践所需，在 1992 年由最高人民法院发布文件规定三种具体的损害赔偿计算方法，司法实践中法官得以自由选择损害赔偿的计算方法进行个案审理。直到 2000 年的《专利法》仍然沿用自由选择模式，随后 2008 年第三次修法却变更为顺序性模式，2020 年第四次修法向自由选择模式回归。至此，我国《专利法》有关损害赔偿计算方法的规定经历了自由选择—顺序法定—自由选择的曲折历程。

3. 《商标法》关于损害赔偿计算方法顺序的立法沿革

1982 年第五届全国人民代表大会常务委员会第二十四次会议通过的《商标法》第三十九条对于商标侵权行为损害赔偿计算方法规定了被侵权人损失与侵权所得利润两种，对计算方法的选择采用自由选择模式。1993 年第七届全国人民代表大会常务委员会第三十次会议通过的《商标法》第一次修正案沿用前述规定。2001 年第九届全国人民代表大会常务委员会第二十四次会议通过《商标法》第二次修正案，该法第五十六条中将商标损害赔偿计算方法的种类从原有的两种增加至三种，在"实际损失"与"侵权获利"之外增加了"法定赔偿"的类型，并且将前两种计算方法规定为并列的顺序，当二者均不能确定时才能够适用"法定赔偿"的计算方法，法定赔偿最高限额为 50 万元。该法条在损害赔偿计算方法之外规定了善意侵权人的抗辩事由。2013 年第十二届全国人民代表大会常务委员会第四次会议通过了《商标法》第三次修正案，其中关于商标侵权损害赔偿计算方法的规定与以往大有不同，该修正案第六十三条规定了实际损失、侵权获利、许可使用费合理倍数、法定赔偿四种计算方式，并且将原有的自由选择模式修改为顺序法定模式，收回了原告在主张商标权损害赔偿时对计算方法自由选择的权利。与此同时，本次修法将法定赔偿的最高额度提升至 300 万元，并增加惩罚性赔偿的规定。

我国现行《商标法》由 2019 年 4 月 23 日第十三届全国人民代表大会常务委员会第十次会议通过，并已于 2019 年 11 月 1 日正式施行。经过第四次修正的《商标法》第六十三条沿用了 2013 年商标法修正案中对损害赔偿计算方法的规定，即实际损失、侵权获利、许可使用费的倍数、法定赔偿四种计算方法，以上计算方式适用顺序法定模式。值得注意的是，本次修法再次提高了对商标专用权侵权行为的打击力度，将法定赔偿最高额度从 300 万元提升至 500 万元，惩罚性赔偿的最高数额从三倍提升至五倍。

综上可知，我国《商标法》有关损害赔偿计算方法的规定经历选择性到顺序性的变动。与《著作权法》《专利法》不同，《商标法》在立法之初就对损害赔偿计算方法进行了明文规定，1982 年诞生的中华人民共和国第一部《商标法》规定了被侵权人损失、侵权所得利润两种计算方法，并确定自由选择模式。自由选择模式的损害赔偿计算方法一直沿用到 2001 年，但扩充了计算方法的种类。2013 年，我国《商标法》对损害赔偿的规定出现极大变动，不仅增加了计算方法的种类、引进惩罚性赔偿制度，更重要的是将计算顺序修改为顺序法定模式，在第四次修法中并未变更规定。

4.《反不正当竞争法》关于损害赔偿计算方法顺序的立法沿革

1993 年第八届全国人民代表大会常务委员会第三次会议通过了我国第一部《反不正当竞争法》，该法对于侵权损害赔偿额计算方法的规定为第二十条，明确以经营者损失、侵权人侵权获利作为具体计算方法，二者间有适用顺序，赔偿金额包括被侵权的经营者因调查该经营者侵害其合法权益的不正当竞争行为所支付的合理费用。2017 年第十二届全国人民代表大会常务委员会第三十次会议对《反不正当竞争法》进行第一次修订，该法第十七条第三款、第四款规定："因不正当竞争行为受到损害的经营者的赔偿数额，按照其因被侵权所受到的实际损失确定；实际损失难以计算的，按照侵权人因侵权所获得的利益确定。赔偿数额还应当包括经营者为制止侵权行为所支付的合理开支。经营者违反本法第六条、第九条规定，权利人因被侵权所受到的实际损失、侵权人因侵权所获得的利益难以确定的，由人民法院根据侵权行为的情节判决给予权利人三百万元以下的赔偿。"由此，《反不正当竞争法》对损害赔偿计算方法规定了明确的顺序性。

当前，现行有效的《反不正当竞争法》由 2019 年第十三届全国人民代表大会常务委员会第十次会议修订。我国《反不正当竞争法》在历经三次修订后，第十七条在以往损害赔偿计算方法基础上增加了针对恶意实施侵犯商业秘密行为的惩罚性赔偿制度，同时将法定赔偿金的限额提高到 500 万元，但在损害赔偿计算方法上仍然规定了法定顺序。综上可知，我国《反不正当竞争法》有关损害赔偿计算方法的规定一直遵循法定顺序模式。

我国知识产权各单行法有关侵权损害赔偿计算方法的立法规定历经多次变更，但并未形成统一规定。即使在 2017 年我国《反不正当竞争法》修订后，知识产权各单行法在损害赔偿计算方法上实现了从选择性到顺序性转变，但是 2020 年新《著作权法》与《专利法》的颁布打破了现有的统一局面，计算方法的立法规定再次分裂。

（二）损害赔偿计算标准的类型

关于知识产权侵权损害赔偿计算方法，《著作权法》《专利法》《商标法》及《反不正当竞争法》的规定虽因对应的权利类型、适用领域有所差异，在表述上稍有不同，但其立法思路大致相同，可将各单行法中同一类型的计算方法共同论述。总体来说，知识产权侵权损害赔偿计算方法可以概括为以下四种类型。

1. 实际损失

传统民法体系的损害赔偿制度以弥补被侵权人的实际损失为立法宗旨，遵循损失填平原则，基本思路是当侵权人的行为导致被侵权人的利益受到损害时，由其对被侵权人因侵权行为所遭受的损失进行完全弥补，以使被侵权人的利益状况恢复至侵权前的状态。在司法实践中对权利人损失与侵权行为之间因果关系的判断，是准确适用损失填平原则弥补被侵权人利益损失的重要前提。换句话来说，民法体系的损害赔偿制度使被侵权人因侵权遭受的利益受损状况得到完全修补，但是被侵权人并不会因此得到额外金钱利益，侵权人在损害赔偿制度之下理所应当对其侵权行为付出同等金钱代价，不需要承担侵权之外的其他利益之债，由此达到双方利益的平衡。在具体的司法实践中，实际损失通常包括直接损失和间接损失两大板块。其中，直接损失是指权利人因遭受侵权行为导致现有财产的减损，这是被侵权人最直观的损害额；间接损失是指被侵权人可得利益的减少。**❶** 如在合同关系中，合同一方相对人不履行约定义务或履行不符合约定，导致另一方不能获得合同正常履行后可得的物质或非物质利益，这部分利益的减损就是被侵权人遭受的间接损失。

知识产权损害赔偿立法体系遵循损失填平原则。知识产权法与传统民法之间有着密切联系，实际损失是知识产权损害赔偿计算的具体方法之一，其立法基础遵循传统民法有关损害赔偿制度上的损失填平原则，立法目的同样是弥补权利人因侵权行为遭受的损失，使其恢复至侵权前的状态，维护权利人合法利益。TRIPs 协定第四十五条规定："对已知或有充分正当理由应知自己从事的活动系侵权的侵权人，司法当局应有权责令其向权利人支付足以弥补因侵犯知识产权而给权利持有人造成损失的损害赔偿费。"TRIPs 协定中"足以弥补"的表述，在一定程度上肯定了我国知识产权损害赔偿制度遵循的损失填平原则。**❷** 由此可见，损失填平原则是知识产权损害赔偿的制度基础，在计算损害赔偿额时应当以权利人因侵权遭受的实际损失作为首要考量标准。然而，当前部分单行法已允许权利人在实际损失与侵权获利间进行自由选择，这是对民事主体自由意志的尊重，同时在一定程度上对侵权行为起到了更强的抑制作用，但也在一定程度上与立法原则产生冲突。

知识产权各单行法仅有"权利人因被侵权所受到的实际损失"这项笼统规定，但并未对其进行详细说明。司法实践中，仅根据立法规定不足以明确实际损失的具体范围。为了便于这项计算标准的适用，2002 年，最高人民法院发布《关于审理著作权民事纠纷案件适用法律若干问题的解释》（简称《著作权司法解释》），其中第二十四条将实际损失的计算标准明确为"权利人因侵权所造成复制品发行减少量或者侵权复制品销售量与权利人发行该复制品单位利润乘积计算。发行减少量难以确定的，按照侵权复制品市场销售量确定"。按照这一标准，法官在司法裁判中可对实际损失作出较准确的判决。然而在现实

---

❶ 张鹏："商标侵权损害赔偿数额计算的现状与展望"，载《知识产权》2021 年第 5 期，第 17 页。

❷ 商建刚："知识产权侵权损害赔偿中实际损失的司法认定"，载《电子知识产权》2020 年第 4 期，第 90 页。

生活中，权利人往往难以举示充足证据证明实际损失与侵权行为之间的因果关系，因此实际损失的计算方法难以适用，以实际损失方式获赔的案件数量极少。

2. 侵权获利

知识产权各单行法有关侵权获利的表述有所差异，但其表达的意思是毫无差别的。我国《著作权法》将其表述为"侵权人的违法所得"，《专利法》《商标法》《反不正当竞争法》以"侵权人因侵权所获得的利益"表示。在立法中，因计算方法的不同，适用侵权获利的顺序也有所不同。遵循选择性计算方法的《著作权法》与《专利法》将实际损失与侵权获利并列至第一顺位，由权利人自由选择；而遵循顺序性计算方法的《商标法》与《反不正当竞争法》将侵权获利作为第二顺位，只有在实际损失难以确定时方可适用。知识产权损害赔偿制度中，实际损失是最能彰显损失填平原则的一种计算方法，理应将其作为确定赔偿数额的首选方法。当前自由选择的立法模式为侵权获利超越实际损失创造了条件，使其可能成为计算赔偿金额的优先方法。

在理论上，侵权人的行为主要是抢占权利人本有的市场份额，以侵权产品取代合法产品，将属于权利人的利益非法收入囊中。换句话说，侵权人以此种行为获得的利益应该等同于权利人遭受的损失，因此侵权获利同样具有填平损失的性质，是损失填平原则的体现。然而在实践中，这种理论会受到市场其他因素的影响而与理论结果相去甚远。以米家案❶为例，原审原告杭州联安安防工程有限公司诉小米通讯技术有限公司、小米科技有限责任公司等侵害其注册商标专用权，涉案商标"米家"为原告注册商标，小米公司的行为的确存在侵害注册商标专用权的情况，这项结论在查清事实后是显而易见的，小米应当为侵权行为承担赔偿责任。杭州联安安防工程有限公司主张根据侵权人的非法获利确定赔偿数额，小米通讯公司自认侵权商品的销售额为5.8亿余元，一审法院判赔其销售额的2%，最终确定为1200万元。虽然这项判决结果判赔比例

---

❶ 浙江省杭州市中级人民法院（2017）浙01民初第1801号民事判决；浙江省高级人民法院（2020）浙民终264号民事判决。

比较低，但是我们必须注意到，以侵权获利方法计算的基数是巨大的，这与小米的品牌知名度、产品营销推广能力、庞大的市场份额等因素密不可分，这是运用侵权获利方法计算损害赔偿额不可忽视的重要问题。换个角度来看，原告虽拥有"米家"注册商标专用权，但因其品牌知名度差异，其标识有"米家"商标的产品销量很可能是比较低的。也就是说，若以实际损失计算原告的获赔金额，极有可能与侵权获利标准产生极大出入，侵权获利计算的损害赔偿金远高于原告的损失，这与损失填平原则的内涵完全不符。出于这样的考虑，该案二审将一审判决的 1200 万元赔偿金降至 310 万元，具有显著的合理性。

由此可见，侵权获利虽在一定程度上体现损失填平理念，但不及实际损失与该原则之间有紧密的联系。在司法实践中，实际损失应当是彰显损失填平原则的首要计算方法，在其难以确定时，才考虑以侵权获利确定损失赔偿数额。

3. 许可使用费的合理倍数

关于使用费倍数的具体规定，我国现行知识产权各单行法中，除了《反不正当竞争法》外均规定了使用费这项计算方法。《专利法》与《商标法》在权利人实际损失与侵权人获得的利益之后规定了专利（商标）许可使用费的倍数这一计算方法；《著作权法》同样将使用费规定在实际损失与侵权获利之后，但因保护的具体知识产权不同，其表述与前述两法有明显差异，具体规定为"可以参照该权利使用费给予赔偿"。不仅对"权利使用费"与"许可使用费"作出区别，更明显的是，《著作权法》未规定可以倍数计算损害赔偿数额。《反不正当竞争法》不将使用费纳入损害赔偿计算方法有其合理性，因其调整对象不是著作权、专利权、商标权等具体的知识产权，而是知识产权领域产生的对市场经营秩序的损害或破坏行为，因此，侵权人因实施不正当竞争行为承担的损害赔偿责任与权利的许可使用之间并无显著联系。

知识产权立法将使用费倍数作为计算方法之一具有合理性。不论是顺序性抑或选择性损害赔偿计算方法，知识产权各单行法均将其规定于实际损失与侵权获利之后，这有利于二者充分发挥填平损失的功能，仅在实际损失与侵权获利均难以计算时为损害赔偿金的确定提供替代性方案，为司法裁判增加使用计算方法的灵活性，避免产生立法简单化和现实情况复杂性之间的冲突。此外，损害的大小往往与知识产权的市场价值密切相关，高额非法获利与较低侵权成本是侵权人实施侵权行为的直接动力，侵权人通常看重具有较高市场价值的知识产权，以此通过侵权行为牟取高额利益，由此也造成了权利人较大的利益损失。因此，法官在个案审判中掌握该知识产权的市场价值能为侵权损失的判断提供合理依据。毕竟市场投资不是盲目的，被许可人愿意花费较高许可使用费获得某项知识产权的授权许可，归根到底是希望以其较高的市场价值创造更多财富。因此，许可使用费的高低在很大程度上能够说明该知识产权的价值。换句话说，使用费的倍数能够成为确定损害赔偿数额的合理标准。

然而，当前使用费倍数的立法规定仍有不足之处。《商标法》与《专利法》对使用费倍数的表述为"参照该商标（专利）许可使用费的倍数合理确定"，但对倍数范围没有明确规定，在司法适用中给法官赋予了较大的自由裁量权。若倍数认定过低，则无法弥补权利人遭受的损害；若倍数认定过高，则使这种计算方法承担了惩罚性功能，事实上，无论过高或过低，都不是这项计算方法的立法本意。

4. 法定赔偿

我国现行知识产权法在实际损失、侵权获利及使用费倍数外，以法定赔偿作为三种计算方法之外的兜底性规定。这在司法实践中为法官提供了多选择的计算方法，以应对实务中复杂多变的具体情形。法定赔偿的出现，的确弥补了知识产权损害赔偿制度的空缺，解决了实务中难以确定损害赔偿数额等问题。但是在长期适用过程中，也出现了不少问题。

首先，在司法裁判中法官过度运用法定赔偿确定损害赔偿数额，架空了前述三种计算方法的立法规定，提升了法定赔偿作为兜底性规定的地位。这种做法混淆了损害赔偿计算方法之间的层次属性，脱离了损害赔偿制度建构的初衷，❶ 显然是缺乏合理性的。

其次，我国对法定赔偿数额有区间范围的规定。《著作权法》第五十四条

---

❶ 唐力，谷佳杰："论知识产权诉讼中损害赔偿数额的确定"，载《法学评论》2014 年第 2 期，第 183 页。

第二款规定："权利人的实际损失、侵权人的违法所得、权利使用费难以计算的，由人民法院根据侵权行为的情节，判决给予五百元以上五百万元以下的赔偿。"可见，《著作权法》中法定赔偿的数额范围是 500 元至 500 万元之间。《专利法》第七十一条第二款规定："权利人的损失、侵权人获得的利益和专利许可使用费均难以确定的，人民法院可以根据专利权的类型、侵权行为的性质和情节等因素，确定给予三万元以上五百万元以下的赔偿。"可见，《专利法》中法定赔偿的数额范围是 3 万元至 500 万元。《商标法》第六十三条第三款规定："权利人因被侵权所受到的实际损失、侵权人因侵权所获得的利益、注册商标许可使用费难以确定的，由人民法院根据侵权行为的情节判决给予五百万元以下的赔偿。"由此可见，《商标法》对于法定赔偿未规定下限额度，但有 500 万元上限的规定。《反不正当竞争法》第十七条第四款规定："……权利人因被侵权所受到的实际损失、侵权人因侵权所获得的利益难以确定的，由人民法院根据侵权行为的情节判决给予权利人五百万元以下的赔偿。"可见，《反不正当竞争法》与《商标法》大体相同，均无最低额规定。由此可知，我国关于法定赔偿数额的上限已统一为 500 万元人民币，但因单一具体权利承载的价值差异，对于最低额法定赔偿并未作统一处理。值得注意的是，各单行法规定的法定赔偿数额均有很大的区间，换句话说，这也赋予法官在个案裁判中极大的自由裁量权，而考量因素过于笼统，为法官裁判造成不小困难，十分有必要在司法适用中细化法定赔偿的考量因素。

最后，当前适用法定赔偿的判决数额普遍偏低。前文提到目前多数知识产权侵权案件适用法定赔偿确定损害赔偿数额，这不仅在法律适用中存在不合理性，而且往往造成裁判结果不公正的情况。司法实践中，因法定赔偿规定的区间之广，通常能将足以填平权利人损失的数额包括在内，但是实际判决常不尽如人意，出现判赔金额偏低的情况，无法真正实现公平正义。

二、现有损害赔偿计算方法顺序之弊端

（一）现有计算方法造成立法分裂局面

总的来说，设立知识产权侵权损害赔偿制度是为了遏制知识产权侵权行为，维护权利人合法权益，促进创新发展，因此，知识产权各单行法下的损害赔偿制度之立法原旨是相同的，且各单行法中具体的损害赔偿计算方法类型及单一方法的具体适用规则也有极高相似性。可以说，无论从立法目的抑或计算方法的具体适用规则来看，对知识产权各单行法中损害赔偿计算方法的规定进行统一，具有一定的合理性。

然而，当前我国知识产权体系下各单行法处于分散立法的状况，对于损害赔偿计算方法的规定出现了自由选择模式和顺序法定模式两种分裂态势。从这两种模式的具体适用规则与效果来看，自由选择的损害赔偿计算方法更注重权利人作为平等民事主体的自由意志，默认权利人会选择最有利于自己在更大限度上填补所受损失的计算方法，从而达到提高侵权行为人违法成本的目的，以有效打击侵害知识产权的违法行为，但与此同时，极易滋生知识产权非实施行为。顺序法定的损害赔偿计算方法则是更加契合传统的损失填平原则，以第一顺位的实际损失作为弥补权利人因侵权遭受损失的最佳方案，以免权利人通过诉讼获得超额利益，由受害者变为受益者。这两种模式出于不同的目的考量，割裂了知识产权立法体系的统一性，导致立法上的混乱局面。与此同时，《著作权法》《专利法》等知识产权单行法在多次修法过程中对于损害赔偿计算方法来回修改，在自由选择与顺序法定两种模式之间摇摆不定，不仅使公众对于我国法律实效产生怀疑，而且在司法实践中使人无所适从。归根到底，知识产权各单行法对于损害赔偿计算方法的规定各有不同，是在立法过程中对该问题缺乏统一的立法原则及协调的立法机制造成的。因此，我国知识产权法律体系应当明确损害赔偿计算方法的立法原则，并将各单行法有关损害赔偿计算方法的规定进行有机统一，结束当前对于该问题的立法分裂局面。

（二）现有计算方法助长知识产权非实施行为泛滥

选择性的损害赔偿计算方法尊重了权利人作为民事主体在民事活动中享有的意志独立和意志自由，使大力打击知识产权侵权行为的工作取得了显著成效。2014 年 6 月 6 日，国务院法制办公室将国家版权局报请国务院审议的《中华人民共和国著作权法（修订草案送审稿）》（简称《送审稿》）❶ 及其修订说明全文在社会公布，以征求社会各界意见。《送审稿》中提及，我国 2001 年及 2010 年修改的《著作权法》因修法的被动性和局部性，未能完全反映我国经济社会发生的深刻变化，导致《著作权法》在施行过程中"对著作权的保护不够，难以有效遏制侵权行为，不足以激励创作者的积极性；著作权授权机制和交易规则不畅，难以保障使用者合法、便捷、有效地取得授权和传播使用作品"这两大主要矛盾没有得到有效解决，因此，对《著作权法》采取新一次主动、全面的修订。《送审稿》将《著作权法》关于确定损害赔偿数额的顺序性规定修改为选择性作为本次修法的重点内容之一，目的是强化著作权保护力度，完善救济措施，有效防范侵权行为。在 2020 年，《著作权法》及《专利法》将损害赔偿计算方法都从原有的顺序性修改为选择性规定。

毋庸置疑，自由选择模式的确立使权利人可在实际损失与侵权获利两种方法中选择于己最有利的方法主张损害赔偿，增大了侵权人的违法成本，打击了不法分子利用他人知识产权非法获利的嚣张气焰。由此观之，自由选择模式有一定的合理性。但是自由选择模式的损害赔偿计算方法也让不少人看到了以此获利的机会，催生了更多知识产权非实施行为。知识产权非实施行为的不断出现，对市场运行机制及相应的市场主体造成了极大的不良影响。

知识产权非实施行为的权利控制者并不实际实施其拥有的存在于作品、专利或者商标上的知识产权，而是在权利被侵害时向侵权人提起诉讼，获得侵权损害赔偿金。在这种行为模式下，由于非实施主体未实际使用其持有的知识产权，在发生权利侵害的情况下，非实施主体是无法提供证据主张其因侵权行为

---

❶ "中华人民共和国著作权法（修订草案送审稿）征求意见"，中国政府网 2014 年 6 月 10 日，http://www.gov.cn/xinwen/2014−06/10/content_2697701.htm，2021 年 7 月 19 日访问。

而存在实际损失的。因此，提起诉讼的非实施主体只能通过非法获利、许可使用费合理倍数等计算方法获得损害赔偿金。由于顺序法定模式下的损害赔偿计算方法以权利人的实际损失作为第一顺位，提起诉讼的非实施主体在顺序性的计算方法之下因无法提供其因侵权行为而造成实际损失的有力证据而仅能判赔数额极小的赔偿金，甚至极有可能被驳回损害赔偿的请求。但是在选择性的计算方法之下，非实施主体提起的损害赔偿请求则会得到极其不同的处理结果。由于非实施主体在诉讼中仅注重扩大自身最大利益，以实现知识产权本身的货币价值，而非通过禁令方式停止他人的侵权行为以巩固自身市场份额，因此权利人在提起损害赔偿请求时以获得最大赔付金额为目的，选择最有利于实现获益目的的计算方法，"红河"商标案在原告的损害赔偿诉求中很明显反映了这种行为模式。❶取得"红河"注册商标专用权的黑龙江北奇神保健品公司将商标权转让给济南红河经营部，随后该注册商标被许可给泰和公司独家使用。有意思的是，该公司在仅生产了少数"红河牌"啤酒且未能提交证据证明对该商标有实际使用行为，也不能证明其因侵权行为受到实际损失的情况下，以侵犯"红河"商标专用权为由，将生产"红河红"啤酒的云南红河公司告上法庭，要求对方以侵权获利赔偿损失。案件发生于 2004 年，按照我国当时《商标法》的规定，权利人可以在实际损失与侵权获利中选择其一以主张损害赔偿请求。在一审中，法院按照权利人请求，最终判定以云南红河公司在被控侵权期间生产"红河红"啤酒的利润作为确定损害赔偿的数值，红河公司需向山东泰和公司与济南红河经营部支付赔偿金 1000 万元。这个判决结果对于云南红河公司而言是极其不公平的，但囿于当时《商标法》对于损害赔偿计算方法的规定，面对权利人如此谋利行为亦是无计可施。最后，这宗"天价赔付"案件历经一波三折，最高人民法院在案件再审中出于利益平衡考量，最终酌定由云南红河公司赔偿损失 2 万元。从一审判赔 1000 万元到再审改判为 2 万元，可以看出，知识产权非实施行为在选择性损害赔偿计算方法之下拥有极高诉讼获利性。

---

❶ 广东省佛山市中级人民法院（2004）佛中法民三初字第 98 号民事判决；广东省高级人民法院（2006）粤高法民三终字第 121 号民事判决；最高人民法院（2008）民提字第 52 号民事判决。

在选择性的计算方法之下，法官面对非实施主体的高额诉讼赔偿请求，往往无计可施，而突破规则寻求原被告双方利益的平衡则有违背立法规定的风险。与此同时，非实施行为有诉讼策略优势，专利非实施主体并不生产或销售任何专利产品，被告无法对其提出交叉许可、反诉或不正当竞争诉讼，致使其处于诉讼上的优势地位。若大多数权利主体都盯准了这种不劳而获的谋利手段，不仅会使积极使用知识产权的实施者将防范被诉与支付高额赔付风险视为常态，导致人人自危，甚至还会扭曲权利人的价值追求，做出严重背离知识产权鼓励创新立法目的的行为，动摇知识产权的立法根基。

（三）变相提高知识产权非实施行为的诉讼威慑力

获得胜诉的案件给予了非实施主体流程复制的模板，在降低诉讼成本的同时，这些案件信息的公开使得判决结果为公众知悉，其他被起诉的侵权人通过已有判决可推知自身胜诉的可能性是微乎其微的，因此这也为非实施主体顺利进行下一轮侵权索赔行为培育了肥沃的土壤。

2015 年，最高人民法院将华盖创意（北京）图像技术有限公司与哈尔滨正林软件开发有限责任公司侵害著作权纠纷一案 ❶ 作为 2014 年指导案例之一，该判决认为，基于著作权"作品创作完成即自动产生"的特性，对于著作权权属的审查，除非有相反证据加以证明，否则一般以作品署名作为作品权利归属的证据。华盖创意（北京）图像技术有限公司在官方网站上拥有大量的图片资源，若所有图片都需要提供摄影师的授权证明或作著作权登记，不仅在流程上十分繁杂，而且对于权利人也是极大的经济负担。因此，可以由登载图片的权利声明与水印图文作为权利归属的证明。由此，经最高人民法院审理，认定哈尔滨正林软件开发有限责任公司存在对华盖创意（北京）图像技术有限公司作品著作权的侵权行为。据了解，华盖创意（北京）图像技术有限公司是视觉中国的全资子公司。这一侵权案件的成立，成了视觉中国在后续侵权事件中与侵

---

❶ 黑龙江省哈尔滨市中级人民法院（2011）哈知初字第 21 号民事判决；黑龙江省高级人民法院（2012）黑知终字第 2 号民事判决；最高人民法院（2014）民提字第 57 号民事判决。

权方谈判的有力武器。2016—2018 年，多家"视觉中国系"公司采用相同模式起诉、判决等事件集中涌现，❶ 通过起诉获得损害赔偿金是该行为主体的惯常做法。

　　然而，非实施主体的获利方式并非只能通过诉讼途径获取，大多数情况下，起诉只是其提升威慑效果的虚晃招式。专利非实施主体出于获取市场利益的核心目的，往往会通过对诉讼时机、社会舆论等各方面因素的精细计算，选择自己的诉讼成本与被告诉讼成本差距最大的诉讼策略，以此起到威慑作用。视觉中国在诉讼中极高的胜诉率对侵权主体产生了极大的震慑效果，但是这种效果并非仅被运用于诉讼案件中。该行为主体通过向侵权方发送律师函、质询函及提起诉讼等方式，向侵权方施加压力，但此时非实施主体的关注点并不在于通过胜诉获得损害赔偿金，而是通过发挥以往胜诉案件的威慑效果迫使对方在开庭前同意和解并签署合作协议，以此通过非实施行为获得长足利益。在达到获利目的后，非实施主体即向法院提起撤诉，其行为将司法审判程序当成帮助其谋利的工具，不仅严重浪费有限的司法资源，更是完全无视国家法律的威严。

　　除此之外，非实施主体善于与侵权行为人进行心理战术。尤其是在《著作权法》领域，非实施主体主要挑选会让侵权行为人不愿意向公众承认自身曾与该作品有接触事实的作品作为侵权客体，❷ 最常用的就是淫秽作品。如今，观看电影作品成为许多人消遣闲暇时光的方式，人们能够在为数众多的网页中搜索到免费的观影资源，然而一旦下载，在运行后台则会留存下载痕迹，这种未经许可下载影片的行为极有可能给用户带来被诉风险。一般情况来说，用户个人因下载盗版影片而成为被控侵权人，即使败诉也不会承担过高的赔偿金额。但若是淫秽作品作为诉讼的侵权客体，被控侵权人或许看重的更多是个人的社会声誉而非赔偿金数额。毕竟用户观看此类电影作品多数是私密进行，又怎会

---

❶　刘彤："'版权蟑螂'式维权：'视觉中国'系列网络事件反思"，载《传媒》2019 年第 23 期，第 88 页。

❷　易继明、蔡元臻："版权蟑螂现象的法律治理——网络版权市场中的利益平衡机制"，载《法学论坛》2018 年第 2 期，第 10 页。

愿意承认这种行为并在被告席上将之公之于众？非实施主体则是抓住侵权行为人这种普遍心理，向多方侵权行为人多次发送侵权告知书、律师函，将事态严重化，将对方置于心理焦虑的不利地位，以此向侵权行为人索取高额赔偿金。非实施主体的这种行为，实际上是以诉讼作为幌子，直击侵权行为人心理弱点，实现优于诉讼所得损害赔偿金数额的利益。在我国，由于盗链等互联网技术未得到有效禁止，用户获得盗版电影作品的渠道有很多。相对应地，盗版作品易获取、零成本等优点使得下载盗版电影作品的用户不在少数。非实施主体在这些用户中采用"广撒网"的方式，向大量用户发送侵权告知书及律师函，希望有一部分用户重视并最终"上钩"。这种行为无疑是极度浪费网络通信等公共资源的做法。

由此观之，知识产权领域各单行法的现有损害赔偿计算方法确有统一的必要，这需要以明确统一的立法原则与协调机制作为支撑。由权利人自由选择的损害赔偿计算方法在司法实践中有效强化了对权利人的保护，打击了知识产权侵权行为，但是也在无意中为知识产权非实施行为提供了发展的有利条件。因此，我们需要改变现有损害赔偿计算方法，最大程度上阻断知识产权非实施行为通过诉讼获利的可能性。

三、损害赔偿计算方法顺序之回归

（一）知识产权损害赔偿计算方法的模式论争

正如前文所言，我国知识产权在单行法中对于损害赔偿计算方法在自由选择模式及顺序法定模式之间来回变动。学界对于计算方法模式的选择也围绕着二者产生分歧。

赞成损害赔偿计算方法适用顺序法定模式的学者主要是基于损失填平原则的考虑。按照民事侵权损害赔偿的一般原理，民事损害赔偿奉行损失填平原则，即当权利人的利益因侵权人的行为遭受损害时，侵权人应当对这部分遭受损害的利益进行弥补，而使权利回归至未受侵害的状态。即使目前在损害赔偿计算方法上引入了以倍数计算赔偿数额的方法，这种方式仍然是以损失填平原则作为损害赔偿立法体系的基础与核心。损失填平原则以权利人的实际损失作为第一顺位的损害赔偿计算方法，能够限制权利人在诉讼中的选择权，以防止其获得超过实际损失的赔偿金额，因此，这种方法更加具有合理性。

相反地，赞成损害赔偿计算方法适用自由选择模式的学者则认为在个案审理中赋予权利人自主选择计算方法的权利是对民事主体意思自治的尊重，且能够提高保护权利人合法权益的力度，大力打击知识产权侵权行为。此外，从司法实践层面来看，在各计算方法有适用先后次序的法律规定中，权利人的实际损害一般难以证明，加之行为人的侵权获利在实践中计算所得的金额往往较小，然而在前两种损害赔偿计算方法所得数额均不理想、难以切实弥补权利人所受损失的情况下，许可使用费的倍数因处于第三顺位次序的限制常难以适用。因此，有学者通过比较法研究，建议我国知识产权法立法体系突破损害赔偿计算方法的顺序性，充分保障权利人合法利益，提升知识产权保护的能力与水平。❶《著作权法》与《专利法》新法出台并施行后，其中关于损害赔偿计算方法的规定从原有的顺序性修改为现有的选择性，这是出于提高损害赔偿金额、加大侵权打击力度的考虑。从当前立法来看，损害赔偿计算方法的规定有向赞成自由选择模式的呼声靠拢的趋势。

虽然理论界对于两种计算方法模式的选择存在分歧，但是对知识产权关于损害赔偿计算方法进行立法统一的问题，观点却是不谋而合。学者普遍认为知识产权领域各单行法中计算方法的模式选择应当一致，当前我国《著作权法》和《专利法》对于损害赔偿计算方法规定的自由选择模式及《专利法》和《反不正当竞争法》对于损害赔偿计算方法规定的顺序法定模式使知识产权整体框架内出现立法分歧，割裂了知识产权体系的整体性。因此，应当对各单行法统一计算方法的模式。

---

❶　王迁，谈天，朱翔："知识产权侵权损害赔偿：问题与反思"，载《知识产权》2016 年第 5 期，第 34 页。

（二）统一适用顺序法定模式

基于对立法原则的综合考量及为有效遏制司法实践中出现的知识产权非实施行为利用知识产权牟取利益，建议我国在知识产权法立法体系中将损害赔偿计算方法由《著作权法》和《专利法》的自由选择模式及《专利法》和《反不正当竞争法》的顺序法定模式统一为顺序法定模式，以权利人实际损失、侵权人非法获利、许可使用费合理倍数、法定赔偿兜底作为有先后适用次序的计算方法，加之以惩罚性赔偿作为对权利人侵权损害利益救济的强有力保护，构建知识产权法体系完备的损害赔偿立法框架，以此实现损害赔偿计算方法顺序的回归，在有力保障权利人合法权益的同时，避免为知识产权非实施行为创造诉讼获利的空间。

1. 基于损失填平原则的考量

我国在一般民事损害赔偿问题上一贯遵循的理念是损失填平原则。权利人因侵权行为受到多少损失，被控侵权人就要因此填补多少，以平复权利人因侵权遭受的损失。知识产权法与传统民法在立法上有着密切的联系，为保持这种联系，知识产权法在损害赔偿立法上亦参照了民法上的损害填平原则。最明显的如损害赔偿计算方法中规定的实际损失，可以理解为因被控侵权人的侵权行为导致权利人产品或者作品复制件销量下降，盈利减少，对权利人的实际损失进行赔偿，是对损失填平原则最直接、联系最密切的运用方式。而以被控侵权人的侵权获利作为损害赔偿计算方式，则可以理解为侵权人的行为挤占了权利人原本应当享有的市场份额，获取了本应当归属于权利人的销售利润。比如权利人取得一个注册商标专用权并将其运用在红酒瓶身，将红酒进行出售，该款红酒在市面大受欢迎，迅速占领了很大的红酒市场份额。侵权行为人看中该款红酒的火爆程度，将近似的商标贴在自家生产的红酒上并进行销售，致使想买前者红酒的消费者错买了侵权人生产的红酒，侵权人由此获利。因此，以侵权获利作为确定损害赔偿金的方式，实际上是将权利人本应从该知识产权上获得的利益物归原主。从这个角度看，损失填平原则依然贯穿其中，只不过基于权利人与侵权方因市场份额、市场知名度及推广营销手段的差异，很有可能造成侵权获利与实际损失的具体数值不相匹配的情况，这是干扰因素作用的结果，但侵权获利与损失填平原则之间的理论联系是无法忽视的。

损失填平原则的最大特点在于其在法律评价中保持的客观立场，填平原则的客观立场是指其在计算知识产权损害赔偿时仅考虑因侵权行为造成损失的客观情况，而不考虑侵权行为人的过错。❶ 在损失填平原则指导下的损害赔偿计算方法可以有效填补权利人因侵权行为造成的损失，因此顺序性的损害赔偿计算方法根据权利人实际损失确定的损害赔偿额是最能够体现填平原则对其损失的弥补方法；即使权利人实际损失难以确定，处于第二顺位的侵权获利也能够很好地解决损害赔偿额难以确定的问题。若是由权利人自由选择损害赔偿计算方法，大多数人会选择利于自身获得更大赔偿金额的方法，这种人为选择带有主观意图，最终适用的计算方法往往是为权利人获得更大利益而服务的，脱离对侵权行为客观效果的考量，容易产生判赔金额与实际致损金额不匹配的情况，背离损失填平原则的初衷，由此产生的诉讼获益效果在知识产权非实施行为诉讼案件中体现得尤为明显。

2. 基于非实施行为诉讼获利的考量

根据前文的分析，突破损害赔偿的计算方法赋予权利人自由选择的权利会导致权利人将损害赔偿作为最大化获利的手段，导致非实施行为的诉讼现象抬头。选择性的计算方式之下，难免会再次出现类似"红河红"商标获赔天价损害赔偿金的情况，这是立法缺陷导致的司法实际审判的尴尬。因此，我国在知识产权损害赔偿计算方法上回归至顺序性模式，使损失填平原则回归正轨，在确定损害赔偿额的问题上发挥应有的作用。这是阻断非实施行为诉讼获利性的有效做法，能够避免出现权利人并未遭受实际损失但因可选择性的立法规定使权利人得到通过主张侵权损害而获得高额赔偿金的情形。顺序性计算方法之下，非实施行为难以通过诉讼获得高额赔偿，从一定程度上有效遏制了权利人滥用诉权的行为，节约了司法资源。与此同时，这也敦促了持有知识产权的行为人将权利积极使用起来，在面对侵权行为时能够适用计算方法第一顺位的

---

❶　蒋舸："著作权法与专利法中'惩罚性赔偿'之非惩罚性"，载《法学研究》2015年第6期，第94页。

实际损失合法挽回损失。虽然知识产权是一种私权，但与其他财产权不同，权利人享有不使用或者不实施的权利。之所以认可有形财产的不使用权或不实施权，主要是因为有形财产的竞争性消费特性。赋予有形财产所有权人不使用权，不仅可以尊重权利人的自主权及人格利益，同时有助于社会效率价值的实现。即使如此，有形财产法中的不使用权也并不是绝对的，只有不对第三方当事人利益造成严重损害的不使用行为才能获得法律保护。然而，与有形财产不同，赋予信息财产权利人不使用权所彰显的自主权及人格利益价值并不明显。此外，不使用知识信息财产可能会浪费其他人的时间及精力，形成重复性投资，尤其会妨碍独立发明人等使用自己财产的权利。因此，对于知识信息财产权来说，权利人没有"不实施"的权利，相反，"实施"更应该是一种义务。在现有知识产权法体系并未明确要求权利人有使用或实施义务的情况下，以顺序性的损害赔偿计算方法督促权利人将知识产权用起来，不失为一种增进知识产权创新创造与激发知识产权发展活力的做法。

3. 基于利益平衡原则的考量

知识产权作为一种专有权，在这种权利上凝聚的创造者的智力劳动使得权利人能够行使该项权利并享有由该权利带来的利益，还能够在未获得允许的情况下排斥他人使用。从激励论的角度出发，这是强化激励作用以增加社会信息总量的有效做法，通过赋予智力产品权利人排他性权利，激发人们的创新创造活力。与此同时，信息作为知识产权的客体，因其无形性、可复制性等特点，使其具备了公共商品的属性。也就是说，除了权利人自身行使权利之外，还需要考虑到社会其他主体也有使用知识产品的合理需求，由此自然而然产生知识产权所有人与其他社会公众之间的利益关系问题。因此，知识产权法利益平衡的主要目标是确定知识产权所依附的知识信息的创造者或权利所有人与社会、他人的权利义务关系，实现信息私人占有使用与社会公众信息利用之间的利益关系。也就是说，需要平衡个人私权与社会公益之间的利益关系。❶知识产权各单行法的立法目的无一不体现着利益平衡原则。我国《著作权法》保护

---

❶ 任寰："论知识产权法的利益平衡原则"，载《知识产权》2005 年第 3 期，第 13 页。

作者的著作权及与著作权有关的权益，并将鼓励有益于社会主义精神文明、物质文明建设的作品的创作和传播、促进社会主义文化和科学事业的发展与繁荣作为立法目的载入第一条，具体规定为："为保护文学、艺术和科学作品作者的著作权，以及与著作权有关的权益，鼓励有益于社会主义精神文明、物质文明建设的作品的创作和传播，促进社会主义文化和科学事业的发展与繁荣，根据宪法制定本法。"这体现了保护作者权益与促进社会科学文化事业发展之间的关系。我国《商标法》将保护商标专用权，保障消费者和生产、经营者三方利益，促进社会主义市场经济的发展作为立法目的载入第一条，具体规定为："为了加强商标管理，保护商标专用权，促使生产、经营者保证商品和服务质量，维护商标信誉，以保障消费者和生产、经营者的利益，促进社会主义市场经济的发展，特制定本法。"这体现了商标权利人与其他公众以及社会之间利益平衡的关系。《专利法》第一条的规定同样是利益平衡原则的彰显："为了保护专利权人的合法权益，鼓励发明创造，推动发明创造的应用，提高创新能力，促进科学技术进步和经济社会发展，制定本法。"凡此种种，不一而足。

知识产权法立法目的均有利益平衡的考量，在该立法目的下制定的具体规定当然需要遵循利益平衡的原则，损害赔偿计算方法的规定也不能例外。权利人因侵权行为遭受损失，利益受损，导致权利人与侵权人之间利益失衡，此时需要立法提供救济措施使正义的天平恢复平稳。对权利人适用损害赔偿以弥补损失正是此时急需的救济措施，只有正确的损害赔偿计算方法才能使倾斜的天平重回平衡。根据前文分析，选择性的计算方法往往会使权利人提出最有利于己的赔偿请求，此时作出的损害赔偿非但不能使双方利益重回平衡，反而有可能使利益向权利人倾斜。若是将损害赔偿立法规定变为顺序性计算方法，基于损失填平原则，权利人的实际损失得到弥补后，权利恢复到被侵权前的状态，在这种情况下，双方利益的天平才能够重回平衡。

综上所述，知识产权损害赔偿适用顺序性计算方法具有十分明显的合理性，不仅能够有效解决知识产权非实施行为产生的诉讼纷争，而且顺序性计算方法在运用逻辑上也很自洽。因此，法定顺序模式的损害赔偿计算方法理应得到支持。

第六章 我国知识产权非实施行为司法规制

第一节 严格适用停止侵权

我国《民法典》第一百七十九条明确规定，停止侵害是侵权人承担民事责任的重要方式。知识产权的客体是信息，具有无形性的天然属性，容易受到市场主体的侵犯，且权利人不容易阻止侵权行为的发生。因此，停止侵权作为一种民事责任被大量运用于知识产权领域。《著作权法》第五十二条、第五十三条，《专利法》第六十五条，《商标法》第六十条、第六十五条都规定了"停止侵害""停止侵权"的责任规则。然而，无论是著作权法、商标法还是专利法，在规定适用"停止侵权"时，无一例外都授予了法院自由裁量权，即要求法院根据案件具体情况选择适用停止侵权这一民事责任。具体体现在法条中，以"应当根据情况""可以"等字眼予以阐释。但在知识产权案件诉讼过程中，绝大部分法院在认定被告侵权行为成立并且这种侵权行为仍然持续之后，就不会考虑"根据具体情况"这一限制条件，而是直接同意原告的停止侵权诉讼请求。换句话说，只要被告的行为构成侵权，就应当承担停止侵权责任。法院的这种做法使得知识产权立法对适用停止侵权规定的限制条件难以发挥限制的作用。停止侵权这种激烈的打击手段往往比损害赔偿这种温和的手段对知识产权非实施行为对象所产生的威胁程度更大。❶ 这种局面无疑助推了知识产权非实

---

❶ 曾世雄：《损害赔偿法原理》，中国政法大学出版社 2001 年版，第 4～6 页。

施行为主体针对社会公众发起恶意诉讼，大大增强了非实施行为成功的概率。因此，知识产权非实施行为的司法规制第一要务就是督促法院行使自由裁量权，严格适用停止侵权的民事责任。法院如此"青睐"停止侵权，或许是源于对"禁令"与停止侵权关系的误判和对知识产权属性的错误认知。本章首先厘清了美国知识产权领域的"禁令"与我国知识产权单行法中停止侵权的关系，然后进一步推敲停止侵权的性质，最后提出知识产权领域需要严格适用停止侵权以遏制知识产权非实施行为的滋生与发展的观点，并尝试探索停止侵权适用的限制条件。

一、禁令与停止侵权

禁令（injunction）是英美法上的概念，一般指"法院要求实施某种行为或禁止实施某种行为的命令"❶。按照禁令实施阶段和时间长短，可将禁令划分为三种：初步禁令（preliminary injunction）、临时限制令（temporary restraining order）和永久禁令（injunction）。《联邦民事诉讼规则》（*Federal Rules of Civil Procedure*）第六十五条 b 款对临时限制令做了规定。具体来说，临时限制令是指为了防止某些行为给当事人造成难以弥补的损害，在诉讼程序启动前，由法院根据当事人申请以口头告知或者书面通知（法律规定的特殊情况下可以不用通知）的形式对当事人下达的一种限制措施。临时限制令一般生效期间段为十天。当事人在生效期内未按照规定申请延长，则期限届满自行失去效力。❷初步禁令规定见美国《联邦民事诉讼规则》六十五条 a 款，是指在诉讼程序开始后法院判决下达前的时间段以内，由法院组织听证会论证并及时通知被告后作出的一种行为限制措施 ❸。TRIPs 协定第四十六条、第五十条也规定临时禁

---

❶ Bryan A Garner Black's Law Dictionary（9th ed.2009），injunction Database：Westlaw International；Edward A. Meilman，Hua（Helene）Gao，Brian M. McGuire. "Injunctive Relief in US Patent Practice." Journal of Intellectual Property Law & Practice，vol.1，no.12，2006，p.772-773.

❷ 白绿铉，卞建林：《美国联邦民事诉讼规则证据规则》，中国法制出版社 2000 版，第 102 页。

❸ 白绿铉，卞建林：《美国联邦民事诉讼规则证据规则》，中国法制出版社 2000 版，第 102 页。

令。从临时限制令和初步禁令的规定可以看出，这两种禁令都属于临时限制措施，只能在有限的时间段内生效，并不具备终局效力，其性质、功能和适用条件类似于我国民事诉讼法中的行为保全制度。❶美国《专利法》第二百八十三条规定了永久禁令，❷法律条文中的用语为"injunctions"，可以直译"禁令"，但我国绝大部分学者在知识产权领域讨论时都称之为"永久禁令"，因此本书也将其称作"永久禁令"，一是将其与临时禁令相区分，二是遵循学界规范，与学界相统一。永久禁令是指在法院经过对案件进行实质审理、认定原告诉讼请求成立被告侵权事实明晰的情形之下，依照被诉专利保护期限而判决给原告的一种救济措施，被作为一种防止被告再次侵权的手段。

值得注意的是，美国专利法上所规定的永久禁令虽然与联邦民事诉讼规则上规定的临时禁令在名称和措施上相差不多，但是二者的性质却大相径庭。如上文所分析，临时限制令和初步禁令是一种临时措施，规定于民事诉讼法中，因此，这两种禁令应该属于民事诉讼程序之一，应该在程序法范畴之下讨论，而永久禁令是在案件案情明晰的情况下，判决给予原告的一种救济措施，应当属于实体法范畴。❸永久禁令和损害赔偿共同构成了美国知识产权侵权的司法救济形式，但两者的目的和作用却有差别。损害赔偿属于普通法领域，作用是填补侵权人因侵害权利人的知识产权而给权利人造成的可以用金钱衡量的损失，是一种事后的补救性措施。而永久禁令则属于衡平法领域，是一种针对被告侵权人将来可能重复发生的侵权行为的禁止措施，更多的是期望对被告形成一种司法震慑力，阻止其再次侵犯被诉知识产权，维护司法权威与社会稳定。

我国学术界对停止侵权的称谓并不统一，《民法典》侵权责任编中使用的是"停止侵害"，大部分学者称之为"停止侵权"，《著作权法》《商标法》《专

---

❶ 张玲："论专利侵权诉讼中的停止侵权民事责任及其完善"，载《法学家》2011年第4期，第104页。

❷ 35U.S.C.283Injunction. The several courts having jurisdiction of cases under this title may grant injunctions in accordance with the principles of equity to prevent the violation of any right secured by patent, on such terms as the court deems reasonable.

❸ 胡小伟："专利滥诉的司法规制路径构造"，载《学习与实践》2019年第12期，第75～82页。

利法》都提到了停止侵权字眼，也有学者直接使用"禁令"❶ 二字，或者使用
"侵权禁令"❷。但我国知识产权领域司法实践中大量使用的作为救济措施的是
停止侵权。本章主要讲述的是知识产权非实施行为的司法规制路径探索，为
了更贴近司法实践与实际，本章也使用司法判决中惯用的停止侵权以求得一
致性。广义的停止侵权与英美法中的禁令制度相同，包括临时禁令与永久禁
令，这在我国知识产权法中也有体现之处，但从民事责任的角度讲，停止侵权
仅与永久性禁令相当。我国停止侵权的适用与英美法上的永久禁令使用情况
不同的是，在英美法司法实践中永久禁令与损害赔偿具有适用位阶，当对一个
案件适用了或者能够进行损害赔偿，永久性禁令的适用就会受到诸多限制，在
以损害赔偿就能完全弥补原告的损失的情况下，不能再适用永久禁令。而在我
国的司法实践中，情况却大不一样，笔者在北大法宝和裁判文书网以"知识产
权""侵权"为关键词检索 50 篇知识产权领域的侵权判决书，百分之百的判决
书都会在侵权行为仍然进行的情况下在判项里面增加一些停止侵权相关规定，
并且大部分都为判项第一项。这反映了我国司法实践在侵害知识产权案件中首
先考虑的就是适用停止侵权，其次才是损害赔偿。

二、停止侵权的性质

前文提出，我国知识产权侵权类案件（主要从著作权侵权、专利权侵权、
商标权侵权三方面总结）只要满足权利人提起停止侵权诉讼请求、法院通过庭
审认定侵权事实成立、侵权行为仍未停止三个条件，那么停止侵权诉讼请求在
有限的调查样本中被支持的概率就能达到百分之一百。但若以具体的知识产权
单行法法律规定进行讨论，就会得到一些矛盾的结果。例如，以《著作权法》
为剖面，《著作权法》第五十二条规定："有下列侵权行为的，应当根据情况，

---

❶ 赵梅生："关于专利侵权救济的国际比较分析"，载《电子知识产权》2004 年第 11 期，第
15 ~ 18 页。

❷ 张玲："论专利侵权诉讼中的停止侵权民事责任及其完善"，载《法学家》2011 年第 4 期，第
106 ~ 117 页。

承担停止侵害、消除影响、赔礼道歉、赔偿损失等民事责任……"。"根据情况"四字足以说明法律要求的是法院在实际案件中要根据案件的性质、侵权情况、侵权损失等多种条件统一考虑是否同意权利人停止侵权诉讼的请求。换句话说，停止侵权只是知识产权法规定的法院根据情况能动选择给予当事人的一种救济方式，但为何在实践中会造成无限制使用的情况呢？这是因为法院及理论界对知识产权排他权的属性认识有关。❶

在我国《民法典》编纂以前，《中华人民共和国民法通则》（以下简称《民法通则》）一直是民事活动所应遵循的基本准则。《民法通则》第一百一十八条规定："公民、法人的著作权（版权），专利权、商标专用权、发现权、发明权和其他科技成果权受到剽窃、篡改、假冒等侵害的，有权要求停止侵害，消除影响，赔偿损失。"根据第一百一十八条，当知识产权被侵害时，权利人有权要求停止侵害，关于该条表述中"停止侵害"的法理性质，在理论界引发了巨大的争论。有学者认为，该条款中规定的停止侵权与排除妨碍和消除危险、返还财产同为物上请求权乃至绝对的请求权，他们不宜作为侵权责任乃至民事责任的方式，❷ 也有学者赞同民事责任说及责任请求权说。❸ 民事责任说认为，责任作为一种特殊的义务，在绝对型的法律关系中，一旦发生侵害行为，则意味着违反义务，导致权利义务发生相对性转化，由于行为的可责性、法律的否定性评价，原义务转为责任。❹ 侵权责任说则认为，现代社会发展迅速，损害的发生变得不可预料与极具复杂性，因此，侵权责任单纯的补偿性功能已不能适用社会需要，在补偿功能的基础之上还应有惩罚、预防功能，侵权的救济方式也应该以损害赔偿为基础而多元化发展，知识产权应该与侵权责任承担方式日趋融合，以此扩大侵权责任法所承担的社会责任。

---

❶ 杨红军："版权禁令救济无限制适用的反思与调适"，载《法商研究》2016 年第 5 期，第184～192 页。

❷ 崔建元："绝对权请求权抑或侵权责任方式"，载《法学》2002 年第 11 期，第 40～43 页。

❸ 魏振瀛："论债与责任的融合与分离——兼论民法典体系之革新"，载《中国法学》1998 年第1 期，第 20～29 页。

❹ 周奥杰："民法典编纂视野下民事责任概念的界定"，载《河南社会科学》2017 年第 4 期，第17～23 页。

　　经过多年的争论，停止侵权为"绝对权请求权"这一理论阐述逐渐占据上风。支持"绝对权请求权"说的学者认为，知识产权作为一种无形的财产权，与民法所规定的物权有着同样的属性——排他（专有）性，相对于不具备排他属性的债权而言两者都有对客体排他性、独占性支配的权能。基于这一认识，知识产权就应当如同物权一般，在其效力之上，存在着一种"物上请求权"。基于物上请求权这种权利，知识产权权利人在请求停止侵权时，他只是在行使一种追求知识产权这种"排他权"恢复圆满状态的权利，在构成要件上，这种权利的形成并不考虑侵权人的主观过错。❶ 同时，对于法院来说，只需权利人基于客体提起"物上请求权"再加上确定侵权人实施侵权行为的事实，就不必考虑诸如侵权行为人主观因素、停止侵权是否对第三人利益和社会公共利益有害等问题。对于这种当然停止侵权论，也有学者从比较法上寻找解释之道。例如，以美国专利侵权案件中法院所采取的对权利人因侵权行为而遭受的难以弥补之损害的推定来增强说服力。他们认为，美国法基于难以弥补的损失作出相关推定是基于知识产权的财产属性，侵权行为在知识产权人权利保护期内，而这保护期又是固定的，如法院不以衡平救济减损权利人的损失，那么知识产权的排他性将会受到挑战。❷ 另外一个解释渠道是依据日本《专利法》1999 年修订版本第一千条第一款之规定，"专利权人或者独占实施权人对于侵害自己专利权或者独占实施权者、或有侵害之虞者，得请求停止或预防侵害"❸。也有学者从知识产权构造方面着手，认为知识产权下设权利包括著作权、专利权、商标权等权利，这些权利并非只有唯一权项，而都是由众多权项以权利束的形式所构成，如著作权由复制权、出租权、信息网络传播权、改编权、翻译权等十七项权利组成，而就其中某一项权利而言，又由多种子项权利构成"发散

---

　　❶　吴汉东："试论知识产权的'物上请求权'与侵权赔偿请求权——兼论《知识产权协议》第45 条规定之实质精神"，载《法商研究》2001 年第 5 期，第 3 ~ 11 页。

　　❷　黄运康："论民法典视阈中标准必要专利停止侵害请求权"，载《科技与法律》（中英文）2021年第 3 期，第 74 ~ 82 页。

　　❸　陈锦川："试论我国知识产权请求权的初步确立"，载《人民司法》2002 年第 10 期，第65 ~ 67 页。

权利束"。❶ 从这个角度来说，如果缺少了"绝对权请求权"，著作权就是不完整的权利或者说不是一种理论意义上的财产权。这些学者认为，在知识产权侵权救济渠道的选择上，停止侵权应在赔偿损失之前占首要地位，换句话说，知识产权的排他权属性与停止侵权无条件无限制使用两者之间是有某种必然联系的。知识产权的排他属性是停止侵权无限制使用的内在动因，而停止侵权无限制使用也是知识产权排他属性在知识产权诉讼领域的具体表现。❷ 关于请求权的这些学说与理论阐释，毫无疑问潜移默化地影响了知识产权法官对案件的审理，使其忽略了法律的具体规定而无限制适用停止侵权。对这种理论，正如批评者所言：停止侵权为知识产权的物上请求权这种学说主要是以知识产权与物权之部分共通属性而确立，通过对物权请求权理论的攀附，他们将"拿来主义"奉行为主要方法，主张物权请求权所具备的救济形式应该能适用于拥有相同属性的知识产权请求权，而对知识产权自身所具备的特性概不论述。❸

2021 年 1 月 1 日，我国第一部《民法典》施行，这也标志着我国正式进入民法典时代。《民法通则》第一百一十八条不复存在，转而由知识产权各单行法进行规定。虽然《民法典》第一百二十三条确认了知识产权属于民事权利，然而纵观《民法典》，并未规定知识产权停止侵害请求权，并且《民法典》第九百十五条、九百九十七条有关人格权侵害诉讼时效和行为禁令的规定其实对停止侵害请求权说进行了间接否定。"所有权—侵权—停止侵害"这种模式是主张停止侵权是知识产权的"物上"请求权的基础，这种模式在物权和人格权这种权利界限明晰、边界明确的权利领域中适用自是毫无问题，当侵权行为指向的对象是物权和人格权，那么使权利恢复到圆满支配、控制状态便极具现实意义。但将视角转到以信息为保护客体知识产权，这种现实意义便消失了。

---

❶ Wendy J. Gordon. "An Inquiry into the Merits of Copyright: The Challenges of Consistency, Consent, and Encouragement Theory." Stanford Law Review, vol.41, no.6, 1989, p.1366-1368.

❷ Richard A. Epstein. "A Clear View of the Cathedral: The Dominance of Property Rules." The Yale Law Journal, vol.106, no.7, 1997, p.2095-2096.

❸ 黄运康："论民法典视阈中标准必要专利停止侵害请求权"，载《科技与法律》（中英文）2021年第 3 期，第 74 ~ 82 页。

作为知识产权的保护对象——信息，是一种看不见也摸不着的东西，对于信息的边界，学界至今争议不断，法律条文也未能完全限定。[1] 对于一支笔、一套房子、一辆汽车而言，一旦行为人采取如偷盗、损毁等行为妨碍权利人使用，也即权利状态不圆满，那么权利人就没有可能行使物权或者致使行使权利的目的无法得到实现。对于知识产权来说，侵害知识产权的行为最多能对权利人的经济上造成损失，减少财产利益，对权利人继续行使权利或者行使权利的目的并无影响，并且这些财产损失可以通过债之给付予以弥补。因此，知识产权停止侵害请求权说所采取的"所有权—侵权—停止侵害"模式是对于立法本旨的违背，《民法典》不再保留《民法通则》第一百一十八条，并且强调由债的给付代替知识产权停止侵权请求权以使权利人的知识产权恢复到圆满状态，这些无不凸显了知识产权的经济属性。[2]

三、严格适用停止侵权

（一）非实施行为与停止侵权无限制适用

停止侵权与损害赔偿被我国法院在知识产权类侵权案件中高频率适用以解决知识产权侵权纠纷。但对于知识产权非实施行为来说，停止侵权的适用与否，将对知识产权非实施主体及知识产权使用方造成不同的成本影响。[3] 从知识产权非实施主体的角度来讲，无论是在著作权领域、专利权领域，抑或商标权领域，无限制甚至是绝对化适用停止侵权无疑在某种程度上增强了他们开展非实施行为的动力。

在著作权领域，著作权非实施行为人将停止侵权作为他们牟取利益的一种重要手段。具体而言，他们通常以提起诉讼、停止侵权为威胁手段来"劫

---

[1]　张玉敏：《知识产权法学》，法律出版社 2017 年版，第 12 ~ 17 页。

[2]　黄运康："论民法典视阈中标准必要专利停止侵害请求权"，载《科技与法律》（中英文）2021 年第 3 期，第 74 ~ 82 页。

[3]　孟勤国："论中国民法典的现代化与中国化"，载《东方法学》2020 年第 4 期，第 159 ~ 169 页。

持"那些对他们作品、市场都没有较大损害的侵权者。迫使那些知识产权使用者支付远高于正常的作品许可使用费或者是市场定价的费用以求能够获得继续使用作品的许可。版权领域的非实施行为能够持续获利而得以生存的原因主要有两个。其一，版权非实施主体普遍采取懈怠诉讼的策略。懈怠诉讼是指这些主体在发现社会公众对非实施主体著作权池的某个作品或者某部分作品进行使用时，首先采取的并非以此要挟以牟取经济利益，而是通过各种渠道调查、了解该作品或者部分作品对于该使用者的重要性。若重要性不够但依照搜集到的证据推断将来有很大概率此重要性将会上升，且上升到一定程度时实施非实施行为获利将远大于现在实施非实施行为所获利益，这种情况下，版权非实施主体就会暂停对资源使用人进行"骚扰"，并将其列入自己的"备忘录"，时刻关注重要性的提升，到该作品或部分作品已经对使用者重要到某种程度时，会立刻发起致命一击。其二，停止侵权无限制适用。上文已述，我国法院系统受到停止侵权是知识产权上请求权的影响，只要在满足权利人提起诉讼、法院查明侵权行为成立、行为仍在持续的条件之下就不会考虑其他而无限制适用停止侵权。这种情况无疑会增加版权非实施行为的成功率，而给著作权非实施行为对象以更深层次的恐慌以致丧失谈判手段，不得不满足非实施主体的无理要求。

在专利领域，这种情况更为糟糕。在非实施主体懈怠诉讼和法院无限制适用停止侵权两种条件下，专利实施者将会更加倾向于应允非实施主体所提的种种不合理要求。这是因为，相比于作品的使用，实施专利需要更多更大规模的资金投入。对于一家公司来说，专利布局是一件耗资巨大、时间久远的大事件。❶懈怠诉讼的时间节点里，专利实施者或许已经围绕专利在各方面投入了大量的人力、物力、财力，抑或公司已经取得巨大经济效益而准备上市，这时专利非实施主体以诉讼或者停止侵权相要挟，对于专利实施者的打击是毁灭性的，双方都清楚这样的事实：一旦法院判令停止侵权，专利实施者可能在很长一段时间内都无法正常开展生产、制造、销售活动，那么等待他的不仅是前期

---

❶ 裴江南，张野："中国高技术企业国际化中的专利布局研究"，载《科研管理》2016 年第 11 期，第 43 ~ 51 页。

投入和布局付之一炬，更有可能导致公司破产。❶ 这时，专利资源使用人不得不与专利非实施行为人妥协，同意他的漫天要价，寻求庭外和解。

在商标领域，停止侵权也成了商标非实施行为牟取利益的一种重要手段，和专利类似，商标本身所凝聚的知名度和商誉无不是需要投入巨大的人力物力才能达成，在一种商标颇具知名度时，商标资源使用人往往不会轻易放弃对商标的投入而选择与非实施主体和解。停止侵权无限制适用的手段保证和懈怠诉讼的策略应对使商标领域非实施主体获利颇丰。

（二）不适用停止侵害符合法律规定

停止侵权的无限制适用在很大程度上助长了知识产权非实施主体开展非实施行为以牟取利益，因此，从司法方面而言，利用多种条件严格限制停止侵权的适用对规制知识产权非实施行为十分必要。前文已述，知识产权领域的停止侵权并非知识产权请求权，在满足当事人申请法院判决对方当事人停止侵权、侵权行为存在并且仍然延续的情况之下，法院还应当根据案件实际情况判决是否适用停止侵权。从知识产权法律、相关司法解释和国际条约入手，都可以得到这样一个结论：根据情况选择性适用停止侵权是符合法律规定的。

《著作权法》第五十二条规定："有下列侵权行为的，应当根据情况，承担停止侵害、消除影响、赔礼道歉、赔偿损失等民事责任……"第五十三条规定："有下列侵权行为的，应当根据情况，承担本法第五十二条规定的民事责任……"《专利法》虽然并未明确规定法院在适用停止侵权时应该根据情况讨论，但第六十五条规定在进行专利侵权行政执法过程中，管理专利工作的部门在认定侵权行为成立时可以责令当事人停止侵权，此处所用词语为"可以"，说明《专利法》在对待停止侵权问题上同样是要求相关部门根据情况实际考察，而非绝对化适用停止侵权。《最高人民法院关于当前经济形势下知识产权审判服务大局若干问题的意见》明确指出："如果停止有关行为会造成当事人之间的重大利益失衡，或者有悖社会公共利益，或者实际上无法执行，可以根

---

❶ 康添雄："专利侵权不停止的司法可能及其实现"，载《知识产权》2012 年第 2 期，第 14 页。

据案件具体情况进行利益衡量，不判决停止行为，而采取更充分的赔偿或者经济补偿等替代性措施了断纠纷。"《最高人民法院关于审理侵犯专利权纠纷案件应用法律若干问题的解释（二）》（2020修正）（简称《解释》）第二十四条和第二十六条也规定了对停止侵权适用的限制，其中，第二十六条搭建了以国家利益和公共利益为限制条件的不适用停止侵权制度框架。同时，TRIPs协定的第四十六条首先规定了对侵权人适用停止侵权的一般规定，但同时还规定，"司法当局将侵权商品或制作侵权商品的原料和工具排除出商业渠道时，还应考虑侵权的严重性和所采用的救济之间的平衡，同时应考虑与第三方利益之间的平衡"的例外规定。也就是说，法院在适用停止侵权之前，不仅应该考虑当事人是否提起申请、侵权是否存在或继续，同样还应当重点考虑侵权之严重程度和适用停止侵权是否有利于第三方利益之平衡。因此，TRIPs协定对法院适用停止侵权的态度相对缓和，允许其成员国在一定条件下例外不适用。综上所述，我国法院在确认知识产权侵权行为成立的情况下，在满足某些条件时不适用停止侵权是有法可依的。我国司法实践中也已经有不适用停止侵权的先例存在。❶

（三）停止侵权适用的限制条件

《解释》第二十六条初步搭建了限制停止侵权适用的简要框架，之所以以简要来形容这个框架，是因为二十六条所涉及的国家利益、公共利益太过模糊，在具体的司法实践中难以运用。对此，美国法院在易趣案中确立的永久禁令颁发四要素检验标准或许能给我们提供一些启示。在易趣案中，美国法院摒弃了永久禁令是使专利权保持独占性的唯一手段这种观点。对此，联邦最高法院这样论证：法院在专利侵权诉讼中，有权根据《专利法》第二百八十三条对禁令的颁发依照衡平法之原则进行自由裁量。作为衡平法之救济措施的永久禁令，并非在确定专利侵权行为后就必须签发，而应当遵循传统衡平法的"四要

---

❶ 广东省高级人民法院民事调解书（2005）粤高法民三终字第129号；广东省广州市中级人民法院民事判决书（2004）穗中法民三知初字第581号。

素检验标准"。❶ 易趣案之后，美国的巡回法院和所有地区法院在知识产权侵权案件诉讼中签发永久禁令均遵循四要素检验标准，严格限制颁发适用永久禁令。四要素检验标准包括：（1）原告是否遭受了不可弥补的损害；（2）法律救济如金钱救济是否足以赔偿损失；（3）衡平救济是否正当；（4）颁布永久禁令是否损害公共利益。❷ 虽然美国最高法院为了使地方法院和巡回法院能够根据案件具体情况而考虑是否颁布禁令而避免四要素检验刻板化、类型化，并没有给四要素检测条件以具体应用方式、适用顺序，而是仅仅在阿莫科公司诉甘贝尔村案（Amoco Prod. Co. v. Village of Gambell）❸、加拿大木材贸易联盟诉美国案（Canadian Lumber Trade Alliance v. United States）❹ 中模糊表态四要素检测标准应该进行综合性考量。但从一系列知识产权侵权案中，我们还是可以提取出四要素检测在运用时应该着重考虑的情况。第一，权利人与知识产权资源使用人是否存在相互竞争关系。在判定四要素检验标准第一项标准"原告是否因被告行为而受到了不可弥补的损害"时，两者之间是否存在相互竞争的关系起着尤为重要的作用。当两者之间存在竞争关系时，知识产权资源使用人的非授权性使用很大可能会对权利人的利益产生影响，包括抢占潜在的客源、分食市场份额等。因此，存在市场竞争关系时，法院基于对权利人的保护，会倾向于通过要素检测颁发永久禁令。第二，权利人获得的经济赔偿是否已经包括了知识产权资源使用人未来继续实施行为部分。当权利人因未授权的使用行为所获赔偿已经包含了未来使用人继续实施行为的部分，根据赔偿责任的填补损害原理，类似地起到许可的作用，如果仍然颁发禁令，将过分保护知识产权并且提高其垄断性。因此，只有在不满足这种条件时，法院才会倾向于通过要素检测。第三，知识产权资源使用人所实施的行为是否存在侵权用途。知识产权拥有明确

❶　eBay Inc. v. MercExchange，L.L.C.126S.Ct.1837（2006）；Edward A. Meilman，Hua（Helene）Gao，Brian M. McGuire. "Injunctive Relief in US Patent Practice." Journal of Intellectual Property Law & Practice，vol.1，no.12，2006，p.776-777.

❷　张体锐："专利海盗投机诉讼的司法对策"，载《人民司法》2014年第14期，第108～111页。

❸　Amoco Prod. Co. v. Village of Gambell，480U.S.531，107S.Ct.1396，94L.Ed.2d542，55USLW4355.

❹　Canadian Lumber Trade Alliance v. United States，30C.I.T.892，441F.Supp.2d1259，28ITRD1987.

的法律保护范围，若资源使用人所实施的行为并非落在权利范围之内，那么就应该维系权利的保护范围而不应该颁发禁令以扩大范围。第四，被侵权使用的知识产权经济价值如何。如果相应的知识产权在被告所生产的产品中比重大、价值高，就说明这种使用行为对被告的损害无法通过经济赔偿所弥补，那么法院会更加愿意通过要素检测颁发禁令。第五，是否有害于公共利益。知识产权的最终目标是促进社会发展，造福于社会，如果平衡双方利益与社会利益，发现适当限制权利人的权利对社会利益更加有利，那么法院会倾向于不颁布禁令。具体到规制知识产权非实施行为，法院应该严格适用停止侵权，在决定是否适用停止侵权时，应着重考虑下列因素。第一，赔偿责任是否已经能够弥补损害。恶意不实施是知识产权非实施主体的特点之一，当法院在明确原告的知识产权非实施主体之后，通过证据审查确认资源使用人对其造成的伤害能够完全通过损害赔偿方式以弥补，那么，就应该慎重考虑停止侵权的适用。第二，知识产权资源使用人所使用的知识产权在其整体行为中所占比重。若非实施主体的权利在资源使用人的行为（产品）中与整个行为相比，只是在很小的部分出现，或者是重要性程度不高，或者是功能性不强、所展现的价值不高，而资源使用人的行为整体而言其市场价值和社会价值都展现出了一定的前景，那么不适用停止侵权将是可能的。第三，适用停止侵权是否有损公共利益。知识产权法之宗旨是促进创新从而推动文化、科学技术进步，进而助力社会发展，若对相关行为予以禁止会造成对社会公共利益的损害，不适用停止侵权以维护社会公共利益是更加可取的行为。

第二节　限制合并审理

我国法院为了简化诉讼程序，节省司法资源，避免多个互相联系的诉讼得到矛盾的判决，通常将几个独立但具备内在联系的诉进行合并审理。从多年的实际效果来看，将不同的诉讼按照法律之规定进行合并审理，确实有利于节约资源和维护司法权威，但在知识产权领域，这种诉讼制度却被知识产权非实施主体利用以牟取利益。知识产权的非物质性特征使同一知识产权客体可以在相同时间而于不同的主体使用于不同的区域，当多个知识产权实施者不慎陷入知识产权非实施行为的"陷阱"时，知识产权非实施主体势必会依情况以诉讼相威胁或直接提起诉讼以牟取利益，但同时操作多个案件势必会耗费大量的人力物力，天然存在的败诉风险可能致使前期投入完全无法回收，这与知识产权非实施主体的牟利主旨相违背。❶法院对多个具备条件的案件进行合并审理无疑在很大程度上降低了知识产权非实施主体所承担的风险，从多方面降低了知识产权非实施行为的成本，增大了利润率，知识产权非实施主体因此想方设法提起系列诉讼以满足合并审理的条件。因此，为了遏制知识产权非实施行为的发展，避免其对我国知识产权制度进行冲击，对知识产权非实施主体所提起的案件应该严格限制合并审理。

一、合并审理的适用条件

合并审理，是指法院将两个或两个以上的诉讼，合并在同一诉讼程序中进行审理和解决。❷我国民事诉讼法为了减轻人民法院和双方当事人非必要的诉累、节约宝贵的司法资源、维护司法判决的统一性、方便当事人参见司法活动，规定了合并审理。

诉讼的合并具体而言包括诉的主体合并与诉的客体合并。主体合并中的主体指的是因对双方民事法律关系不明产生纠纷而诉请人民法院判定或被人民法院通知参加诉讼的当事人，因此，主体合并即当事人一方或双方为两人或两人以上，一同在人民法院起诉或应诉的情形。❸主体合并包括两种情形，一种是共同诉讼，另外一种是第三人参加诉讼。《中华人民共和国民事诉讼法》（以下

❶ 易继明，蔡元臻："版权蟑螂现象的法律治理——网络版权市场中的利益平衡机制"，载《法学论坛》2018 年第 2 期，第 7 ~ 9 页。

❷ 陈继东："论诉的合并审理"，载《中南政法大学学报》1988 年第 4 期，第 9 页。

❸ 田平安：《民事诉讼法原理》，厦门大学出版社 2007 年版，第 314 ~ 315 页。

简称《民事诉讼法》)第五十五条第一款规定:"当事人一方或者双方为二人以上,其诉讼标的是共同的,或者诉讼标的是同一种类、人民法院认为可以合并审理并经当事人同意的,为共同诉讼。"共同诉讼是一种典型的诉的主体合并,它又被分为必要共同诉讼和普通共同诉讼。必要共同诉讼制度借鉴了大陆法系国家的固有必要共同诉讼规则,是指当事人一方或者双方为二人以上,其诉讼标的是共同的,人民法院必须合并审理并作出同一判决的诉讼。❶ 这里所说的诉讼标的,实质上指的是当事人双方具有争议而诉请人民法院裁定的民事法律关系,当事人之间具有共同的诉讼标的,即表明了他们之间利益交织复杂,当一方提起诉讼时,必须多案合并审理法院才能居中裁判,作出公平的判决。因此,针对这种类型的诉讼,法院对于是否合并审理没有自由裁量权,当事人对于是否合并审理没有选择权,而只有合并审理一条路。在当前司法实践中,常见的必要共同诉讼规定散落在《最高人民法院关于适用〈中华人民共和国民事诉讼法〉的解释》(2020 修正)和《担保法》(1995 年)中,主要包括涉及公有财产的多人诉讼、涉及个人合伙的多人诉讼、涉及代理关系的多人诉讼、涉及担保关系的多人诉讼、涉及承发包关系的多人诉讼、涉及共同赡养等问题的多人诉讼、涉及共同侵权的诉讼等。普通共同诉讼是指当事人一方或双方为两人以上,诉讼标的属于同一种类,经当事人同意法院认可合并审理的诉讼,其又被称为一般共同诉讼。❷ 普通共同诉讼与必要共同诉讼最大的区别是,是否可以分成多个诉讼进行审理,即是否具有诉的可分性。必要共同诉讼因其联系紧密的民事法律关系不能分开诉讼,而普通共同诉讼之所以能合并审理并非因为标的相同或是法律关系密不可分,而是基于节省司法资源、方便当事人的目的将数个独立的诉讼组合起来合并审理。因此,在普通共同诉讼中,共同诉讼的各方当事人均享有对对方当事人独立的诉讼请求。虽然普通共同诉讼没有必要共同诉讼要求严格,但是成立普通共同诉讼也需要满足以下几个条件:第一,被合并的诉讼全部属于人民法院受理案件范围,并且合并诉讼审理的法院

---

❶ 章武生,段厚省:"必要共同诉讼的理论误区与制度重构",载《法律科学》2007 年第 1 期,第 111 ~ 113 页。

❷ 王校军:"略论民事诉讼中的合并审理",载《法学评论》1994 年第 6 期,第 47 ~ 48 页。

对全部案件拥有管辖权。第二，被合并的诉讼所适用的程序同一，要么全部可以适用简易程序审理，要么全部可以适用普通程序审理。第三，合并审理的效果必须符合节约资源、方便当事人的目的。第四，全部当事人同意合并审理并且法院认为可以合并审理。主体合并的另外一种情形是第三人参加诉讼。我国《民事诉讼法》第一百四十三条后半段规定："……第三人提出与本案有关的诉讼请求，可以合并审理。"按照我国学界通说，民事诉讼第三人是指对他人争议的诉讼标的具有独立的请求权或者虽然没有独立请求权，但与他人案件的处理结果具有法律上的利害关系，因而参加到他人已经开始的诉讼中来，以维护其合法权益的案外人。[1]第三人属于广义上的当事人范畴，与已经发生并正在进行之诉讼的诉讼标的要么具有直接的法律关系从而拥有独立的请求权，要么与审判结果具有直接利害关系。如果第三人在得知诉讼的存在后向人民法院提出了自己的权利主张，合并审理更加有助于法院查清案件事实真相，那么就能避免同案不同判的矛盾，且判决同时能节约司法资源，便利当事人。

所谓"诉的客体"，是指当事人的诉讼请求。[2]诉的客体合并包含原告向法院提出多个诉讼请求和被告提出反诉。《民事诉讼法》第一百四十三条前半段规定"原告增加诉讼请求，被告提出反诉……可以合并审理"。原告在诉讼中增加诉讼请求往往是拟写起诉状时考虑不到位或者在诉讼过程中情况有变，所提起的诉讼请求也大多与案件有关联，法院将新增诉讼请求与原诉讼请求合并审理比要求当事人另行起诉更加经济和人性化。反诉是指在已经开始的诉讼程序中，本诉的被告向本诉的原告提出的一种独立的特殊之诉。[3]反诉虽然独立于本诉，但反诉与本诉所依靠的事实和法律有着千丝万缕的关系，或者是基于同一法律关系发生纠纷，或者是基于有关联的法律关系发生纠纷。可以看出，诉的客体合并，只是法院为了方便当事人、彻底解决矛盾而将多个诉进行程序上的合并，在判决阶段，也会针对各个诉进行宣判。同时，诉的主体合并与诉的客体合并并非截然相对的，在一个诉讼案件中也有可能既存在诉的主体

---

[1]　田平安：《民事诉讼法原理》，厦门大学出版社 2015 年版，第 124～125 页。

[2]　王校军："略论民事诉讼中的合并审理"，载《法学评论》1994 年第 6 期，第 47～48 页。

[3]　房保国："论反诉"，载《比较法研究》2002 年第 4 期，第 73 页。

合并又存在诉的客体合并。

二、合并审理降低了诉讼成本

合并审理的初衷是为了简化诉讼程序，节省司法资源，避免同案不同判而得到矛盾的判决，却成为知识产权非实施主体牟取利益的工具。美国早期的版权非实施主体依靠美国民事诉讼法规定的共同诉讼机制为制度基础，发起了一系列针对网络用户的 MDJD 诉讼，即通过向法院同时起诉大量被告（doe defendants），以将多个案件合并，降低诉讼成本，实现利益最大化。据统计，在 2010 年，美国各州所有的版权侵权诉讼中有 43% 的诉讼是由版权非实施主体引发的 MDJD 诉讼，❶ 我国现存的知识产权非实施主体同样也会利用合并审理制度降低诉讼成本。在起诉阶段，知识产权非实施主体会基于一件知识产权同时起诉大量的知识产权资源使用者，起诉状模板化导致诉讼请求和案件事实相差无几，不同的只是对方当事人。法院在接到这类案子时，通常会将几个甚至是几十个案件列为系列案，系列案的原告、诉讼请求完全相同，案件经过和事实相类似，在取得对方当事人同意之后，一般会进行合并审理。知识产权非实施主体所提起的案件大多案情经过清晰、事实逻辑明了，加上同时提起多宗诉讼的策略致使案件合并审理的概率增加。

知识产权非实施主体若想要在一系列诉讼中获得利益而不是"亏本"，那么他们就不得不"精打细算"，认真算好每一笔账。因此，对于某件知识产权，他们通常会在该知识产权上的侵权行为数量累积到一定程度时才会开始具体的非实施行为。❷ 当知识产权非实施主体针对某件知识产权所采取非实施行为时，他们不得不支出一些固定的花费，这些花费包括搜寻潜在的侵权者、收集侵权证据、持续监控侵权者。之所以称这些支出为固定花费，是因为这些支出与起

---

❶ Brad A. Greenberg. "Copyright Trolls and the Common Law." Iowa Law Review Bulletin, vol.100, 2015, p.77.

❷ Brad A. Greenberg. "Copyright Trolls and Presumptively Fair Uses." University of Colorado Law Review, vol.85, 2014, p.72-73.

诉的对象数量没有关系或者关系不大，单独起诉一个对象还是一同起诉一千个对象这些支出都是固定的，即使固定费用中有些支出会变化但变化十分细微，对我们最终讨论的花费而言可以忽略不计。在开展非实施行为时，除以上所述固定费用外，每件案件都会花费一部分的律师费用，支付给律师的费用并非如固定费用那般稳定，律师会根据案情的复杂程度、办案时间等综合要价，就算是关于一件知识产权上面产生的若干侵权纠纷，每件案件也会收取不等的律师费用。这些律师费用毫无疑问需要被知识产权非实施主体考虑在成本之内，并且随着案件的增多而增多，与案件数量呈现正相关关系。因此，知识产权非实施主体在针对某个知识产权开展非实施行为时所付出的成本为固定费用加可变的律师费用。同时，对于每个案件，在开庭诉讼时，知识产权非实施主体不得不出庭，这就需要在每件案件上支出相应的差旅费等其他费用。在讨论了非实施主体所支出的成本之后我们把注意力放在他们所能获取的利益之上。知识产权非实施主体与知识产权资源使用者最后的状态有两种，即诉前和解和诉讼判决。在诉前和解中，若当事人对知识产权非实施主体的知识产权依赖性不高，一般会以支付一笔和解费用的条件换取非实施主体不再追究其之前的侵权行为。若当事人对知识产权非实施主体的知识产权依赖性极高，停止使用将会造成难以估量的损失，那么知识产权资源使用者通常会寻求授权许可，也即通过支付给非实施主体授权许可使用费为条件换取对其之前的侵权行为不追究与对其之后的授权使用。这两种利益取得方式是知识产权非实施行为获利的主要渠道。另外一种重要的获利渠道是通过诉讼判决获得赔偿费用，通过这种渠道获得的利益与案件胜诉率正相关，同时也与案件数量正相关。从概率学的角度来分析，知识产权非实施主体同时起诉的主体越多，胜诉率也就越高。

通过以上成本与利益的分析，对于知识产权非实施主体所获的利益，可以用一个公式来表示，即所获纯利益等于单笔诉讼赔偿费用与判决结案案件数量之积加上两种和解费用与和解案件数量之积的结果，减去固定成本和每个案件所需要的律师费用及相关差旅费用。

在这个公式当中，合并审理对于最终结果的影响是非常显著的。当多个案件进行合并审理，首先影响的便是律师费用，一般多个案件进行合并审理时，律师到庭参加诉讼的次数会减少，导致律师支出的差旅费成倍数减少，同时合并审理会降低律师准备诉讼材料的复杂度、与法院之间进行诉讼程序性文书交换的次数及与对方当事人交换证据的次数。基于此，所收取的律师费便会显著减少，当计算减少的律师费用与案件数量的乘积时，知识产权非实施主体所支付的成本便会缩小，而利益则会增加。与此同时，知识产权非实施主体支出的差旅费也会成倍减少。具体到利益公式中，两个重要成本律师费与案件差旅费都显著降低，并且案件数量也因为合并审理的缘故而降低。当被减数不变，减数降低时，结果便会显著增大。因此，知识产权非实施主体获得的利益便会增加。

合并审理制度在知识产权非实施主体那里成了增加利润的工具，多个案件的合并审理虽然对于法院而言拥有简化诉讼程序、节省司法资源、避免同案不同判而得到矛盾的判决的作用，但这些正面积极效果对于知识产权非实施主体而言并不能起到多大的作用，他们在意的只是这个制度的运用能够显著降低其诉讼成本，最终提高行为收益。所以，对知识产权非实施主体所提起的诉讼要严格限制合并审理以提高知识产权非实施行为的成本，降低非实施行为的利润，最终达到遏制知识产权非实施行为的目的。

三、严格限制合并审理

（一）限制合并审理的对象

当合并审理制度在其轨道正常运行时，能够减轻当事人的诉讼负担，如案件程序性材料多次报送或接收转变为一次、出庭参加诉讼由多次往返变为一次往返，这不仅节约了司法和社会资源，也给当事人及法院带来了极大的便利。❶同时，办案法官一同对具有联系的多个案件进行合并审理，在对案件事实逻辑的把控、适用法律的选择以及对判决的连贯等方面都会比个案单独审理

---

❶ 张晋红：“诉的合并之程序规则研究”，载《暨南学报》（哲学社会科学版）2012 年第 8 期，第 1～2 页。

更有利，多个相关联案件合并审理也会保持裁判的一致性，避免同案不同判现象的发生，并最终达到维护司法权威，让司法造福于民的效果。❶但是，当知识产权非实施主体利用合并审理制度谋取利益时，这些本该由合并审理制度给社会带来的好处却被知识产权非实施主体对给社会造成的危害消磨大半甚至完全抵消。

知识产权非实施主体以牟取利益为目的，在提起诉讼法院立案阶段有针对性地同时基于一件知识产权而提起几个或者几十个案件，并且知识产权非实施主体所用的起诉状严重模板化，甚至存在针对不同的被告所采用的起诉状仅仅修改了被告名称导致诉讼请求完全一样并基于的案件事实表述也基本雷同的情形。法院在立案后明确案号时对于这种原告一样、诉讼请求一样、案件事实雷同的案件大多会冠以系列案称号。一旦案件被列入系列案当中，在征得对方当事人同意或者大部分当事人同意的情况下，法院会对系列案合并审理，这种合并审理是将多个案件的当事人聚集到一个法庭在同一时间进行审理，案件审理的笔录只有一份，但包括案件卷宗、程序性裁定、实体性裁定和判决都与案件数量一一对应。案件审理的最终结果即判决也是单独宣判的，这导致在诸如最高人民法院设立的裁判文书网和无讼网络科技设立的无讼网，以及北大法宝等公开法律文书网上只能查到独立的个案判决，并不能查询到合并审理的相关情况。如前文所述，知识产权非实施主体利用法院的系列案操作来降低诉讼成本从而提高利润率，他们利用合并审理制度更多的是降低了自己的人力、物力、财力成本，而对法院和对方当事人来说并没有起到节约资源的有益目的。具体而言，知识产权非实施主体技巧性是基于同一知识产权同时起诉大量使用该知识产权的主体，当法院合并审理这些案件时，法院所需要发送的程序性文件如传票、起诉状副本、地址确认书等费用与发送的人力成本并不会因为合并审理而降低，还是必须通知到被告个人。同时对于被告来说，由于系列案合并审理并非属于必要共同诉讼类型，所以他们不能选取代表人代为诉讼，而是必须自己出庭应诉或者授权律师代表其出庭应诉，每个被告当事人的花费并不会因为

---

❶　李仕春："诉之合并制度研究"，载《诉讼法论丛》2000 年第 2 期，第 334 ~ 335 页。

合并诉讼而减少或者打折扣。与此相反的是，知识产权非实施主体却能够依靠合并审理节省很高比例的资源成本。因此，对于知识产权非实施主体精心加技巧性提起的这些诉讼进行合并审理并不能达到合并审理制度创设的最初目的，却激励了知识产权非实施主体的非实施行为，牟取大量利益，最终对知识产权制度和司法权威造成一定程度的破坏。

合并审理制度在司法诉讼中运行毫无疑问能发挥出它被设立的最初目标，对在正常轨道上运行的合并审理制度完全没有限制的必要。但是，对知识产权非实施主体所提起的诉讼进行合并审理并不能达成这些目标，甚至会对知识产权制度和司法权威造成损害。因此，为了遏制知识产权非实施行为的发展扩大，必须严格限制对知识产权非实施主体提起的诉讼进行合并审理。

（二）限制合并审理的具体举措

知识产权非实施主体所起诉的案件之所以能够被法院当作系列案进行合并审理，主要原因是知识产权非实施主体起诉时所采取的策略，即使用模板化的起诉状，将基于一件知识产权的多个案件共同起诉到一家法院并且这些起诉状所涉及的诉讼请求相同、案件事实雷同，导致法院以为将其合并审理可以节约司法资源。因此，要限制合并审理首先就是要严格认定知识产权非实施主体所提起案件的司法管辖问题。

对于知识产权非实施主体所提诉讼的司法管辖限制，美国早有尝试。2016年，美国为了控制并消除专利非实施主体，一部分议员提出了 *Venue Equity and Non-Uniformity Elimination Act*（即场所公平与不一致消除法案，简称《VENUE 法案》）。❶ 其目的是打击专利非实施主体以择地而诉为手段降低其诉讼成本而提升利润率的现象。为了实现这一目的，《VENUE 法案》中有相当一部分关于管辖限制的规则。由于《美国法典》第二十八编的"司法机构和司法程序"第一千四百条主要是规定的有关专利和版权纠纷案件的司法管辖条

---

❶ US Congress，Venue Equity and Non-Uniformity Elimination Act of 2016，https://www.congress. gov/114/bills/s2733/BILLS-114s2733is.pdf. 2021 年 7 月 10 日访问。

款，❶ 因此，《VENUE 法案》的主要目的是通过删除或大面积修改此条规定以重构现行司法管辖规则。《VENUE 法案》对《美国法典》中的规则重构主要体现在以下五个管辖限制方面：第一，将管辖地域限制在被告的注册地和主要营业场所所在地。第二，将管辖地域限制在被告开展侵权行为的地点和注册用来开展该行为的机构所在地法院。第三，将管辖地域限制在被告接受或者同意的地区法院管辖。第四，将管辖地域限制在专利资源使用者为了使用该专利而进行专利实施活动所在地的法院。第五，将管辖地域限制在专利资源使用者为了使用该专利而集中进行专利实施活动所在地或者是为了实施专利制造产品的所在地或者是为了实施方法专利而建立的长期性公司组织所在地。❷ 提出《VENUE 法案》的目标是通过严格限制专利诉讼案件的管辖以阻止专利非实施主体在美国盛行，但是《VENUE 法案》虽然看似是在限制专利非实施主体所提案件的管辖，但实际上给了专利非实施主体以非常灵活的管辖选择权。❸ 我国《民事诉讼法》第二十二条规定："对公民提起的民事诉讼，由被告住所地人民法院管辖；被告住所地与经常居住地不一致的，由经常居住地人民法院管辖。对法人或者其他组织提起的民事诉讼，由被告住所地人民法院管辖。同一诉讼的几个被告住所地、经常居住地在两个以上人民法院辖区的，各该人民法院都有管辖权。"这是关于我国民事诉讼法对法院地域管辖的原则性规定，即原告就被告原则，大陆法系普遍认为原告就被告原则是一个非常完美的地域管辖规则。❹ 因此，原告就被告原则也顺理成章地成为地域管辖制度的统治性原

---

❶　蔡元臻："美国专利蟑螂的新近立法评析及其启示"，载《知识产权》2021 年第 1 期，第 69 页。

❷　US Congress，Venue Equity and Non-Uniformity Elimination Act of 2016，https://www.congress. gov/114/bills/s2733/BILLS-114s2733is.pdf，2021 年 7 月 10 日访问。

❸　Joanna H. Kim. "Cyber-porn Obscenity: The Viability of Local Community Standards and the Federal Venue Rules in the Computer Network Age. " Loyola of Los Angeles Entertainment Law Journal, vol.15，2018，p.415.

❹　See Hu Zhenjie: Chinese Perspective on International Jurisdiction and Enforcement of Judgments In Contractual Matters，Schulthess Polygraphischer Verlag Zurich，1999，p.132.

则。❶ 的确，作为世界通用的管辖定理，原告就被告拥有诸多优势存在。对于原告来说，原告就被告原则意味着需要到被告的住所地法院或经常居住地法院进行诉讼，包括差旅费、案件程序性材料传送费等费用都要在诉讼判决前垫付，一旦证据不足或主张事实不清导致败诉，这些费用就无法通过被告取回。因此，在原告就被告原则的限制下，原告在起诉时必须仔细斟酌自己提供的证据和案件事实是否足以使法院判决自己胜诉，这在一定程度上抑制了原告对自己拥有的起诉权进行滥用。❷ 对于法院来说，被告在自己辖区拥有诸多便利。第一，方便程序性文书的送达，提高送达成功率以减少公告率提高审判速度。第二，更有利于对诉讼标的的控制与开展保全措施。第三，在某种程度上能够节约诉讼资源。第四，方便审判程序结束后的执行，改善执行难等情况。对于被告来说，原告就被告原则同样拥有诸多优点，"可以避免被告陷入任由不诚实的原告摆布的境地：原告可以将被告传唤至距离其住所地可能遥远的法院，这将造成被告无能力来承担强加于其的路费"❸。

上文已述，对于知识产权非实施主体来说，合并审理能够大大降低其诉讼成本进而提高其利润率。他们在起诉时使用的技巧促使法院将他们同时起诉的案件构建成系列案并予以合并审理。这种合并审理能够给原告和法院带来节约资源和方便诉讼的正面效果，而对于被告来说，似乎并没有享受到合并审理的好处。造成这种合并审理存在的最重要的一个条件就是法院对诸多案件都拥有管辖权。基于对原告就被告原则功效的论述，可以得出，法院需要严格适用原告就被告的地域管辖原则。对于被标记为知识产权非实施主体的原告来说，在立案阶段法院有义务并且应该严格审查知识产权非实施主体所提起诉请的目标法院是否为方便被告诉讼的法院，如果知识产权非实施主体基于某种管辖而将案件诉请至自身所在地法院，法院应该在立案之后将案件分别移送至被告所在

---

❶ 孙邦清："为何原告就被告——关于地域管辖规则为谁而设之辩"，载《法学家》2011 年第 5 期，第 148 页。

❷ 奥特马·尧厄尼希：《民事诉讼法》，周翠译，法律出版社 2003 年版，第 52 页。

❸ 让·文森，塞尔日·金沙尔：《法国民事诉讼法要义》，罗结珍译，中国法制出版社 2001 年版，第 393 页。

地的有管辖权并且方便被告进行诉讼的法院。例如，一家位于深圳前海的知识产权非实施主体基于一件知识产权在深圳前海合作区人民法院对全国各地的知识产权资源使用人提起侵权诉讼，在法院立案之后，就应该将其移送至各地区方便被告诉讼的法院，而避免全国各地的被告耗费大量资源前往深圳参加诉讼。如此，方能增加知识产权非实施主体的牟利成本，进而降低利润率，减少非实施行为的发生。

　　法院对标记为知识产权非实施主体的原告所提起的诉讼严格适用原告就被告地域管辖原则并不能完全限制住知识产权非实施主体合并审理的愿望。他们基于同一件知识产权所提起诉讼中很大一部分是可以通过原告就被告原则的严格检验的，即知识产权非实施主体所在区域与其实施行为的对象所在区域恰好为同一区域或者知识产权非实施主体顶着注册的空壳公司之名义到行为对象住所地管辖法院起诉。在这两种情况下，原告就被告原则是没有办法限制住相关案件进行合并审理的。且这两种情形下，法院需要严格适用民事诉讼法有关合并审理的条件，即"普通共同诉讼的主体为复数，诉讼标的同种的实体要件、当事人与法院双重同意的程序要件"❶。在司法实践中，诉讼标的一般指的是原告在诉讼上所为一定具体实体法之权利主张。❷ 因此，对于需要合并审理的知识产权侵权案件，必须两案件的案件事实存在某种联系，这种联系显然不能包括是基于同一件知识产权。例如，在美国专利非实施主体早期的诉讼策略中，为了达到法院对其案件进行合并审理以降低诉讼成本提高利润率的目的，往往在提起相关侵权诉讼时，把销售、使用、制造、提供涉案专利产品的彼此之间关联性不强的厂商一并当成被告诉至法院而发起针对不同厂商无休止发动专利侵权诉讼攻击。❸ 为了避免这种情况在我国发生，法院必须对知识产权非实施主体提起的案件进行甄别，如果不是基于相同作品、相同产品、相同商标所提起的诉讼，应该拒绝适用合并审理制度进行审理。同时，我国民事诉讼法规定

---

❶ 刘鹏飞："普通共同诉讼的权限分配与范围界定"，载《法学论坛》2020年第1期，第77页。

❷ 王胜明："中华人民共和国民事诉讼法释义"，法律出版社2012年版，第292页。

❸ 朱雪忠，漆苏："美国专利改革法案内容及其影响评析"，载《知识产权》2011年第9期，第86页。

的合并审理的第三个要件，即取得双方当事人的同意，法院必须严格适用。只有在书面而非口头得到被告的肯定而非模糊的同意才能将相关案件进行合并审理，这点对于保护被告的正当利益十分关键。前文分析得出，知识产权非实施主体同时提出大量案件被法院合并审理对于被告而言，并没有起到便利诉讼、节约资源的作用，多个案件合并甚至于有时候会对他们起到负面作用。这是因为有些法院决定对系列案进行合并审理时并没有严格遵守被告同意的构造条件，有些被告甚至在开庭时看到其他案件的当事人时才知晓案件进行了合并审理。因此，法院应该"履行"询问被告是否合并审理的义务而不是执行"通知"被告合并审理的权力。法院只有从严格适用原告就被告原则及严格审核合并审理的构成要件着手限制知识产权非实施主体的合并审理策略，才能从利益根源上增加知识产权非实施主体的行为成本，减少非实施行为的利润以达到遏制知识产权非实施行为泛滥的效果。

第三节　灵活确定损害赔偿金

一、损害赔偿金计算方法的选择

（一）审慎适用法定赔偿

当前司法裁判中，法官青睐适用法定赔偿。有学者通过采集判例样本及分析统计得知，著作权、专利权和商标权侵权纠纷案例确定损害赔偿数额适用法定赔偿标准的比率极高，在采集的判例样本中占比超过 90%。❶ 然而我国在损害赔偿金计算方法的选择上，无论是自由选择模式抑或顺序法定模式，法定赔偿都仅作为兜底适用的计算方法，仅有在权利人的实际损失、行为人的侵权获

---

❶ 曹新明："我国知识产权侵权损害赔偿计算标准新设计"，载《现代法学》2019 年第 1 期，第110 页。

利及许可使用费（《著作权法》中为"权利使用费"）都无法确定的情况下，才可由案件承办法官发挥自由裁量权，以法定赔偿确定侵权损害数额。

司法裁判中，法定赔偿方法的过度适用极易导致判赔金额与侵权后果不相匹配，赔偿金高于权利人因侵权行为遭受的实际损失，使权利人得到超出损失的额外获利，相对而言，侵权人赔付过高金额亦是对侵权人的变相惩罚，赔偿金低于权利人因侵权行为遭受的实际损失，又会使权利人获赔金额不能填平其损失，难以达到保护知识产权权利人合法利益并有效打击侵权行为的目的。不论是赔付金额过高抑或过低，都与知识产权损害赔偿计算方法背后的损失填平原则相背离。更为严重的是，当法定赔偿成为计算知识产权损害赔偿常态，完全无法发挥顺序性或者选择性计算模式的作用，这是司法实践对立法规定的架空，将会导致损害赔偿制度的立法权威荡然无存。

（二）合理发挥法官的自由裁判权

对于知识产权损害赔偿金计算方法的规定，以统一适用顺序法定模式为最佳选择。由于目前知识产权各单行法对于该问题的立法规定处于分裂状态，在此立法状态下，为避免非实施主体利用自由选择模式的优势，以诉讼谋求权利寻租空间，建议应在司法实践中合理发挥法官的自由裁判权，以灵活确定损害赔偿金计算方法。

这种方法可从 2020 年 12 月 23 日最高人民法院审判委员会通过的《最高人民法院关于审理商标民事纠纷案件适用法律若干问题的解释》（简称《审理商标案件的解释》）中获得借鉴的合理基础。《商标法》将损害赔偿计算方法规定为法定顺序模式，这与《著作权法》《专利法》的相关规定产生了分歧。为了在司法实践中将各单行法的计算方法回归统一，《审理商标案件的解释》第十三条规定："人民法院依据商标法第六十三条第一款的规定确定侵权人的赔偿责任时，可以根据权利人选择的计算方法计算赔偿数额。"因此，在出现明显的非实施主体诉讼时，允许由法官选择损害赔偿计算方法，确定对原被告双方最为公允的赔偿金额，让非实施主体获益愿望落空，在一定程度上可以打击非实施主体提起恶意诉讼的积极性。当此种方式运用在自由选择模式的损害赔偿计算方法之下，能够清晰预见到将会出现审判者与权利人双方选择权并存的情形。出于遏制非实施主体操纵计算方法谋取利益的考虑，在二者意见相左时，建议应以法官的选择优先于权利人的选择来确定计算方法。

（三）赋予被诉侵权人以民事抗辩权

非实施主体利用诉讼获益，显然是一种不诚信的诉讼行为，这种行为模式打着法律的"擦边球"，严重损伤被诉侵权人的生产经营积极性。对于这种行为，不仅需要赋予法官以自由裁判的职权，甄别明显的非实施主体诉讼行为，而且也应当赋予被诉侵权人以抗辩的主动权利，并在实际判决中影响损害赔偿金的计算结果。

法官在个案裁判中可以查证权利人是否为非实施主体，并以此影响权利人损害赔偿计算方法的选择与适用，这是法官主动发挥职权的方面。同样地，处于同一案件中的被诉侵权人也应当有对非实施主体的恶意诉讼行为提出异议的权利，允许被诉侵权人对其进行抗辩，这与法官的自由裁判权利可以同时行使，二者并不冲突。若被诉侵权人的抗辩事由成立，虽不能影响侵权事实的实际存在，但是应当对损害赔偿金的确定产生影响。首先，应对计算方法的选择造成影响。当非实施主体企图选择适用侵权获利谋取利益，应赋予法官优先选择计算方法的职权，与此同时，被诉侵权人的抗辩事由能够成为法官行使此项职权的依据之一。其次，应对赔偿金数额造成影响。自由选择性的计算方法之下，若由法官依职权优先选择以实际损失计算赔偿金额，对于不实施持有知识产权的非实施主体而言，已经极大压缩其诉讼获利空间。倘若在司法实践中，赋予抗辩权以追偿合理开支的效力❶，不失为能够提高非实施主体恶意诉讼成本的有益做法。也就是说，抗辩事由成立后，被诉侵权人因证实权利人的非实施行为、因维护自身权益不受不合理诉讼请求侵害所实施的行为而产生的经济成本，应当在损害赔偿金中予以扣除。无利可图之下，足以使非实施主体的诉

---

❶ 徐明："我国商标恶意诉讼的司法规制优化研究——以民事抗辩权为展开进路"，载《知识产权》2020年第11期，第95页。

讼热情极大降低。

二、惩罚性赔偿的限制适用

（一）惩罚性赔偿制度助长非实施行为泛滥

我国《民法典》第一千一百八十五条对知识产权惩罚性赔偿作出总括性规定："故意侵害他人知识产权，情节严重的，被侵权人有权请求相应的惩罚性赔偿。"该条文将惩罚性赔偿的适用条件限制为两个方面，其一是侵权行为人存在故意侵害他人知识产权的行为；其二是该侵权行为具有严重的情节，被侵权人可以据此提出惩罚性赔偿请求。出于立法体系一性及维系知识产权法与民法之间紧密的联系，我国知识产权各单行法也将惩罚性赔偿制度纳入损害赔偿制度体系当中。引入惩罚性赔偿制度无疑能够提高侵权行为人的违法成本，起到震慑知识产权侵权行为的良好作用。但在司法适用过程中应当明确将其与一般损害赔偿计算方法加以区分，因其对侵权行为起到震慑作用的同时，巨大的判赔金额有可能影响侵权行为人后续的可持续发展。对于被控侵权企业而言，极有可能会因高额的惩罚性赔偿金而压缩其生存发展空间。因此，在司法适用中应当审慎运用惩罚性赔偿制度，不能单纯为追求达到震慑侵权的效果而将惩罚性赔偿作为一种普遍适用的侵犯财产权的责任形式。[1] 与此同时，我国知识产权立法体系需要细化惩罚性赔偿制度适用规则，防范近年来数量愈发增长的知识产权非实施行为利用惩罚性赔偿制度谋取不正当利益。

1. 现行惩罚性赔偿制度凸显的问题

我国现行知识产权各单行法对惩罚性赔偿制度均有规定，其中《著作权法》《专利法》及《商标法》对于惩罚性赔偿制度的规定大体相同，均是以侵权的主观故意及具有严重的侵权情节作为权利人有权提起惩罚性赔偿请求的适用条件，并且赔偿的数额有计算基准及倍数规定，均是以权利人实际损失、被

---

[1]　许明月："资源配置与侵犯财产权责任制度研究——从资源配置的效果看侵犯财产权民事责任制度的设计"，载《中国法学》2007年第1期，第90页。

控侵权人非法获利及许可使用费（《著作权法》规定为权利使用费）三种计算方法择一确定数额的一倍以上五倍以下确定惩罚性赔偿金额。我国《反不正当竞争法》第十七条第三款对惩罚性赔偿亦有规定，但与前述法律条文存在些许差异，其在损害赔偿制度中仅针对经营者恶意实施侵犯商业秘密的行为规定了惩罚性赔偿，计算基准为权利人的实际损失或者被控侵权人的非法获利择一确定，倍数为一倍以上五倍以下。

从上述规定可见，我国知识产权单行法体系虽引入了惩罚性赔偿规定，但是立法并未对一至五倍的倍数范围司法适用进行明确规定，倍数确定的考量因素及适用条件过于模糊，在个案裁判中给予法官较大的自由裁量权，容易导致全国各地法院适用惩罚性赔偿作出的司法裁判产生较大出入。这对法官的司法裁判水准提出了较高要求，在司法实践中需要法官依据原被告双方提供的证据和已有事实，凭借自身的法律素养、思维判断确定与侵权事实严重程度相匹配的惩罚性赔偿金额倍数。若所判倍数过低，则不能起到损害赔偿制度特有的震慑侵权行为的效果，使权利人的损失仍然处于无法完全救济的悲惨局面；相反地，若所判倍数过高，超过侵权行为应付代价限度，则会使被诉侵权人陷入沉重的经济负担，无法彰显法律的公平正义，甚至会让非实施主体等投机分子看到谋利空间，将惩罚性赔偿制度视为赚取财富的诉讼工具。早年因《中华人民共和国消费者权益保护法》第四十九条规定的惩罚性赔偿制度而引发的"职业索赔人"现象可视为这种可能性的现实化。职业索赔人出于经济利益的考量，对法律规范当中不合理、不一致的内容或模糊地带加以利用，违背立法原意解释法律，从中寻求收益，在法律实践中制造了大量混乱，甚至在消费领域故意制造商品欺诈或者服务欺诈的假象。倘若不进一步细化现行知识产权法惩罚性赔偿制度，难免会出现历史重演的可能。

我国于2013年在第三次修订的《商标法》中规定了惩罚性赔偿制度，虽然当时商标非实施行为问题并不突出，但这并不能说明知识产权非实施行为并不会因惩罚性赔偿制度的建立而泛滥。商标非实施行为之所以没有大行其道，是由商标本身的性质所决定的。《商标法》规定，"不以使用为目的的恶意商标注册申请，应当予以驳回"，使用是商标价值得以实现的重要前提，也是商标制度的核心内容，利害关系人很容易就可以依据商标非实施主体未使用商标而撤销或者宣告其商标权无效，然而其他知识产品中却没有使用的硬性要求，很难限制知识产权非实施行为。除此之外，尽管商标非实施主体的寻租空间狭窄，但在惩罚性赔偿制度建立后却引发了商标抢注的不良风气，其也可以被看作商标非实施行为的"雏形"。可以想象，在知识产权法领域引进惩罚性赔偿制度后，很有可能会激励非实施行为主体滥用诉权、恶意起诉，阻碍社会的创新发展，进而架空知识产权制度的社会价值。

2. 现行惩罚性赔偿制度隐含的风险

我国《著作权法》《专利法》对惩罚性赔偿构成要件及适用方式的表述较为简略。因此，出于明确惩罚性赔偿司法适用考虑，2021 年《最高人民法院关于审理侵害知识产权民事案件适用惩罚性赔偿的解释》（以下简称《适用惩罚性赔偿的解释》）出台，《适用惩罚性赔偿的解释》旨在通过明晰裁判标准，指导各级法院准确适用惩罚性赔偿，惩处严重侵害知识产权行为，增强了惩罚性赔偿司法适用的可操作性，为当事人提供明确的诉讼指引。此项司法解释的发布是落实惩罚性赔偿制度的重要举措，彰显了人民法院全面加强知识产权司法保护的决心，对于进一步优化科技创新法治环境具有重要意义。但该《适用惩罚性赔偿的解释》存在可能沦为牟利工具的风险，为知识产权非实施主体谋取不正当利益。

《适用惩罚性赔偿的解释》第三条对"故意侵权"要件在实际生活中几类常见的情形进行列举：第一类是被告经原告或者利害关系人通知、警告后，仍继续实施侵权行为的；第二类是被告或其法定代表人、管理人是原告或者利害关系人的法定代表人、管理人、实际控制人的；第三类是被告与原告或者利害关系人之间存在劳动、劳务、合作、许可、经销、代理、代表等关系，且接触过被侵害的知识产权的；第四类是被告与原告或者利害关系人之间有业务往来或者为达成合同等进行过磋商，且接触过被侵害的知识产权的；第五类是被告实施盗版、假冒注册商标行为的；以免前述列举不能完全涵盖故意侵权情形，该规定最后以其他可以认定为故意的情形作为兜底。其中比较引人注意的是对第一类情形的规定。对比之前深圳知识产权法庭制定的《关于知识产权民事侵权纠纷适用惩罚性赔偿的指导意见》，对于故意侵权第七条第（二）项规定的是经权利人多次警告，第（四）项规定的是收到警告函后无正当理由继续实施相关行为，此次司法解释规定的适用条件更加宽泛，即无须多次警告，也不论相对方是否有正当理由，一经收到警告信仍然继续实施侵权行为的，就有可能被判定为故意侵权。惩罚性赔偿主观要件要求过低，可能导致社会公众在使用知识产品过程中对可能导致知识产权侵权损害后果的行为负有较高的注意义务，出现社会成本增加并产生过度诉讼等负面影响。

从法经济学角度来看，使被诉侵权人承担过重的注意义务缺乏一定的合理性。在知识产权损害赔偿制度中，不论是一般的损害赔偿计算方法抑或惩罚性赔偿，立法原旨均是避免侵权，以保护权利人合法权益，维护市场经济正常运行。法经济学认为，交易双方均对具有潜在可能的侵权行为施加合理注意是避免侵权的最优方案。❶过错责任原则对侵权行为责任加以分配，促使交易双方对潜在侵权行为均能达到合理注意水平，在侵权行为出现时减少自身承担过错责任的比例，实现无侵权行为发生的最优效果。回到知识产权领域，使社会公众承担不实施侵权行为的注意义务具有相当的合理性，与此同时也需要考查权利人是否也采取了合理措施，以防止侵权行为的发生。

3. 现行惩罚性赔偿制度与非实施行为活跃度联系密切

知识产权非实施行为在美国已成泛滥之势，近年来也逐渐在欧洲蔓延，但在我国仍处于布局阶段，并未对社会创新造成较大影响，一个重要的原因在于中国的知识产权侵权赔偿数额远不及发达国家。在创新驱动发展战略下，我国于《民法典》中总括性地规定了知识产权惩罚性赔偿条款，并逐渐在知识产权单行法中全面引入惩罚性赔偿制度，这一方面提高了知识产权侵权赔偿数额，彰显了国家充分保护知识产权的决心，另一方面也无形中激励了知识产权非实施行为。惩罚性赔偿制度的确立使知识产权非实施主体看到了与一般损害赔偿金、和解金相比更大的获利空间，为非实施行为的快速发展提供了滋养的

---

❶ 邓雨亭，李黎明："专利侵权惩罚性赔偿之威慑机理与规则适用研究：以法经济学为视角"，载《知识产权》2020 年第 8 期，第 47 页。

沃土。

从客观层面来看，惩罚性赔偿制度规定的"故意侵害""情节严重"适用条件对于专门从事非实施行为的投机分子而言是较为容易达到的。最为常见的做法是持有知识产权非实施主体对其掌握的权利并不使用，待到侵权行为人出现后再对其权利施以主动保护，如利用投递电子邮件、信函等"广撒网"方式向行为人传达其行为已涉嫌侵权的警告信息，而大多数社会公众由于法律意识不强或者不理会陌生信件的生活习惯而忽视此类警告信息。非实施主体正是抓住大多数社会公众的这一特点，多次向行为人发送信件并最终将侵权行为人告上法庭，以多次发送的信件为证据证明侵权人经权利人通知、警告后仍多次实施侵权行为，存在侵权故意且情节严重，主张适用惩罚性赔偿确定赔偿金额。由此可知，惩罚性赔偿较易被知识产权非实施主体利用成为获益工具，扭曲惩罚性赔偿应有的制度价值。即使侵权人及时回应信件，停止侵权行为，破除了非实施主体适用惩罚性赔偿的条件，但其仍能根据侵权事实通过诉讼主张侵权损害赔偿获益。

从主观层面来看，非实施主体长期以发起侵权诉讼获得惩罚性赔偿金为业，对于诉讼流程高度熟悉并掌握了最有利于己的诉讼策略，因此其在整个非实施行为过程中所付出的成本极低。相对应地，被诉侵权人一旦败诉，其需要付出高昂的金钱代价，换句话来说，非实施主体收获的是与其极低成本极其不对等的高收益。即使非实施主体败诉，因其不实施自持的知识产权，不存在交叉许可等情况，被诉侵权人无法提出反诉以反向要求原告方支付赔偿金。因此，非实施主体除了支付诉讼费用、律师费用外，并不需要为败诉后果承担高昂成本。高收益、低风险的获利可能性是非实施主体提出惩罚性赔偿请求的最直接动因。

（二）限制适用惩罚性赔偿以应对非实施行为

现行立法规定的惩罚性赔偿制度在无意中给知识产权非实施行为通过诉讼获取不正当利益提供了便利渠道，滋生了侵权诉讼的寻租空间。设立惩罚性赔偿制度对于构建完整的知识产权侵权损害赔偿体系的作用毋庸置疑，但是也应当正视新设立的制度仍存在弊端，需要从严格限制适用条件、细化考量因素两方面着手，限制适用惩罚性赔偿制度，压缩非实施行为寻租空间，遏制非实施主体不当利用惩罚性赔偿制度的谋利行为。

1. 严格限制惩罚性赔偿的适用条件

知识产权惩罚性赔偿规定适用的条件为侵权故意及情节严重，这两个条件是非实施主体极易实现的，也是其利用惩罚性赔偿制度实现侵权寻租目标的基础要件。知识产权非实施主体提起惩罚性赔偿请求的核心目的并非为了救济权利，而是为了获得市场利益，这种以营利为目的的恶性诉讼行为应当被遏制。因此，严格限制惩罚性赔偿制度的适用条件，提高适用标准是极其必要的。

《惩罚性赔偿司法解释》规定人民法院可以初步认定被告具有侵权故意的情形之一是"被告经原告或者利害关系人通知、警告后，仍继续实施侵权行为的"，此处"通知、警告"规定十分模糊，极其容易被非实施主体利用。知识产权非实施行为的有效武器是范围广泛、内容模糊的恶意警告函。因此，可以从知识产权非实施主体对外发送的警告信函这一实体内容探寻其发送信函的主观目的。美国佛蒙特州针对知识产权恶意诉讼问题确立的一系列考量因素当中，对于警告函作出了较为细致的规定，可以为我国司法实践提供一定思路。例如，需要考察警告函中是否包含专利号、专利名称及专利持有人的地址，以及与目标产品、服务和技术侵犯其专利的事实指控；当警告函缺乏以上信息并经诉讼对象提出请求后，专利持有人在合理时间内是否提供；发出警告函前，专利持有人是否对专利权利要求与诉讼目标产品、服务或技术进行比较分析，或者虽已进行对比分析，是否有识别出专利权利要求覆盖的产品、服务和技术所在的特定领域；警告函是否要求在不合理的短时间内支付许可费或进行回复，等等。关于警告函的细致规定同样可以适用于非实施主体以其他形式对行为人作出的通知，以此甄别权利人发送通知、警告的主观意图，降低知识产权非实施主体适用惩罚性赔偿制度的可能。同时，美国佛蒙特州法院针对知识产权恶意诉讼控诉当事人制定了诚信诉讼保证金制度，如果被告能够举证证明原告为恶意，则需要由控诉当事人缴纳高达250 000美元的保证金才能继续进行诉讼，以确保其是善意的，这同样值得我国借鉴。知识产权非实施主体即使顺利通过警告函审查，能够提起惩罚性赔偿诉求，诚信诉讼保证金的制度增加了非实施主体的诉讼成本，破解其起诉行为模式高收益、低风险的优势，迫使非实施主体产生诉讼顾虑。

2. 细化惩罚性赔偿考量因素

知识产权法对于惩罚性赔偿数额并没有明确规定，一至五倍数额的裁判空间极大，法官从这个极其宽泛的区间确定一个准确且与实际侵权行为代价相匹配的赔偿金额，难度较大。若在司法审判规则中将惩罚性赔偿的考量因素细致化，这不仅有利于司法审判工作的开展，而且有利于标准量化，将统一国内各地法院适用惩罚性赔偿制度审理案件的判赔额度。

惩罚性赔偿制度在立法宗旨上仍是要维护权利人的合法利益，救济其因侵权遭受的损失，因此惩罚性赔偿倍数及最终赔付金额的确定与侵权行为后果的严重程度应当相适应。侵权行为后果的严重程度往往与知识产权具有的价值密切相关，换句话来说，探寻涉案知识产权具有的价值是掌握侵权后果的重要途径。目前主要从成本投入及市场价值两方面评估知识产权的价值。❶成本投入是指权利人创作作品或研发专利、提高商标所承载商誉所付出的资金与劳动，市场价值是指权利人通过出售产品、权利许可使用等方式获得的经济利益。知识产权作为市场关系中的权利，其价值主要是通过市场关系加以体现，因此若权利人的作品及专利与市场关系联系不密切，即使其中包含了巨大的人力物力，很难为权利人带来太大的经济利益。也就是说，通过成本投入评估知识产权的价值，归根到底还是要考查其市场价值。回到惩罚性赔偿考量的因素上，需要了解的是涉案知识产权的市场价值，从而明晰侵权行为造成的损害程度。

从提起诉讼的权利人角度出发，其产品在市场中的销售份额、经诚信经营长期积累的商誉是衡量知识产权市场价值的考量因素，这是以实际损失作为惩罚性赔偿计算基准确定赔偿数额的具体思路。从这个角度出发，可以得知非实施主体通过惩罚性赔偿请求获得高额赔偿是不合理的。非实施主体在获得知识产权后并不使用，该权利与市场关系联系微弱，并未产生较大的市场价值，权

---

❶ 李明德：“关于知识产权损害赔偿的几点思考”，载《知识产权》2016 年第 5 期，第 3 页。

利人自然未因侵权行为而造成严重损失。即使侵权行为符合惩罚性赔偿适用条件，司法裁判中也应当灵活选择合理倍数，适用较低倍数回应非实施主体的惩罚性赔偿请求。该制度一方面缩小了非实施行为主体进行专利套利及投机的空间，由私人经济收益所驱动的理性决策者将缺乏足够的动机提起讼累；另一方面由于故意侵权的被告仍需要支付惩罚性赔偿，因此对于故意侵权人的震慑和惩罚效果不会受到削弱，在最大程度上实现了惩罚性赔偿的社会福利最大化。

我国知识产权惩罚性赔偿制度并未以非实施主体的身份作为限制适用惩罚性赔偿制度的考量因素，但对诉讼主体资格加以审查能够有效甄别非实施主体提起的诉讼，在法官自由裁量时可以合理适用较低的判赔倍数，阻断非实施行为通过惩罚性赔偿途径获利。以美国众议院于 2013 年提出并通过的《美国创新法案》为例，为削弱专利非实施主体的诉讼优势，《美国创新法案》以更严格的要求重塑《美国专利法》的诉讼审查规则，如要求原告提供额外的诉讼必要细节、提高涉诉专利权权属透明度等。❶《美国创新法案》限制专利非实施主体民事起诉权的立法意图具有一定的借鉴价值。除此之外，还可从以下几个方面判定权利人是否具有非实施主体特征：第一，权利人是否在本次诉讼之前曾多次针对相同或类似的知识产权提起损害赔偿诉讼请求；第二，权利人对自持知识产权是否有使用痕迹；第三，权利人向侵权行为人发送警告或通知的范围、数量。以上亦是非实施行为通常具备的特征，在权利人提起惩罚性赔偿的案件中同样可以发挥甄别非实施行为的作用。

根据《惩罚性赔偿司法解释》第六条规定："人民法院依法确定惩罚性赔偿的倍数时，应当综合考虑被告主观过错程度、侵权行为的情节严重程度等因素。"由此可知，知识产权惩罚性赔偿在责任承担方式上采用过错责任原则，在司法实践中不仅应当考虑被告侵权人的主观过错程度，同时不能忽视权利人在侵权案件中是否存在过错，保护自身持有的知识产权、不侵犯他人知识产权是双方分别承担的合理注意义务。非实施主体以他人的侵权损害赔偿为利，因

---

❶ 邓雨亭，李黎明："专利侵权惩罚性赔偿之威慑机理与规则适用研究：以法经济学为视角"，载《知识产权》2020 年第 8 期，第 58 页。

此在发出警告及通知、提起诉讼之前会弱化自身持有该知识产权的状态，并不刻意防范知识产权侵权行为，甚至有"请君入瓮"的意味。显然，非实施主体并未承担应尽的合理注意义务，放任侵权行为的发生。因此，将原告的主观过错程度列入惩罚性赔偿考量因素当中，能够使非实施主体承担一定的过错责任，降低判赔金额。

三、损害赔偿金基数的确定

在世界各国专利相关司法实践中，不仅知识产权损害赔偿计算方法的确定一直处于有争议的状态，而且损害赔偿金基数的确定原则在实践中也存在分歧。在长期的司法过程中，各国法院探索出两个确定专利侵权损害赔偿金基数的原则，一个是全部市场价值原则，另一个是最小可销售专利实施单元原则。❶

（一）全部市场价值原则与最小可销售专利实施单元原则

专利技术的全部市场价值原则是指在确定专利侵权损害赔偿数额时以整个涉诉侵权产品的整体价值作为损害赔偿金基数。这一原则是当前世界各国普遍认可的损害赔偿金计算方法的基础，体现该原则的单一计算方法如权利人实际损失、行为人的侵权获利、许可使用费的合理倍数。全部市场价值原则的合理性在于，即使组成该产品的零部件可拆分，且可将具有专利性特征的零件与非专利性特征的零件相分离，但是单一零部件对于市场的作用并不明显，只有将零部件组合为产品的整体，具有专利特征的零件才能发挥应有的功能，最终实现单一零件的市场价值。因此，从市场价值的角度来看，最小可销售专利实施单元的价值是通过产品整体实现的，在计算侵权损害赔偿额时理应以产品整体的价值衡量，否则容易出现判赔金额严重低于实际损失的情形。

专利技术的最小可销售专利实施单元原则是指在确定专利侵权损害赔偿

---

❶　朱理："专利侵权损害赔偿计算分摊原则的经济分析"，载《现代法学》2017年第5期，第55页。

数额时仅以承载专利技术特征的最小单一零部件的价值作为损害赔偿金基数。这一原则概念最早出现在美国康奈尔大学诉惠普公司（Cornell University v. Hewlett-Packard Company）关于一项方法专利的案件中。[1]该案的专利权人康奈尔大学拥有一项最终能够向计算机中央处理器发布指令的方法专利，此项方法专利的作用机理为从专利方法部件本身经指令重排缓冲器、处理器等其他部件一直逐级作用，最终将指令送达处理器。该案的侵权行为已经确定存在，但是在如何确定损害赔偿金基数的问题上出现分歧。美国联邦巡回上诉法院的瑞德法官对该案提出了"最小可销售专利实施单元"的概念，认为以计算机整体作为损害赔偿计算基础会错误地将不具有专利特征的零部件纳入计算范围，赔偿数额并不准确，[2]与侵权客体的实际情况并不相符，因此应当以最小可销售专利实施单元作为计算基数。该案最终以最小可销售专利实施单元的收入作为正确的赔偿计算基础。最小可销售专利实施单元原则在司法实践中具有合理性，它将损害赔偿计算范围缩小至实现专利特征的最小单元，实现了侵权行为和被侵权客体之间最为紧密的联系。

（二）我国知识产权损害赔偿计算基数的确定

我国知识产权损害赔偿计算方法遵循的是全部市场价值原则。我国2008年《专利法》第六十五条规定："侵犯专利权的赔偿数额按照权利人因被侵权所受到的实际损失确定；实际损失难以确定的，可以按照侵权人因侵权所获得的利益确定。权利人的损失或者侵权人获得的利益难以确定的，参照该专利许可使用费的倍数合理确定。"长期以来，在确定权利人因侵权遭受的损失时，往往按照侵权产品的全部市场价值来计算。这种依据侵权产品全部市场价值的计算方式，不恰当地抬高了专利损害赔偿额。[3]《最高人民法院关于审理侵犯

---

[1] Cornell Univ. v. Hewlett-Packard Co., 609F. Supp2d279（N.D.N.Y.2009）.

[2] 孔繁文，彭晓明："标准必要专利许可费计算基数之初步法律研究"，载《中国发明与专利》2017年第3期，第95页。

[3] 吴广海："美国专利侵权损害赔偿中的分摊规则问题"，载《知识产权》2012年第6期，第87页。

专利权纠纷案件应用法律若干问题的解释》第十六条规定："人民法院依据专利法第六十五条第一款的规定确定侵权人因侵权所获得的利益，应当限于侵权人因侵犯专利权行为所获得的利益；因其他权利所产生的利益，应当合理扣除。侵犯发明、实用新型专利权的产品系另一产品的零部件的，人民法院应当根据该零部件本身的价值及其在实现成品利润中的作用等因素合理确定赔偿数额。侵犯外观设计专利权的产品为包装物的，人民法院应当按照包装物本身的价值及其在实现被包装产品利润中的作用等因素合理确定赔偿数额。"虽然此条规定对前述的依据侵权产品全部市场价值计算损害赔偿额的方式作出了一些纠正，引入了技术分摊规则，但是各法院在具体适用此规则时并没有形成统一的标准。

（三）知识产权损害赔偿金基数的新设计

部件上的专利可以获得不成比例的大数额赔偿，恰好为专利非实施主体制造了寻租机会。如前所述，专利非实施主体主要以高科技领域的生产企业为诉讼目标，这些领域的产品通常需要覆盖多项专利技术，专利非实施主体主张的赔偿金额实际上超过了涉诉专利技术对专利产品的真正贡献比率，因为产品的价值是涉诉专利与其他技术共同创造的。因此，法院在适用专利侵权损害赔偿标准时，应以包含专利技术的最小适销部件为依据计算最终的赔偿额，即专利持有人的损害赔偿额应严格依据被告使用涉诉专利获得的实际经济价值计算。❶在具体操作过程中，需要调查侵权产品中源自专利发明的实际利润，或者侵权产品中包含等同替代技术时的实际利润。这样既符合专利法损害赔偿的一般原则，又可以减少专利非实施行为可获得的利益。

---

❶　Eric Phillips, David Boag. "Recent Rulings on the Entire Market Value Rule and Impacts on Patent Litigation and Valuation." Les Nouvelles, vol.48, no.1, 2013, p.6.

第四节　建立败诉方负担律师费规则

一、律师费赔偿制度的历史沿革

与美国相比较，欧洲国家专利非实施主体提起的诉讼比率比较低。例如，克斯丝汀·赫尔墨教授等人经过对英国 2000 年至 2010 年 11 年间的 300 件专利侵权案件进行实证分析，发现只有 33 件涉及专利非实施主体，即英国专利非实施主体的诉讼比率仅为 11%。之所以英国的专利投机问题并不突出，其中最主要的一个原因就是欧洲国家存在的"败诉方付费"规则，该规则不仅可以防止专利非实施主体肆意提起侵权诉讼，同时也鼓励被控侵权人能够积极应诉，维护自己的权利。因此，从英国专利非实施主体诉讼案件的结果看，和解率非常低，且其很少在最终的诉讼中获胜。除"败诉方付费规则"外，欧洲软件专利的高标准、专利权主张的高成本与专利权抗辩的低成本及最终较低的侵权损害赔偿额都导致欧洲的专利货币化需求尚不明显。❶

实际上，对于律师费赔偿问题，实践中存在两种进路：一种是"英国规则"，一种是"美国规则"。英国及大多数的欧洲国家通常采用败诉方负担律师费用原则，又称为"英国规则"。胜诉方可以要求败诉方赔付包括律师费在内的合理开支。而在美国，无论裁判结果如何，胜诉当事人通常并不能从败诉方那里获得律师费赔偿，而是双方当事人各自负担各自律师费用，这就是所谓的"美国规则"。❷律师费转付立法也可以划分为两种，单向转付立法（one-way

---

❶ Christian Helmers, Brian Love , Luke McDonagh. "Is There a Patent Troll Problem in the UK." Fordham Intellectual Property, Media & Entertainment Law Journal, vol.24, 2014, p.509–512.

❷ 张耕，王淑君："知识产权诉讼中律师费应有限转付"，《人民司法》，2014 年第 9 期，第 97 页

shifting statutes）和双向转付立法（two-way shifting statutes）。在律师费单向转付立法体系中，立法机关或法院认为只能作出对一方当事人有利的费用转付选择。若选定原告为受益人，则胜诉原告可以获赔律师费用，而胜诉被告则不可以。律师费双向转付立法，采用的即是缘于英国法律体系的败诉方负担律师费原则（loser-pays rule）。在该体系下，无论是原告还是被告，只要在诉讼中败诉，就要承担败诉的风险，向胜诉当事人赔付律师费用。在美国，这两种立法模式处于并存状态，但大部分联邦立法及州立法采用的都是有利于原告的"单向转付立法"模式。

美国作为英国的早期殖民地，立法之初并未遵循宗主国关于败诉方付费制度的司法实践。很多 17 世纪的殖民地立法要么完全否定律师服务费，要么否定聘请律师进入司法程序。换句话说，在整个 17 世纪，人们对律师职业是持怀疑和排斥态度的。很多殖民地禁止律师获得任何费用，有些殖民地甚至拒绝所有付费律师进入司法程序。在殖民地，大部分法官实际上都是门外汉，而公众视聘请律师为一项不必要的浪费。总之，这一阶段的律师遭受着最为苛刻的待遇与最为严格的司法限制。随着时间的推移，律师逐步获得了更高的尊敬。到 18 世纪的时候，聘请律师成为一项非常普遍的事情。在该期间，殖民地发展形成了很多关于律师费及诉讼费的不同规则。❶ 随着经济的发展与社会制度的变迁，先前标准各异的律师费规定很快已经不能充分补偿律师。自然，律师试图规避法律的严格限制并开始寻求收费制度的市场自由化。因此，在美国早期历史阶段，严格控制律师费的立法规定与律师欲寻求充分的补偿之间开始出现了矛盾。勒布斯多夫教授认为，正是为了解决这种冲突才导致了"美国规则"的诞生。❷

美国规则根植于殖民地美洲并在 19 世纪走向成熟。在 19 世纪，律师摆脱了有关律师费的立法限制。与自由放任主义主流观点相一致，美国律师认为其

---

❶ John F. Vargo. "The American rule on attorney fee allocation: the injured person's access to justice." American University Law Review, vol.42, 1993, p.1567.

❷ John Leubsdorf. "Toward a History of the American Rule on Attorney Fee Recovery." Law and Contemporary Problems, vol.47, 1984, p.16-17.

具有与客户订立法律服务的合同自由。法律服务本身超越法律束缚的自由市场特性对美国规则的建立具有深刻影响。同时，胜诉方获赔律师费也是公平原则使然。1796 年，美国最高法院在 Arcambel 案中首次提出了美国规则。❶ 在本案中，法院判决被告支付原告损害赔偿费用及 1600 美元的律师费。而最高法院将有关律师费赔偿的问题从判决中剔除并将案件发回海事法院重审，并表示："我们不认为律师费用应该由被告负担。在美国，司法实践长期以来都反对这种做法。即使从原则来说这种实践并不完全正确，而且实践本身在发生变化，立法也在修改，但是法院已然确立的司法裁决应该受到尊重。"随后，法院在 1872 年的 Oelrichs 案件中进一步肯定了"美国规则"的精神内核，同样驳回了被告律师费赔偿请求。在本案中，审判法院作出了不利于被告的包括律师费在内的损害赔偿。最高法院维持了审判法院的裁决结果，但是不同意被告对原告的律师费作出赔偿。最高法院认为，依据先前的 Arcambel 案裁决，被告并不赔偿原告律师费。因为在债权、合同及侵权损害赔偿诉讼中，损害赔偿数额中从未包括过律师费用，因此，在衡平法案件中，这些诉讼中的律师费给付请求不予支持。法院认为，"尽管获赔的损害赔偿数额可以间接地弥补原告支付的律师费，但是律师费并不能作为获得损害赔偿数额的考虑因素" ❷。

然而，随着美国司法实践的发展，美国法院为充分赔偿胜诉原告，激发公众寻求司法救济的兴趣，从公平原则出发，逐步在合同法、知识产权等领域形成了"美国规则"的例外制度，即允许律师费进行有限转付。❸ 此时，美国虽然接受了英国的费用转付规则，但是并没有完全借鉴过来，大部分联邦立法及州立法只承认胜诉原告可以获赔律师费，而胜诉的被告则不可以。这样，很难有效规制且在某种程度上甚至纵容了一些别有用心的原告滥诉、缠诉及恶意诉讼的行为。

---

❶ Arcambel v. Wiseman，3U.S.（3Dall.）306，306（1796）.

❷ Oelrichs v. Spain.82U.S.（15Wall.）211（1872）.

❸ 例如，《美国专利法》第 285 条规定，法院在特殊案件中可以判给胜诉一方当事人合理的律师费用。

二、我国律师费败诉方付费的现状与不足

对于律师费的承担，我国一开始采取的是当事人自负律师费的"美国规则"，但是伴随着立法机关、司法机关对诉讼活动认识的深化，对我国律师费承担问题的态度也发生了转变，在律师费当事人自行承担原则之外，也出现了由败诉方承担律师费的例外。律师费并不同于诉讼费，它不是诉讼活动的必要成本，让败诉方对自己并没有享受的诉讼服务支付费用，表面上看来并不公正，且不同律师收费标准不同，产生的收费差异也十分明显，因此在以往的诉讼活动中，对于律师费的分配承担问题法院基本上不会介入。伴随着诉讼活动的增加与社会分工的细化，社会公众参与诉讼的程度也在加深，当事人在进行诉讼时往往会选择聘请律师，特别是在知识产权这一更加专业的领域，律师费已经成了当事人参与诉讼几乎必然的支出。引入律师费败诉方承担规则，将会对发动诉讼的原告形成威慑，以更大的经济成本迫使当事人谨慎起诉，这一规则也将对以诉讼牟利的知识产权非实施行为产生冲击，制约知识产权非实施行为的扩张。但是我国目前对律师费承担规则的改革还比较保守，律师费败诉方付费在法律实践中更多采用了"单项转付"的标准，对于胜诉被告的保护力度不足，这样就会大大降低对知识产权非实施行为的威慑。

知识产权领域虽然引入了"败诉方承担律师费"的规则，但是这些规则还是体现出对权利人的关照，相关规定似乎预设了一种语境：权利人发动诉讼都是正当的。目前《著作权法》第五十四条第三款、《商标法》第六十三条第一款及《专利法》第七十一条第三款都采取了这样的表述："赔偿数额还应当包括权利人为制止侵权行为所支付的合理开支。"《反不正当竞争法》第十七条第三款也规定："……赔偿数额还应当包括经营者为制止侵权行为所支付的合理开支。"根据《最高人民法院关于审理著作权民事纠纷案件适用法律若干问题的解释》第二十六条、《最高人民法院关于审理商标民事纠纷案件适用法律若干问题的解释》第十七条的规定，权利人制止侵权行为所支付的合理开支，包括权利人或者委托代理人对侵权行为进行调查、取证的合理费用。人民法院根据当事人的诉讼请求和具体案情，可以将符合国家有关部门规定的律师费用计

算在赔偿范围内。这些规定承认在知识产权领域存在败诉方承担律师费的可能性，却也在字里行间体现着对权利人的信任与支持，《著作权法》《商标法》与《专利法》在论述支付合理开支时都将适用的条件限定在"权利人为制止侵权行为"，《反不正当竞争法》也将适用条件限定在了"经营者为制止侵权行为"，从规定的层面并没有给予被告获得救济的渠道。在实践中，法院以往基本上也只支持胜诉原告获得因制止侵权所支付合理费用的赔偿，而对胜诉的被告基本不予支持。长期以来，知识产权领域的重点问题都是制止侵权，知识产权制度是伴随着改革开放的浪潮进入中国的，在改革开放初期面对已经在西方国家运行了几百年的知识产权制度，中国的知识产权事业几乎处于空白，因而在一段时间内，立法、司法、执法的主要任务就是打击知识产权侵权，树立社会公众对于知识产权的信仰，鼓励创新。长期对打击知识产权侵权的过分关注，导致制止侵权成了一种惯性思维和路径依赖，社会轻视了权利滥用的发展。当下，我国逐渐从知识产权使用国走向知识产权创造国。《2020 年中国专利调查报告》显示，2020 年我国遭遇过专利侵权的专利权人占比为 10.8%，较 2015 年下降 3.7 个百分点，总体呈下降趋势，表明"十三五"时期我国知识产权保护环境持续向好，我国专利侵权易发多发现象得到有效遏制。❶ 长期对打击知识产权侵权的关注营造了全社会尊重创造、尊重知识产权的风气，使知识产权侵权行为得到了遏制，但不能就此忽略知识产权滥用现象的迅猛发展。知识产权领域的"败诉方承担律师费"规则还是基本上采用了"单向转付"标准，法院可以依据自由裁量权判决胜诉原告获得律师费赔偿，法院秉持着对保护权利人的惯性思维，没有顾及胜诉被告的利益，这对知识产权非实施行为的规制不利。

在法院行使自由裁量权的过程中，如何确定"合理的"律师费也成为败诉方负担律师费用规则的一大问题。在德国，法院可以依当事人申请，根据其实

---

❶ "2020 年中国专利调查告"，国家知识产权局 2021 年 4 月 28 日，https://www.cnipa.gov.cn/module/download/down.jsp？i_ID=158969&colID=88，2021 年 8 月 7 日访问。

际经济状况确定合理的律师费负担额。❶ 美国通常适用"lodestar"北极星计算方法确立合理律师服务费，即用花费的合理诉讼时间乘以单位时间内合理费用，该方法为初步评估律师服务费用提供了客观基础。❷ 此外，还有依赖胜诉比率部分的费用转付制度，这种转付制度又有两种途径，一是依据原告诉讼请求数额与实际获赔数额比率赔偿律师费，一是依据原告诉讼请求项获得支持的比例确定律师费赔偿数额。❸ 在我国，法官会依照自由裁量权对律师费的承担进行认定，部分支持律师费转付的情况居多，全额支持的案件比较少见。法院在裁判时也不会在判决书中对确认支付比例进行详细的论述，往往就以"酌定"一词代表了整个衡量过程。在嘉其通信器材经营部与源德盛侵害实用新型专利权纠纷中，最高人民法院在二审判决书中就支持原审法院在综合考虑权利人为诉讼实际进行了公证取证、委托律师出庭应诉等活动，对其主张的合理开支予以适当的支持，于是在法定赔偿 1 万元的下限以下判决侵权人赔偿权利人6000 元的赔偿金额，❹ 对于律师费转付的论证十分简略。如何使败诉方负担律师费在有基本标准遵循的情况下不至于死板和僵化也成为摆在司法机关面前亟待解决的问题。

三、完善我国律师费赔偿制度的建议

（一）将被告纳入可获赔律师费的主体中

单向费用转付模式与双向费用转付模式之间的博弈与融合出现在许多国家司法改革的过程中，单向费用转付模式与双向费用转付模式各有利弊。综合

---

❶　张晓薇，牛振宇："德国诉讼费用制度研究"，载《当代法学》2003 年第 11 期，第 119 ~ 123 页。

❷　张耕，王淑君："知识产权诉讼中律师费应有限转付"，载《人民司法》2014 年第 9 期，第 101 页。

❸　张耕，王淑君："知识产权诉讼中律师费应有限转付"，载《人民司法》2014 年第 9 期，第 101 页。

❹　中华人民共和国最高人民法院民事判决书（2021）最高法知民终 1052 号。

来看，单向费用转付制度的优势在于降低权利人维权成本，实现权利的充分救济，鼓励公益诉讼。但劣势是不利于保障胜诉被告的合理权益，并产生恶意诉讼、滥诉和缠诉的风险。与之相对，双向费用转付制度的正当性在于防止轻率诉讼及恶意诉讼，促进和解。缺点是产生诉讼上的寒蝉效应，设置了财政能力较低当事人进入司法程序的障碍，造成低薪阶层及中薪阶层怯于诉讼。事实上，无论采用哪种费用转付模式，各国必须综合考量单向费用转付模式与双向费用转付模式的优缺点及本国法律援助、诉讼保险等其他诉讼成本分担途径是否存在或已经成熟，且要结合本国国情考虑制度引入后对司法体制及整个社会的影响。

知识产权单行法打通了权利人为制止侵权行为请求侵权人支付律师费的转付通道，这种单向转付模式没有顾及胜诉被告的利益，不能对知识产权非实施行为形成足够的威慑。法律面前人人平等，每个人平等地享有权利，平等地履行义务，将胜诉被告纳入可获赔律师费的主体中既公平公正也能提高起诉成本，会迫使原告更加谨慎地提起侵权诉讼。知识产权非实施行为是一种滥用诉权的行为，针对恶意诉讼，2016年最高人民法院发布了《关于进一步推进案件繁简分流优化司法资源配置的若干意见》，对律师费承担采取了更加中立的表述，其第二十二条明确规定："引导当事人诚信理性诉讼。加大对虚假诉讼、恶意诉讼等非诚信诉讼行为的打击力度，充分发挥诉讼费用、律师费用调节当事人诉讼行为的杠杆作用，促使当事人选择适当方式解决纠纷。当事人存在滥用诉讼权利、拖延承担诉讼义务等明显不当行为，造成诉讼对方或第三人直接损失的，人民法院可以根据具体情况对无过错方依法提出的赔偿合理的律师费用等正当要求予以支持。"这表明司法机关已经察觉到恶意诉讼、滥用诉权的现象正在抬头，支持无过错方依法提出的赔偿合理的律师费用可以有效引导当事人诚信理性参与诉讼。2021年6月3日，最高人民法院发布的《最高人民法院关于知识产权侵权诉讼中被告以原告滥用权利为由请求赔偿合理开支问题的批复》也明确指出："在知识产权侵权诉讼中，被告提交证据证明原告的起诉构成法律规定的滥用权利损害其合法权益，依法请求原告赔偿其因该诉讼所支付的合理的律师费、交通费、食宿费等开支的，人民法院依法予以支持。被告也可以另行起诉请求原告赔偿上述合理开支。"之前我国的知识产权单行法对于到底采用"单向转付"还是"双向转付"及适用过程中的考量因素等都未作出明确规定，这样就赋予了法院完全的自由裁量权。法院又囿于法条中"权利人"的表述，在以往的司法实践中，我国法院基本上采用的是"单向转付"标准，法院可以依据自由裁量权判决胜诉原告获得律师费赔偿。伴随着近年来这些司法解释的施行，法院在打击知识产权侵权之余也逐渐开始重视打击权利滥用。此外，TRIPs 协定第四十八条规定："如应一当事方的请求而采取措施且该当事方滥用实施程序，则司法机关有权责令该当事方向受到错误禁止或限制的当事方就因此种滥用而受到的损害提供足够的补偿。司法机关还有权责令该申请当事方支付辩方费用，其中可包括适当的律师费。"将胜诉被告纳入可获赔律师费的主体中，不仅符合我国实践，能遏制知识产权非实施行为的发展，还符合 TRIPs 协定的精神。

（二）细化律师费赔偿数额的考虑因素

2018 年，最高人民法院在北京天悦投资发展有限公司、安信信托股份有限公司合同纠纷一案中维持一审法院对约定律师费的调整，将原告要求被告承担的 598 万元律师费酌定调整至 120 万元，这一判决引发了热议。一审法院考虑三个因素确定了被告承担律师费的金额。一是委托合同签订时当地的政府指导价。依据 2016 年时有效的《上海市律师服务收费政府指导价标准》的规定，聘请律师作为委托人进行诉讼的价格可以采用计件（最高 1.2 万元）、计时（每小时 3000 元）和按标的额比例收费等多种方式。采用这三种计算方法得出的结论相差悬殊。二是我国不实行强制律师代理制度，委托律师诉讼并非实现债权之必须。守约方支出律师费获得了法律服务，违约方并未从此种法律服务中获益。三是衡量本案争议金额、案件难易、庭审次数和时长，以及当地法官、检察官、律师的年平均收入情况。❶ 综合以上因素，法院酌情确定被告承担 120 万元的律师费。法院在确定合理的律师费赔偿额时应该综合考虑各种

---

❶ 中华人民共和国最高人民法院民事判决书（2017）最高法民终 907 号。

因素，在本案中当事人双方虽然约定实现追偿的律师费由天悦公司承担，但并未约定具体金额或计算方式，模糊的约定会诱发诉讼中不诚信行为的发生。

虽然在立法层面明确支持将律师费纳入合理支出中，但是在个案当中律师费究竟应当如何进行转付依赖司法的审判技术，目前司法层面还没有形成对律师费赔偿数额的细化考虑因素。2010 年，上海市高级人民法院印发《关于知识产权侵权纠纷中适用法定赔偿方法确定赔偿数额的若干问题的意见（试行）》的通知，其中第十五条就对律师费转付标准进行了细化，包括：参考司法行政部门规定的律师收费标准；实际判赔额与请求赔偿额；案件的复杂程度等因素。除此之外，法院在具体的知识产权审判实践中确定合理律师费还需要考量以下因素：诉讼请求被支持的程度；合理律师费在其他相关联的案件中获得赔偿情况；案件的复杂程度；律师实际工作量，等等。但是也要注意，对于律师费转付标准不能追求过分细化，因为过于精密的计算标准反而会导致僵化。

（三）对适用律师费赔偿制度的案件类型作出限制性规定

律师费赔偿制度的目的一方面在于鼓励权利人向司法机关提出救济要求，降低诉讼成本，并充分补偿权利人因侵权遭受的损失；另一方面可以防止权利人滥用诉讼权利及恶意诉讼。若在所有知识产权侵权案件中，都授权法院可以判给胜诉方当事人律师费，可能带来违反制度设立初衷的不公平后果。美国知识产权立法将律师费赔偿制度的适用范围限定在"特殊案件"中，即便在采用败诉方付费的英国，对律师费的赔偿也未延伸到所有案件中。例如，在小额诉讼中，当事人各自负担律师费。因此，我国有必要对律师费赔偿制度的适用范围作出限定，具体规定如下：法院依据公平原则，在某些特殊案件中可以依据自由裁量权判给胜诉当事人合理的律师费用。法院在考虑是否赔偿胜诉原告律师费时，可以考虑被告是否存在故意侵权行为、被告在知识产权确权程序中是否存在欺骗或其他不正当行为。法院在考虑是否对胜诉被告律师费进行赔付时，可以考虑原告诉讼行为是否为缺乏客观依据或实质诉讼利益的恶意诉讼、滥诉或缠诉行为。

由知识产权非实施行为产生的诉讼大多数都是滋扰性、投机性的恶意诉讼案件，采用败诉方负担律师费用规则不仅可以充分彰显司法的公平正义，同时还可以提高知识产权非实施主体的诉讼成本，对其滥诉行为起到一定的遏制作用。

第七章　我国知识产权非实施行为行政规制

2020 年 11 月 30 日，习近平总书记在论述如何强化知识产权保护问题时指出："要加强知识产权全链条保护，从审查授权、行政执法、司法保护等环节着手，综合运用法律、行政、经济、技术等手段加强知识产权保护。"❶ 知识产权保护离不开司法、行政、经济和技术等手段的共同作用，知识产权违法行为同样需要司法、行政、经济和技术等手段的共同规制。单纯的司法规制虽然具有一定效果，但是实现提高全社会的创新能力，促进科学技术和经济社会发展的最终目标离不开行政规制的保驾护航。知识产权非实施行为的司法规制有自身的局限性，司法规制难以避免其自身的被动性和事后性，司法规制只能在知识产权非实施行为出现之后对其进行规制，而且囿于民事诉讼的不告不理原则，法院并不能主动出击来规制知识产权非实施行为。而行政规制则可以避免司法规制被动性和事后性的弊病，在知识产权非实施行为在我国大规模出现之前，就可以从行政规制的角度出发，主动出击，科学筹划，合理布局，将知识产权非实施行为扼杀在摇篮当中，从源头上采取严密措施规制知识产权非实施行为，以达到标本兼治的目的。因此，本章将从知识产权非实施行为行政规制中的加强国家知识产权防御性保护、提高知识产权质量和增强知识产权信息披露三方面入手，分析域外经验和我国当前行政规制的现状，为我国知识产权非实施行为行政规制建言献策。

---

❶ 新华社："习近平主持中央政治局第二十五次集体学习并讲话"，中华人民共和国中央人民政府网 2020 年 12 月 1 日，http://www.gov.cn/xinwen/2020-12/01/content_5566183.htm，2021 年 8 月 4 日访问。

第一节　加强国家知识产权防御性保护

一、建立防御性数据库防止被抢注

面对知识产权非实施行为在美国和欧盟的肆虐及美国和欧盟付出的惨痛代价，印度、日本、韩国、法国等国纷纷意识到不采取相应的措施应对知识产权非实施行为，将对本国或地区的企业造成一定的冲击，影响本国或地区经济持续健康发展，甚至可能危及社会安全。因此，以上各国或地区开始纷纷采取相应防御性措施来规制知识产权非实施行为，其中建立防御性数据库即是一种具有创造性的实践。

（一）域外建立防御性数据库防止被抢注的实践

印度在建立防御性数据库防止被抢注方面迈出了第一步，传统知识数字图书馆是印度保护印度传统医学知识的开创性举措。传统知识❶是依靠传统知识谋生的土著和当地族群宝贵而脆弱的资产。印度 70% 以上的人就业和数百万人的医疗保健需要依赖于传统医学，在全球范围内，人们再次关注到传统医学的使用，使其更容易受到剥削和抢注。传统知识数字图书馆克服了语言和格式的障碍，利用信息技术工具和创新的分类系统，提高了传统知识领域专利申请的检索和审查质量。目前，根据印度内阁经济事务委员会的批准，传统知识数字图书馆可将其收集到的数据供 13 个专利局（欧洲专利局、美国专利商标局、

---

❶　传统知识是在族群内发展、维持和代代相传的知识、诀窍、技能和做法，通常构成其文化或精神特征的一部分。虽然在国际层面还没有公认的传统知识定义，但可以说，一般意义上的传统知识包括知识本身的内容及传统文化表现形式、与传统知识相关的独特标志和符号。狭义的传统知识是指知识本身，特别是传统背景下智力活动产生的知识，包括专有技术、实践、技能和创新。传统知识可以在广泛的背景下找到，包括农业、科学、技术、生态和医药知识及与生物多样性相关的知识。

日本专利局、联合王国专利局、加拿大知识产权局、德国专利局、澳大利亚知识产权局、印度专利局、智利专利局、马来西亚知识产权公司，俄罗斯知识产权局，秘鲁专利局和西班牙专利商标局）使用，根据传统知识数字图书馆访问保密协议的条款和条件，专利局的审查员只能使用传统知识数字图书馆进行搜索和审查，除非有必要引用传统知识数字图书馆的内容，否则不能向任何第三方透露传统知识数字图书馆的内容，以保护印度的利益避免遭受任何形式的滥用。传统知识数字图书馆被证明是对生物专利抢注的有效威慑，并被国际公认为一项独特的努力。传统数字图书馆通过展示主动行动的优势和强大的威慑力，为世界各地的传统知识保护树立了标杆，尤其是在传统知识丰富的国家。这里的关键是通过确保专利审查员在不限制传统知识使用的情况下获得传统知识相关信息来防止授予错误的专利，以此来保护印度的传统医学知识。❶

印度为保护本国重要的传统知识，特别是其传统医学知识，建立了传统知识数字图书馆。传统知识数字图书馆通过共享本国传统医学知识数据的方式，在保护印度的传统医学知识不在其他国家专利行政部门被抢注方面发挥了显著的成效，有效地保护了本土许多国民赖以生存的传统知识资源，维护了本国的权益，为世界上其他传统知识丰富的国家保护传统知识提供了可资借鉴的经验。与此同时，建立传统知识数字图书馆也从源头上阻断了知识产权非实施主体获得有瑕疵的知识产权的途径，震慑了知识产权非实施主体对生物专利的抢注。

（二）对我国的启示与建议

我国是一个具有五千年灿烂历史文明的统一的多民族国家，具有相当丰富的传统知识，印度传统知识数字图书馆为我国保护丰富的传统知识提供了可借鉴的经验。世界各国纷纷意识到传统知识的重要性，我国传统的中医知识如果不加以保护也很有可能成为被抢注的对象。我们必须深刻认识到我国传统文化

---

❶ Traditional Knowledge Digital Library，http://www.tkdl.res.in/tkdl/langdefault/common/Abouttkdl. asp? GL=Eng.，2021 年 8 月 4 日访问。

知识的价值，及时行动，采取相应的措施，避免更多优秀的知识产权被抢注。

印度建立传统知识数字图书馆的做法为我国建立防御性数据库提供了经验。我国可借鉴印度的做法建立属于我国的防御性数据库。如何构建具有中国特色的防御性数据库，可以从以下三方面着手。

第一，防御性数据库的建立由国家专利和商标行政部门负责具体实施。国家专利和商标行政部门是授予商标权和专利权的机构，具体负责商标审查和专利审查工作，因此应由国家专利和商标行政部门具体负责收集汇总可授予专利权或商标权的相关专利、商标数据，其他行政部门予以配合提供给国家专利和商标行政部门所需要的现有技术、传统知识和遗传资源等相关数据。由于著作权是自创作完成自动取得的，只要作品是作者独立完成，具有一定的独创性，就可取得著作权，不需要行政机关授予权利，所以对于作品著作权的取得无须行政机关的授权，无须相关的数据收集和比对，但著作权登记具有一定的公示性，可以此对抗第三人。

第二，国家专利和商标行政部门对收集到的相关数据利用信息技术工具和分类系统，利用大数据算法，将不同的数据进行分类整理，按照不同的类别进行合理编排，以便专利或商标审查员进行检索比对，一方面可提高知识产权授权质量，另一方面又能够避免被他人恶意抢注，损害我国的合法权益。

第三，国家专利和商标行政部门将防御性数据库的文字翻译成世界上主要的几种通用语言，国家专利和商标行政部门与世界主要国家的知识产权局签订共享防御性数据库的协议，在严格保密的情形下，供其他国家知识产权局专利或者商标审查员进行现有技术、传统知识或者遗传资源等数据检索，避免我国的传统知识被恶意抢注，维护我国的合法权益。

印度建立的传统知识数字图书馆通过主动行动展示了保护本国知识产权的强大决心，对恶意抢注知识产权形成了震慑，取得了良好的效果。我国虽然在建立传统知识产权保护防御数据库方面起步晚，但是凭借着中国特色社会主义的制度优势，相信我国必然能在此领域迎头赶上，取得良好的成效，维护我国的合法权益。

二、建立防御性数据库以防止专利被廉价收购

（一）域外建立防御性数据库以防止专利被廉价收购的实践

2000 年，高智名下出现了一种专利聚合的新型业务。高智以从苹果、微软、亚马孙、易趣等公司融资的超过 50 亿美元的资金开始积极地收购专利，并且在十年间就成为美国五大专利所有者之一。❶ 此外，美国还产生了许多专利聚合机构，对美国专利聚合的强大感到震惊的日本、韩国、法国纷纷决定建立起自己的主权专利基金，又称"专利基金"，以此来保护本国企业免受知识产权非实施行为的诉讼威胁，保护民族企业，维护国家利益，促进科学技术和社会经济的发展。❷ 建立本国的专利基金是日本、韩国、法国在建立防御性数据库方面重要的实践，有效地防止了本国的专利被国外知识产权非实施主体廉价收购，进而损害本国的利益。

本书第三章详细介绍了主权专利基金在亚洲国家的应用，实际上，在日益激烈的全球专利战中，亚洲国家并不是唯一拥有主权专利基金的国家。法国政府通过研究专利和创新市场，也宣布成立了一个名为知识产权主权基金会的主权专利基金（FSPI）。法国提供 1 亿欧元用于资助知识产权主权基金会。知识产权主权基金会将以"获得被封锁的专利权"为主要目标运营该基金并且采取措施保护国内企业免于遭受知识产权非实施主体提起的专利侵权诉讼。❸ 然而，知识产权主权基金会并不是法国仅有的主权专利基金。2010 年 9 月，法国成立了名为法国专利的主权专利基金，目的是从公共和私人来源获得专利权，然

---

❶　Robin Feldman, Tom Ewing. "The Giants Among Us." Stanford Technology Law Review, vol.1, 2012, p.44-45

❷　Xuan-Thao Nguyen. "Sovereign Patent Funds." U.C. Davis Law Review, vol.51, 2018, p.1259.

❸　See Jean-Christophe Rolland & Philippe Kohn, France. New Sovereign Patent Fund, Managing Intell. Prop.（Jan.26, 2015）, http://ww .managingip.com/Article/3421356/France-New-sovereign-patent fund.html. 转引自 Xuan-Thao Nguyen. "Sovereign Patent Funds." U.C. Davis Law Review, vol.51, 2018, p.1272.

后授予专利许可证，以增加原专利权人的收入。❶ 政府公开在创新领域实施专利聚合政策。❷ 自成立以来，该基金在许可计划方面取得了重大的成果。❸ 政府认为专利组合反映了来自广泛行业的法国创新，其他人必须付费才能使用。通过其激进的做法，法国布雷维茨迫使国际上的其他公司为其专利的使用支付高额的许可费。❹

通过考察各国建立专利基金的实践不难发现，首先，建立专利基金的目的是使本国或地区的企业免受知识产权非实施主体的诉讼要挟，保护本国企业的合法利益，促进科学技术创新和经济发展。知识产权非实施行为在美国和欧盟等地不断涌现，有数据表明，知识产权非实施主体主要针对大量中小型高科技公司提起专利侵权诉讼，由于中小型高科技公司实力弱小、应诉能力差又难以支付高额的诉讼费和律师费，知识产权非实施行为的骚扰很容易使中小型高科技企业的发展置于危险境地，严重阻碍了社会的创新，违背了知识产权促进科学技术创新和社会经济发展的目的。鉴于知识产权非实施行为会给本国或地区公司造成的巨大威胁，建立专利基金的首要目的在于规制知识产权非实施行为，保护自身的合法权益，避免本国企业被知识产权非实施主体提起国际专利

---

❶　Hedge Funds and Sovereign Wealth Funds Emerge as New Players Entering Intellctual Property Market, HEDGEWEEK（Dec.15, 2015, 3：22PM）, http://ww.hedgeweek. .com/2015/12/15/234806/ hedge funds-and-sovereign-wealth-funds-emerge-new-players-entering intellectual-pr（discussing sovereign patent funds, including France Brevets, as an IP business model）. 转引自 Xuan-Thao Nguyen. "Sovereign Patent Funds." U.C. Davis Law Review, vol.51, 2018, p.1272.

❷　See Michael J. Meurer & James Bessen, Congress Needs to Rein in Patent Trolls, Bos.GLOBE（Nov.5, 2014）, http://www.bostonglobe.com/opinion/2014/11/04/congress-needs-rein-patent-trolls/ BSu1TBqcU11mtYIrqSK6yO/story.html? comments=all & sort=highest rating（expressing concerns about France Brevets functioning like a patent troll）; FR.BREVEIS, http://www.francebrevets.com/en（ast visited Feb.25, 2018）. 转引自 Xuan-Thao Nguyen. "Sovereign Patent Funds." U.C. Davis Law Review, vol.51, 2018, p.1272.

❸　See Jean-Christophe Rolland & Philippe Kohn, France. New Sovereign Patent Fund, MANAGING INTELL. PROP.（Jan.26, 2015）, http://www .managingip.com/Article/3421356/France-New-sovereign-patent fund.html. 转引自 Xuan-Thao Nguyen. "Sovereign Patent Funds." U.C. Davis Law Review, vol.51, 2018, p.1273.

❹　Xuan-Thao Nguyen. "Sovereign Patent Funds." U.C. Davis Law Review, vol.51, 2018, p.1273.

侵权国际诉讼，促进本国或地区科学技术创新和国内产业发展，提高本国或地区企业在国际市场的竞争力。其次，建立专利基金的目的在于避免国内公司、大学或者科研院所的专利被廉价收购。国内公司破产之后，破产公司大量的专利就存在被国外非实施主体收购的潜在风险，一旦被国外的非实施主体收购，再被要求本国公司支付高额的许可费或者以提起国际专利侵权诉讼相威胁要求支付巨额的赔偿金，这将对本国公司的发展造成严重的影响。此外，如果对一些大学或者科研院所的专利不采取适当的措施进行管理，一旦外流，不仅损害国家利益，而且可能危及国家安全。专利基金可以在企业破产之后收购企业的闲置专利，也可以将大学或者科研院所的专利进行收购，然后将收购的专利许可给国内的企业使用，收取一定的许可费，促进大学或者科研院所的专利转化，为大学或科研院所后续的研发提供资金支持。再次，建立专利基金的目的在于提供一个专利运营的平台，促进专利的转化，实现知识产权的经济价值。专利如果仅持有并不实施，并不会产生经济价值，对社会而言，前期投入巨大的人力、物力、财力但却没有回报，难免是一种资源的浪费。专利基金可以发挥中介平台的作用，将有价值的闲置专利收购，然后许可企业使用，而且专利基金拥有庞大的专利库，还可将专利进行组合使不同的专利在组合之后许可企业使用，充分发挥专利基金专利数据库的价值。最后，专利基金也可像其他知识产权非实施行为主体一样凭借着庞大的专利拥有量向其他国家或地区的公司提起专利侵权诉讼，以获取侵权赔偿的方式来盈利，但此种做法存在一定的风险，其他国家很可能认定专利基金是国家专利非实施主体，给专利基金的运营带来不必要的麻烦，因此专利基金应当保持一定的克制，重在保护而非进攻。此外，专利基金将聚合的专利低价甚至免费给予国内的公司使用，很可能被认定为国家贸易保护，在贸易全球化的今天，如果被认定是国家贸易保护措施，难免会招致他国相应的贸易制裁，从而对国内经济发展造成冲击，因此为了本国经济持续健康的发展，此种做法应当慎重。

（二）启示与建议

专利基金并非十全十美，专利基金向其他国家或地区的公司起诉的时候很可能被认定为国家专利非实施主体，不可避免地在舆论上处于被动的地位，即使获得胜诉的结果，但是付出的代价远远不止于此。而且专利基金的某些运作模式可能会被认定为国家贸易保护，从而引发不必要的贸易争端，因此我国应当采取措施避免被认定为国家专利非实施主体和国家贸易保护。以上国家的实践经验和在规制知识产权非实施行为取得的良好效果，使我国加快了在规制知识产权非实施行为方面的步伐。

我国效仿以上国家的做法，也紧跟其后建立起自己的专利基金。2014年4月26日，国内第一支专利基金——中国睿创专利运营基金宣告成立。该基金由中关村科技园区管委会和海淀区政府通过注入资金和引导社会资金投入组建而成，智谷公司作为普通合伙人管理基金投资策略与日常运营。睿创基金第一期基金将重点围绕智能终端、移动互联网等核心技术领域，以云计算、物联网作为技术外延，通过市场化的收购和投资创新项目等多种渠道来集聚专利资产。❶此后，我国又成立了四川省知识产权运营基金和北京市重点产业知识产权运营基金等多个知识产权运营基金，这些基金均由地方政府牵头和私人公司共同组建，政府委托私人公司负责运营。我国成立的这些知识产权运营基金的运作模式基本同域外的专利基金保持一致，大致有两个方向：第一，通过专利基金收购廉价的或者高校、科研院所未转化的专利，成立一个专利数据库，再通过专利授权、转让和技术转移等途径将某项专利或某几项专利进行组合授予或者转让给需求方，通过专利许可的方式营利；第二，通过对我国的发展具有重要影响的产业链和重要行业分析研究，评估未来三到五年甚至更长时间的相关技术的商业价值，通过投资、合作与高校、研究所孵化开发这些技术取得未来技术的所有权或专利独占授权，然后再通过授权或者转让给实施者进行盈利。

通过专利基金建立防御性专利数据库，防止廉价专利被国外知识产权非实施主体收购，对维护国内创新市场有序竞争、保护本国或地区内的企业健康发

---

❶ "专利运营基金睿创宣告成立"，第一财经网2014年4月26日，https://www.yicai.com/news/3749724.html，2021年8月4日访问。

展和提高本国企业在国际市场的竞争力具有重要的意义。例如，日本的夏普公司是一个拥有众多专利的公司，在夏普破产收购中，日本创新网络公司为了不让夏普公司的众多专利落入国外一家公司手中，不惜花费巨额资金将夏普公司进行收购。日本的做法值得我国借鉴，本国的专利落入到知识产权的非实施主体手中，很可能成为知识产权非实施主体提起诉讼损害国内企业合法权益的有力武器，因此建立防御性数据库防止本国的廉价知识产权被国外知识产权非实施主体收购具有重要的价值。此外，专利基金除了建立防御性数据库防止我国专利被廉价收购外，专利基金也可通过提起诉讼的方式向国外的企业提起知识产权侵权诉讼，以谋求侵权损害赔偿，但专利基金此种做法可能会被其他国家认为是国家专利非实施主体，因此在国际舆论中处于被动的地位，影响专利基金的正常运营。此外，专利基金低价或者免费授予国内公司专利许可很有可能被其他国家认定为国家贸易保护，从而引发不必要的贸易争端，影响我国的对外贸易。因此，我国的专利基金应当谨慎选择以诉讼的方式来谋求利益，避免被人认为是国家知识产权非实施主体和国家贸易保护，落人口实。有鉴于此，在运营主权专利基金时，我国应减少政府部门对基金运作的不当干预，以避免卷入国际贸易争议。[1] 由于专利基金背后行政机关的注资介入，不可避免地使专利基金染上行政的色彩，还可能打击其他私人投资者对主权专利基金进行投资的信心。例如，韩国的专利基金在组建初期，除了政府部门的投资之外，私人投资者大多持观望态度，对专利基金的运作前景不免产生怀疑。虽然我国的国情与其不同，但是为了主权专利基金的运作发挥良好的示范作用，我国专利基金可探索建立行政机关退出机制，逐步减少行政机关在专利基金中的投资占比直至全部投资由私人公司持有，实现专利基金的市场化运作。行政机关只须发挥监督保障作用，为专利基金市场化运作提供有效的外部监管，使其运作既符合相关法律的规定，又能发挥保护国内公司和产业发展的作用。

---

[1] 张惠彬，邓思迪："主权专利基金：新一代的贸易保护措施"，载《国际法研究》2018 年第 5 期，第 50 页。

三、对重点行业进行专利分析与布局

除了建立防御性数据库防止被抢注和建立防御性数据库防止被廉价收购之外，加强我国知识产权防御性保护的另一个重要举措是对重点行业进行专利分析与专利布局。随着以互联网、云计算、大数据等为代表的第三次科技革命的到来，信息、通信、技术行业（ICT 行业）得到迅猛的发展。随着 ICT 行业的迅猛发展，ICT 行业注册申请了数量巨大的相关专利，以谋求专利带来的垄断利益。ICT 行业专利数量众多，而且在诉讼中获得赔偿额多，从国际范围内近些年的案例来看少则数千万美元，多则数亿美元。ICT 行业巨大的诉讼利益使知识产权非实施行为将 ICT 行业作为重点的进攻对象，各国的国际大公司频繁遭到知识产权非实施主体的起诉，并且从诉讼的结果来看，知识产权非实施主体在其中获得了巨额的利益。我国的华为、中兴等企业最近几年在专利侵权国际诉讼当中败诉，为了保持在国际市场中的份额不得不支付高昂的和解费、专利许可费，因此，为了维护国内知识产权创新市场健康的竞争秩序，助力我国企业有序发展，促进科学技术进步和市场经济发展，对重点行业进行专利分析与布局是一项十分重要的举措。

（一）域外对重点行业进行专利分析与布局的实践

专利基金的一项功能是建立防御性数据库保护国内公司免遭知识产权非实施行为主体的起诉，另一项重要的功能则是对重要行业进行专利分析与专利布局，维护重要行业的平稳健康发展，促进科技创新和市场经济的发展。日本、韩国和法国的专利基金不仅建立防御性数据库保护国内公司免遭知识产权非实施行为的诉讼骚扰，而且着眼于对重点行业进行专利分析与专利布局。例如，日本和韩国为了保持其在电子通信行业的领先地位，专利基金对电子通信行业进行专利分析，对未来行业发展所必需的或具有重要价值的专利，提前联合大学或科研院所进行研发或者提前收购相关专利，进行行业专利布局，防止知识产权非实施行为主体抢先获得相关专利，使相关行业遭受不必要的损失。如果相关专利的价值较高，短期内又难以研发成功，则不惜重金进行收购。专利基

金的防御性功能不仅体现在构建防御性数据库防止被知识产权非实施主体廉价收购，还体现在主动出击，提前对重要的行业进行专利分析与专利布局，变被动为主动。

（二）启示与建议

我国重要行业的健康发展事关我国的经济命脉，关系着我国的国家安全，因此必须从战略高度上重视对重要行业的保护。印度为了保护其医药行业，韩国和日本为了保护其电子行业纷纷出台政策，我国也应当采取适当措施保护我国重要行业，促进企业健康发展，保持其在全球市场的竞争力。通信行业是我国的重要行业，而华为又是 5G 通信技术领域的开创者，是我国通信领域里的重要企业。近些年来，华为频频遭到美国政府的打压，美国政府通过各种措施阻碍华为 5G 技术占领全球通信市场。华为作为一家高科技型的国际公司，我国政府为了保护其正当利益可采取一定的措施，支持其在全球市场中提高竞争力。对重点行业进行专利分析与布局是一项符合我国国家利益的重要举措，也是重要行业健康发展的基础，同时，对重点行业进行专利分析与布局对于防止知识产权非实施行为在我国知识产权创新市场的蔓延具有重要意义。

专利基金实现对本国公司和知识产权创新市场保护目标的举措除了建立防御性数据库外，另一个重要举措是对重点行业进行专利分析与专利布局。域外对重点行业进行专利分析与专利布局的做法在规制知识产权非实施行为方面取得了良好的效果，值得我们借鉴。我国可从以下四个方面着手。

第一，在国家层面上，明确重要行业的类别。综合国家统计局的统计数据和未来的科技发展趋势，对所有行业进行数据分析和科学研判，然后明确哪些行业是关系到国家经济命脉、国家安全的重要行业，建立重要行业目录，将其分类管理，并对其重点关注。

第二，对重要行业未来的发展趋势和发展方向进行分析研究，加快重要行业发展必需的基础专利和核心专利的研发。专利基金可通过与高校、科研院所合作，进行基础专利和核心专利的研发，并在研发成功之后积极申请专利，防止重要行业优秀科研成果的流失。此外，对于某些必需的又来不及进行研发的专利技术，可通过购买、受让等方式获得专利权，将其纳入防御性专利数据库当中，然后授权重点行业使用并收取一定的专利许可费，防止这些专利落入知识产权非实施主体手中。

第三，在重要行业的基础专利、核心专利周围，构建专利防御网。对于与基础专利和核心专利密切相关的其他专利进行积极的研发、布局，防止知识产权非实施主体提前将相关专利抢先申请，以保护重点行业的健康发展，促进科学技术的进步和市场经济的发展。除了防止知识产权非实施行为的骚扰之外，在基础专利、核心专利周围进行专利布局构建专利防御网，还有助于防止竞争对手的专利围堵，提前抢占先机，获得在市场竞争中的优势地位。

第四，我国行政机关可对专利基金在重点行业进行专利分析与专利布局方面提供税收优惠、政策扶持、人员配备等优惠措施，推动资金和人才朝此方向流入，进而推动重要行业专利分析与专利布局工作的顺利进行。

第二节　提高知识产权质量

近年来，美国专利非实施行为日渐活跃，专利非实施主体发起专利侵权诉讼的比例呈现逐年攀升的趋势，浪费了大量的司法资源和行政资源，损害了社会公共利益。美国专利非实施主体提起的侵权诉讼数量迅速增长的原因是，伴随着 20 世纪 80 年代互联网技术的兴起，美国为了维护自己在互联网技术领域的领先地位，允许将计算机软件授予专利。计算机软件专利保护范围更广，而且数量与日俱增，计算机功能性的权利要求更具模糊性和不确定性，更容易引发诉讼争议。此外，美国还可授予商业方法专利权，商业方法专利功能性的权利要求同计算机软件专利相似，权利要求范围具有不确定性，更容易成为知识产权非实施行为主体用以提起侵权诉讼的工具。根据美国政府统计，专利非实施主体提起的诉讼中，82% 是基于计算机软件发起的侵权诉讼；而其他主体提起的专利侵权诉讼中，只有 30% 是软件专利侵权案件。同时，计算机软件专利侵权诉讼发生概率是化工专利的近 5 倍；而商业方法专利的侵权诉讼发生概率约为化工专利的 14 倍。❶ 因知识产权非实施行为主要依靠权利要求宽泛的"弱专利"主张权利，因此，必须强化知识产权的源头保护，进一步提高知识产权审查质量，以确保制度体系保护的是最优质的知识产权。低质量的知识产权不仅不利于进行转化应用，浪费大量的人力、财力，而且低质量的知识产权因为其权利边界的模糊性和不确定性成为知识产权非实施主体青睐的对象。大量的知识产权非实施主体提起诉讼，均与低质量的知识产权相关，因此，有必要从源头上规制知识产权非实施行为，提高知识产权授权质量，同时对授权之后低质量的知识产权进行无效宣告。

一、提高知识产权授权质量

除了作品著作权的自动取得，商标专用权或发明专利权的获得需要商标局或者专利局的授权。知识产权非实施主体凭借低质量的知识产权提起侵权诉讼，进而通过诉讼获取高额赔偿的方式盈利。规制知识产权非实施行为需从源头入手，首要的是要提高知识产权的授权质量，让知识产权非实施行为没有可利用的弹药，知识产权非实施行为相应就会减少。

（一）域外提高知识产权授权质量的实践

以专利为例，美国长期以来在专利主题适格性的检测中未能明确区分基本工具与基本工具应用，导致大量不符合法律规定的计算机软件和商业方法被授予专利权。为恰当区分基本工具本身与基本工具应用，解决司法实践中专利主题适格性检测方法的混乱问题，美国最高法院在梅奥案中确立了专利适格性分析的基本步骤。最高法院指出：必须确定涉诉权利要求是否指向自然法则、自然现象或抽象概念这些不具有专利适格性的基本工具本身。如果答案是肯定

---

❶ 易继明："遏制专利蟑螂——评美国专利新政及其对中国的启示"，载《法律科学》2014 年第 2 期，第 176 页。

的，则需要进一步询问"除了这些基本工具外，是否存在其他因素"。回答这个问题，需要对每个权利要求的要素既要分别考虑又要作为一个有序组合进行整体考量，进而确定附加的因素是否将这些基本工具转化为专利适格性应用。艾丽丝案在梅奥案基础上，确立了更为明确统一、操作性更强的专利适格性两步检测方法，又称"艾丽丝检测法"或"艾丽丝/梅奥检测法"。首先，必须确定权利要求发明是否属于专利法第一百零一条规定的法定四类范畴。如果不是，则权利要求不适格。其次，如果权利要求的发明落入了法定类型之中，必须继续确定是否属于三类司法例外。如果是，则权利要求不适格。只有通过了这两关，权利要求才具备专利适格性。应该说，艾丽丝/梅奥检测法比以往的专利适格性检测法更为严格，尤其对于软件和商业方法而言更为明显，有效地防止了大量本不应该授予专利权的计算机软件和商业方法被授予专利权，提高了专利的授权质量，确保知识产权制度保护的是最优秀最值得保护的知识产权。

本书第三章详细介绍了艾丽丝案，本节在此仅作简要阐述。在艾丽丝案中，涉案权利要求属于"中介结算"这一商业方法概念，而且"中介结算"这一抽象的商业方法概念仅靠计算机指令加以实施并不能将这一抽象概念转化为适格的专利主题，因此，艾丽丝案中的权利要求不符合专利主题的要求，不需要进一步对其进行实质性审查即可驳回专利申请。艾丽丝案之后不久，美国专利商标局于 2014 年 12 月 6 日颁布《2014 专利主题适格性临时指南》（简称《指南》），进一步提出用以审查所有权利要求主题的专利适格性的评估标准。《指南》是艾丽丝案确定的专利主题适格性监测方法的进一步细化，为专利审查员从源头上确保授权质量提供了操作准则，在社会上也具有重要的指导意义，有效地震慑了意图申请不符合专利主题要求的知识产权非实施行为主体，节约了行政资源和司法资源，提高了知识产权授权质量，有利于实现知识产权制度保护最优秀知识产权的目的。此外，美国的发明法案中一项限缩功能性权利要求的行政措施，促进了专利审查程序的改善，提高了总体的专利质量。但是，利益相关方依然会提出过于宽泛的权利要求。例如，在软件领域，即使发明法案改善了专利审查程序，但是软件专利的申请者仍然会提出过于宽泛的权利要求，这种现象在软件领域较为普遍。鉴于此，美国专利商标局将针对性地培训专利审查员，以帮助审查员更好地审查功能性的权利要求。同时，在接下来的 6 个月内，将采取一系列措施来提高权利要求的清晰度，如制定新的专利分类标准加以明晰，并在专利说明书中使用词汇表以帮助软件领域的审查员。❶

美国艾丽丝案和美国专利商标局颁布的《指南》为专利主题适格性审查提供了一套行之有效的解决方法，提高了专利的授权质量，防止了大量本不应该得到授权的知识产权得到授权，为从源头上规制知识产权非实施行为奠定了基础。美国的发明法案也提出了限缩功能性权利要求的行政措施，这进一步严格了专利的审查程序，提高了专利的授权质量。但以上司法案例和行政措施依然有不足之处，特别是面对软件领域和商业方法领域专利申请时，权利要求的模糊性和不确定性，以及不断进步的科学技术，对审查员提出了更高的要求。因此，在以上司法判例和行政措施的基础上，要提高知识产权审查员的专业水平，以应对科学技术的发展对知识产权审查工作的要求，保障知识产权制度保护的是真正高质量的、能够推动社会进步的知识产权。与此同时，对各类知识产权的申请行为要加强监管，遏制专利非正常申请、商标抢注、商标囤积等不正当行为，以维护正常的市场经济秩序和知识产权管理秩序。

（二）启示与建议

美国的艾丽丝案和美国专利商标局颁布的《指南》为我国专利领域提高专利授权质量提供了宝贵的经验，为规制知识产权非实施行为提供了可资借鉴的实践操作。与此同时，我们也要看到上述司法判例和行政措施的不足之处，要取其精华，弃其糟粕，合理地借鉴使其符合我国的实践需求，促进我国科技的进步和经济的发展。同时，在我国加强知识产权"双监督双评价"质量管理的背景下，我国可从以下五个方面入手提高我国的知识产权授权质量。

---

❶ 易继明："遏制专利蟑螂——评美国专利新政及其对中国的启示"，载《法律科学》2014 年第 2 期，第 178 页。

第一，培育高素质的知识产权人才队伍。完善严格的知识产权授权审查程序离不开高素质的知识产权审查员的切实执行，因此只有完善的程序还不足以发挥制度的目的，只有程序的要求在高素质的审查员手中得以落实、得以严格执行，完善严格的授权审查程序才具有意义。然而，我国科技的发展和不断出现的新技术、新领域对审查员的专业能力提出了更高的要求，现行知识产权审查员的专业水平与我国的发展需求还存在一定的差距，所以我国亟须培养一批高素质的知识产权人才队伍，让高素质的知识产权人才从授权的源头上严把质量关，切实提高我国的知识产权质量水平，不给知识产权非实施行为可乘之机。例如，开展对专利审查员进行定期的培训活动，将新技术和新领域进行特别分类，明晰权利要求的本质等。

第二，对不经实质性审查的知识产权进行特别管理。《专利法》规定对发明创造专利进行实质性审查之后，对于符合要求的才能授予专利权，然而对实用新型和外观设计专利不进行实质性审查即可授予专利权。《专利法》的这一规定导致我国数量规模巨大的实用新型专利和外观设计专利中存在大量的低质量的甚至是本应无效的专利，低质量的或者本应无效的专利在无效宣告之前，仍然具有合法的外衣。知识产权非实施主体正是凭借着低质量或者无效专利在无效宣告之前合法的外观，大肆提起专利侵权诉讼，以此获得侵权赔偿或者和解金，扰乱正常的知识产权创新市场的竞争秩序。因此，对不进行实质性审查的实用新型和外观设计专利应当进行特别的管理，如在国家专利行政部门的数据库中进行特别的分类，对其转让或者授权实行重点关注，追踪其之后的流向，防止其落入知识产权非实施主体手中。

第三，对功能性技术授权时，保持更高的注意义务，执行更严格的授权标准。功能性技术是指实现某种功能所必备的技术，如果某一功能性技术是该领域实现某种技术所必须的，则授予其专利权后，很容易使其获得市场上优势的竞争地位，甚至是垄断地位。某一领域的功能性技术如果被授予专利权，则后续实施者不得不在获得专利许可后才可以实施该专利，影响行业的进一步创新和发展，因此，对于功能性技术授予专利权时，要保持更高的注意义务，执行更严格的授权标准，只有完全符合专利审查指南要求且授予专利权后不对该行业的发展造成严重不良影响的功能性技术才可授予专利权，没有达到标准的则不授予专利权。

第四，随着时代的进步和科技的发展，及时更新《专利审查指南》《商标审查及审理标准》等授权文件。时代的进步和科技的发展，不可避免地会导致《专利审查指南》等授权文件滞后于科学技术的发展。《专利审查指南》《商标审查及审理标准》等授权文件是授予权利的具体遵循，是相关法规的具体化，贯彻实施授权文件即是在实施相关法规。因此，为了提高知识产权的授权质量，应当及时更新《专利审查指南》等授权性文件，保持授权性文件紧随科学技术发展的步伐。

第五，严格审查各种申请行为，避免恶意注册现象的泛滥和司法行政资源的浪费。对于明知是无效的专利恶意注册之后进而起诉他人的申请，进行严格审查，加大惩治力度，避免此种恶意注册现象的泛滥。同时，对于恶意抢注他人商标后起诉他人的行为、不以使用为目的的商标非实施行为，通过统计系统进行严格监测，出台相应的措施制止此种商标非实施行为，避免造成司法和行政资源的浪费。例如，对恶意抢注他人商标后起诉他人的行为，给予被诉方法律支持和诉讼费用的减免。对于不以使用为目的商标囤积行为，增加商标注册申请费用和商标维持的费用，拥有注册商标的数量越多，后续商标注册申请费用则越高；拥有注册商标数量越多，则商标维持费用越高。

二、对低质量知识产权无效宣告

低质量的知识产权经过审查获得授权之后，已具有合法的权利外观，但是低质量的知识产权所包含的技术质量、经济质量和市场价值并不高，难以得到转化应用。提高知识产权质量除了从源头入手，严格审查程序，提高知识产权的授权质量之外，在授权之后还可通过对低质量知识产权进行无效宣告的措施来规制知识产权非实施行为。低质量的知识产权一方面浪费大量的行政资源，其申请导致本就资源有限的审查系统更加难以维持正常的运转，而且低质量知识产权的数量剧增需要更多的行政资源投入，影响知识产权审查授权程序的质量；另一方面，虽然我国近几年的专利申请量在美国、韩国、日本、欧盟等主要专利申请国家中位于领先地位，但是我国的专利转化率远远低于发达国家的水平，其中很大的原因在于我国当前的专利资助政策只注重量而不追求质，许多企业为了达到绩效要求或者获得税收、贷款等方面的优惠措施，一味地追求专利数量而忽视了专利质量的重要性，导致低质量知识产权数量的剧增，严重制约了我国在新发展阶段创新驱动发展战略的实施。此外，低质量知识产权被知识产权非实施主体收购，然后提起侵权诉讼，导致被诉方大量的金钱投入在诉讼当中，投入科研的经费自然而然相对减少，严重影响科学技术创新和社会的进步。因此，低质量的知识产权在授权后应当建立相应的机制，鼓励利益相关方申请无效宣告，打击知识产权非实施行为，维护知识产权创新市场的正常秩序，促进市场经济的发展。

（一）域外低质量知识产权无效宣告的实践

为了提高知识产权质量，规制知识产权非实施行为，鼓励知识产权制度回归促进创新的目的，美国的权利法案建立了专利无效的三个程序。第一个程序是双方复审程序，即在授予专利权阶段，允许权利持有者以外的任何人通过提出在先技术质疑授予专利的可专利性，提出审查专利是否有新颖性或显而易见性。如果经过美国专利商标局的审查，被授予的专利不符合专利实质性条件的新颖性或显而易见性，则不授予专利权，剔除本不应该授予专利的低质量专利或者无效专利；如果符合专利的实质性条件，则授予申请人专利权。第二个程序是事后审查，从字面意义看即在授予专利权之后，允许专利持有者外的任何人基于任何专利无效事由提出审查。如果被授予的专利具有专利无效事由，则对被授予的专利进行无效宣告；如果不具有任何专利无效事由，则继续维持权利人的专利权。美国权利法案的事后审查程序同我国《专利法》授予专利权后的无效宣告程序相同，均是一种对权利人以外任何人的事后救济，保护权利人以外任何人的合法权益。第三个程序是对商业方法专利进行审查，是用过渡性的方案对商业方法专利进行审查，这种过渡性的方案和事后审查的方式大致相

同，但是过渡性方案仅针对的是商业方法专利的有效性。❶

美国权利法案确立的双方复审程序是专利无效运用最广泛的程序，主要是因为双方复审程序的立案标准低于事后审查程序。此外，在程序审查期间的费用、成功率等各方面的因素使双方复审程序成为专利无效运用最广泛的程序。但美国2019年推出的美国超强专利法案出台了三项具有明确推翻双方复审程序的措施：第一项，限缩提起双方复审程序申请人的范围，明确只有受到侵权诉讼或者具有其他明显纠纷的情节时才可提起双方复审程序；第二项，提高双方复审程序的立案标准，提高申请人的证明责任标准；第三项，增设没有例外的一事不再理原则，只要在权利授予阶段提起过双方复审程序，则不允许以后再提起事后的审查程序，也就是通常的无效宣告程序。❷2019年出台的美国超强专利法案意图在于规制专利非实施行为，促进科技成果的转化实施，推动社会经济的发展，但是美国超强权利法案的三项推翻双方复审程序的措施却引来了不小的争议。双方复审程序作为专利无效运用最广泛的程序，其在规制专利非实施主体凭借低质量或无效专利提起侵权诉讼方面发挥着巨大的作用，有效地规制了知识产权非实施主体的滥诉行为，维护了正常的市场竞争秩序，推动了科技的进步。不难预见，美国最强专利法案的实施有可能造成之前规制知识产权非实施行为的一系列措施失效，知识产权非实施行为在美国势必更加猖獗。

（二）对我国的启示与建议

从严格打击到模棱两可地对待，美国对知识产权非实施行为态度的转变，背后的原因可能是知识产权非实施主体力量日益强大，逐渐能够在参议院和众议院当中表达自己的意见，影响立法的发展方向。随着我国知识产权保护水平的不断提高，维权成本降低，胜诉收益不断提升，知识产权惩罚性赔偿的确立

---

❶　朱光琪："'专利蟑螂'之美国规制"，载《太原理工大学学报》（社会科学版）2014年第6期，第49页。

❷　蔡元臻："美国专利蟑螂的新近立法评析及其启示"，载《知识产权》2021年第1期，第71-72页。

及不断提高的法定赔偿数额这一系列因素将导致我国未来成为知识产权非实施行为活跃的主要区域，因此，我国应完善低质量知识产权无效宣告制度，从源头上规制知识产权非实施行为。

我国《专利法》和《商标法》均规定了无效宣告制度。《专利法》第四十五条规定："自国务院专利行政部门公告授予专利权之日起，任何单位或者个人认为该专利权的授予不符合本法有关规定的，可以请求国务院专利行政部门宣告该专利无效。"从《专利法》第四十五条的规定不难看出，我国并未限制提起专利无效宣告的主体，任何单位个人均可以提起专利无效申请。然而现实中，提起专利无效申请的申请人基本与权利人存在利益纠纷，但是这一规定鼓励了权利人以外的任何单位和个人质疑专利质量，也能遏制知识产权非实施行为的发展。此外，《专利法》第四十六条对于国务院专利行政部门审查专利无效申请的期限并未明确作出规定，只规定应当及时审查和作出决定，这使原本冗长的专利无效宣告程序更加充满不确定性，不利于纠纷的及时解决，使权利人和申请人陷入漫长的等待期，浪费大量的时间成本。因此，《专利法》可借鉴《商标法》的规定，明确国务院专利行政部门的审查期限，避免案件的久拖不决。我国《专利法》并未规定双方复审程序，在专利申请阶段，申请人之外的任何人无权提出异议，同时也不能质疑专利的可专利性，这不利于从源头上提高知识产权的质量。因此，我国可借鉴美国的做法，在专利法中增加双方复审程序，允许申请人之外的任何单位或个人质疑专利的可专利性，从源头上提高知识产权质量，避免知识产权非实施行为主体利用低质量的知识产权通过诉讼谋取利益。在专利获得授权之后，为了实现专利法促进社会进步和科技创新的目的，可对专利数据库中专利转化率进行检测，对于持有大量转化率低的专利权利人，要求其提供材料说明原因，如果不能说明原因且在合理期限内不能促进专利的转化实施，强制许可实施其专利或者将其专利宣告无效。我国《商标法》第四十四条和第四十五条对注册商标无效宣告程序作出了相应的规定，对于违反商标注册的绝对理由，商标局可以主动宣告无效，其他单位或个人可向商标评审委员会请求宣告无效；对于违反商标注册的相对理由，商标评审委员会可以在相关人的请求下宣告无效。此外，我国《商标法》规定了在某些情形下，商标行政部门可以职权撤销商标专用权，但《专利法》并没有此规定。相比商标，专利对于推动科技进步和社会经济发展具有重要的作用，但专利却不能被专利行政部门依职权撤销，这显然是一种制度上的缺失。因此，我国可探索在专利制度中建立撤销制度，完善对知识产权非实施行为的规制。

与此同时，近些年来国家知识产权局开展多个专项行动，对于低质量的知识产权展开全方位、多层次的清理行动，在我国向知识产权强国迈进的时代背景下，有效地提高了我国的知识产权质量，为实施创新驱动发展战略打下了坚实的基础。同时，知识产权质量的提高可从源头上避免知识产权非实施行为乘虚而入，对于规制知识产权非实施行为，净化知识产权创新市场，推动科技进步和市场经济发展具有重要的作用。

第三节　增强知识产权信息披露

实证研究数据表明，知识产权非实施主体并不愿将纠纷推进到诉讼阶段，其更倾向于在诉讼前通过与疑似侵权人进行和解，从而获取高额的和解金。知识产权非实施主体将纠纷推动至诉讼阶段的意愿并不强烈，一方面与进入诉讼阶段的胜诉率低有关，另一方面则是知识产权非实施主体更倾向于在和解阶段利用疑似侵权人对知识产权信息了解不充分的缘故，获取高额的和解金。因此，为规制知识产权非实施行为，增强知识产权信息披露也是一项重要的举措。

一、权利主体不清带来的弊端

知识产权非实施行为主体通过设立空壳公司，将知识产权转让或许可给空壳公司，之后以空壳公司的名义向疑似侵权人或公司发送律师函、警告函等通知，疑似侵权人或公司在接到通知之后被迫接受高额的和解金或许可费用。疑似侵权人或公司在接到侵权通知之后，通过侵权通知并不能确定知识产权背后真正的权利主体，加之疑似侵权人或公司并不想承担在诉讼中败诉之后高额的赔偿金和律师费，所以往往会选择以谈判的形式达成和解协议，赔付一定数额的赔偿金或者支付许可费用。但是由于疑似侵权人或公司难以确定空壳公司背后真正的利益主体是否为知识产权非实施主体，疑似侵权人或公司在谈判中处于被动的境地，更加容易遭受不公平、不合理的对待，从而赔付较高的和解金或许可费用。即使到了诉讼阶段，知识产权非实施主体最终没有胜诉，其承担的败诉责任也很有限。因此，权利主体不清有当事人谈判地位不平等和使知识产权非实施主体承担的败诉责任有限两个方面的弊端。

（一）当事人谈判地位不平等

知识产权非实施主体除了针对大型高科技公司提起侵权诉讼谋求利益之外，其进攻的目标主要是大量中小型高科技公司。知识产权非实施主体通过设立空壳公司的形式，让空壳公司作为其代表向疑似侵权人或公司发送侵权通知，并通过谈判的形式解决纠纷，获取高额的赔偿金或者许可费用。在谈判的过程中，空壳公司事先会对疑似侵权人或公司的情况进行全面的调查，然而疑似侵权人或公司则对空壳公司背后真正利益相关方却不甚了解，加之侵权人或公司担心在诉讼中败诉承担高额的赔偿金、诉讼费和律师费等费用，这使本就处于艰难发展中的中小型高科技公司被迫选择与知识产权非实施主体设立的空壳公司和解，支付高额的赔偿金或者许可费用。知识产权非实施主体通过设立空壳公司的形式掩盖背后真正的利益人，使双方的信息不对称，从而造成双方的谈判地位不平等，加之其他的影响因素，严重阻碍中小型高科技公司的发展和科技进步。此外，因为知识产权非实施行为主体并不实施其所拥有的专利，在谈判过程中对方也难以通过交叉许可的方式避免赔付高额的和解金和许可费用，从而使双方的谈判地位不平等。

（二）知识产权非实施行为主体承担的败诉责任有限

知识产权非实施主体并没有强烈的意愿将纠纷推进到诉讼阶段，一方面在诉讼阶段知识产权非实施行为主体因其低质量的知识产权可能被宣告无效，另一方面如果在诉讼中败诉，要承担胜诉方高额的律师费和诉讼费用，造成胜诉方损失还要承担胜诉方的损害赔偿金。但在诉讼阶段，知识产权非实施主体设立的空壳公司在诉讼中败诉后由于公司有限责任制，其承担责任的限度以公司的资产为限，知识产权非实施主体损失的只是投资设立空壳公司的费用，而且由于投资设立空壳公司的费用往往很少，因此，即使败诉知识产权非实施行为主体承担的败诉责任也相当有限。

二、知识产权信息披露内容与方式

（一）域外知识产权信息披露的实践

在 2013 年美国奥巴马政府向美国国会提出的规制专利非实施行为的七项立法建议中，第一项即是披露真正的利益主体，要求专利持有人和专利申请人披露"真正的利益主体"，也即真正的利害关系人。任何人在发出专利侵权警告函、提起专利侵权诉讼或者要求美国专利商标局审查专利时，都必须更新并提供专利所有权人的最新信息。美国专利商标局或者地区法院在上述主体不遵守规定时，予以处罚。❶ 美国众议院在 2019 年 1 月提起了一个打击恶意与不透明函件的法案，法案的目的在于规制知识产权非实施主体在诉讼之前利用虚假恶意的警告函件向疑似侵权人施压，从而获得和解金或许可费用。该法案的第二条明确列举了多种属于虚假恶意警告函的情形，使其更加地容易操作和实践。如果知识产权非实施主体发出的警告函符合上述情形的，则由相关的行政机关对其进行处罚。❷ 此外，美国的相关行政部门也出台了相应的配套措施来打击知识产权非实施主体发出的虚假恶意的警告函件。美国的一系列措施在打击知识产权非实施行为方面取得了一定的成效。当前我国知识产权非实施行为

---

❶ 易继明："遏制专利蟑螂——评美国专利新政及其对中国的启示"，载《法律科学》2014 年第 2 期，第 178 页。

❷ 蔡元臻："美国专利蟑螂的新近立法评析及其启示"，载《知识产权》2021 年第 1 期，第 70 页。

虽然尚未大规模爆发，但是我国应当未雨绸缪，及时采取相应的措施，防止知识产权非实施行为的大规模出现，阻碍我国的科技进步和经济发展。

（二）启示与建议

我国现阶段尚缺少规制知识产权非实施主体在诉讼前发警告函行为的相关规定。为了防止知识产权非实施行为在诉前阶段滥用通知函，影响我国的科技创新，我国可根据实际情况制定相关法律或者行政法规，依法打击知识产权非实施行为主体利用虚假恶意的警告函件损害其他企业合法权益的行为。同时，美国专利商标局建立的专利信息报告制度也值得我国借鉴。美国专利商标局通过用户友好方式与广大的用户群共同执行该信息报告制度，专利申请人和专利所有人需要向美国专利商标局报告相关许可信息，包括许可意愿、许可合同、许可要约条款或许可承诺等，进而美国专利商标局可以在线将这些信息提供给访问公众，向公众征求意见。经过公众反馈，美国专利商标局实时在线上传与更新权属信息。同时，该报告制度向专利申请人和专利权人提供纠错机制。我国可以未雨绸缪，提前预防，从以下三个方面着手建立我国的知识产权信息披露机制。

第一，权利主体披露。在专利领域，借鉴美国的经验，由国家专利行政部门建立知识产权权利变更信息报告机制，要求专利持有人和专利申请人在发出警告函、提起诉讼或者请求宣告专利无效时，应当披露背后真正的利害关系人，并要求权利所有人和权利受让人及时变更登记信息、许可信息等，然后由国家专利行政部门在线将这些信息提供给访问公众，向公众征求意见。经过公众反馈，国家专利行政部门实时更新权利的最新消息，同时如果认为国家专利行政部门更新消息与现实不符，专利权利人可以向专利行政部门提出纠正错误信息。

第二，权利内容披露，即披露权利所有人和权利受让人所拥有的权利内容。披露的权利内容应包含权利所有人或者权利受让人享有的某项具体权利内容、权利获得日期、权利的剩余期限、疑似侵权人或公司具体某项业务或某个产品侵犯权利人的具体某项权利等内容，防止知识产权非实施行为主体利用虚假的或者无效的知识产权向疑似侵权人发送警告函，从而获取高额的和解金或者许可费用。

第三，权利披露方式。在诉前阶段，由权利人在向疑似侵权人或公司发送侵权通知或警告函时，披露权利主体和权利内容，权利披露应当以书面的形式呈现，书面形式包含数据电文和纸质的函件。在诉讼阶段，由权利人所有人或权利受让人主动披露知识产权背后真正的利益主体和权利内容，如果权利所有人或权利受让人不披露，法院可强制其披露知识产权背后真正的利益主体和权利内容；如果权利所有人或权利受让人仍然不披露相关内容，法院可对其进行处罚。

第四节　恶意诉讼失信惩戒

一、恶意诉讼认定考量因素

（一）恶意诉讼与知识产权非实施行为

近年来，知识产权案件数量持续增长。最高人民法院 2017 年共新收各类知识产权案件 897 件 [1]，全国地方各级人民法院共收和审结知识产权民事一审案件 201 039 件。[2]2018 年最高人民法院共新收各类知识产权案件 1562 件，同比上涨 74%；[3] 全国地方人民法院新收知识产权民事一审案件 283 414 件，同比上升 40.97%；二审案件 27 621 件，同比上升 26.60%。[4]2019 年最高人民法

---

[1]　"人民法院知识产权案件年度报告（2017）摘要"，最高人民法院官网 2018 年 4 月 24 日，http://www.court.gov.cn/zixun-xiangqing-92062.html，2021 年 8 月 4 日访问。

[2]　最高人民法院知识产权审判庭：《中国法院知识产权司法保护状况（2017）》，人民法院出版社 2018 年版，第 2 ~ 3 页。

[3]　"人民法院知识产权案件年度报告（2018）摘要"，最高人民法院官网 2019 年 4 月 25 日，http://www.court.gov.cn/zixun-xiangqing-154682.html，2021 年 8 月 4 日访问。

[4]　最高人民法院知识产权审判庭：《中国法院知识产权司法保护状况（2018）》，人民法院出版社 2019 年版，第 2 ~ 3 页。

院全年共受理各类知识产权案件 3845 件，同比上涨 146%；[1] 全国地方人民法院新收知识产权民事一审案件 399 031 件，同比上升 40.79%；民事二审案件 49 704 件，同比上升 79.95%。[2] 2020 年新收知识产权民事案件 3270 件，同比下降 14.9%；全国地方人民法院新收知识产权民事一审案件 443 326 件，同比增长 11.1%；民事二审案件 42 975 件，同比下降 13.5%。[3] 分析上述数据可知，2017 年到 2019 年连续三年，人民法院知识产权案件受理数量持续上涨，案件数量增长超 100%，突破 40 万件。2020 年稍有波动。由此可见，司法救济途径已经逐渐成为知识产权权利人维护其权利的又一重要渠道。具体情况如图 7-1、图 7-2 所示。

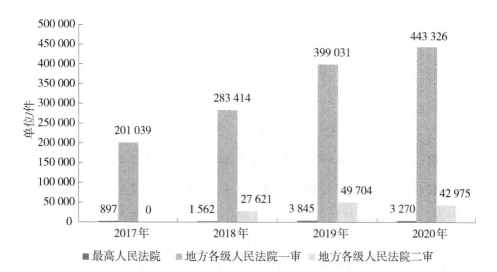

图 7-1　2017—2020 年人民法院知识产权案件数据统计

---

❶ "人民法院知识产权案件年度报告（2019）摘要"，最高人民法院官网 2020 年 4 月 23 日，http://www.court.gov.cn/zixun-xiangqing-227071.html，2021 年 8 月 4 日访问。

❷ 最高人民法院知识产权审判庭：《中国法院知识产权司法保护状况（2019）》，人民法院出版社 2020 版，第 2 ~ 3 页。

❸ 最高人民法院知识产权审判庭：《中国法院知识产权司法保护状况（2020）》，人民法院出版社 2021 年，第 2 ~ 3 页。

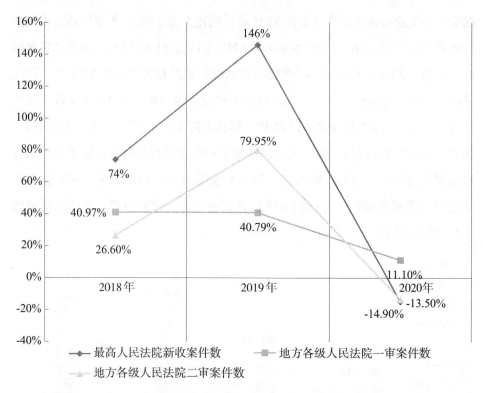

图 7-2   2018—2020 年各级人民法院受理知识产权案件同比增长比例分析

随着知识产权案件数量的持续增长，知识产权恶意诉讼的案件数量也有所增加。最高人民法院在其 2011 年 2 月发布的《关于印发修改后〈民事案件案由规定〉的通知》第五部分新增加"因恶意提起知识产权诉讼损害责任纠纷"为三级案由。❶ 在中国裁判文书网以"恶意提起知识产权诉讼"为关键词进行检索，可以查询 2013 年到 2016 年共计 216 篇文书。其中 2013 年 4 篇，2014年 12 篇，2015 年 19 篇，2016 年 13 篇，2017 年 27 篇，2018 年 48 篇，2019年 53 篇，2020 年 40 篇。通过对上述数据分析可知，2011 年 2 月开始将"恶意提起知识产权诉讼"作为案由后，案件数量 2013—2017 年同比增长较快，但案件数量整体较少，2018 年开始涉及恶意提起知识产权诉讼的案件数有了较大幅度的增长，同比增长速度有所下降，具体情况如图 7-3 所示。

---

❶ "最高人民法院关于印发修改后的《民事案件案由规定》的通知"，最高人民法院官网 2011 年 12 月 12 日，http://www.court.gov.cn/fabu-xiangqing-3456.html，2021 年 8 月 4 日访问。

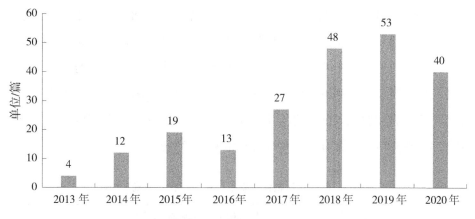

图 7-3　2013—2020 年涉及"恶意提起知识产权诉讼"文书数据统计

知识产权非实施行为是指权利控制者不实施其知识产权，只注重实现知识产权本身的货币价值，即从被控侵权者处获得高额的许可使用费或和解金，而不是阻止侵权行为对市场利益的影响。知识产权恶意诉讼中有很大一部分情形都符合知识产权非实施行为的构成要件，原告通过不正当手段获得知识产权后以诉讼的方式牟取高额许可使用费、和解金及赔偿金的行为已经构成了完整的知识产权非实施行为。其他不符合知识产权非实施行为的恶意诉讼主要是因为缺乏基础权利。如并不存在任何相关的知识产权，且是通过虚构文件提起诉讼进行讹诈或者多次诉讼降低对方商誉谋求竞争利益的恶意诉讼，此类恶意诉讼不涉及知识产权的运用，因而也不属于知识产权非实施行为的范畴。这里我们仅对属于知识产权非实施行为的恶意诉讼进行分析。

较之单纯的商标囤积、恶意抢注、专利非正常申请❶ 等其他类型知识产权非实施行为而言，恶意诉讼类知识产权非实施行为与上述其他类型知识产权非实施行为存在交集又有所不同。一方面，提起知识产权恶意诉讼的基础权利往往存在瑕疵，其知识产权可能因不符合相关法律规定而被撤销，其被撤销的理由往往与商标囤积、恶意抢注、专利非正常申请等相关联。在上述检索的 227

❶　国家知识产权局发布的《关于规范申请专利行为的办法》中对非正常申请专利行为的定义："任何单位或者个人，不以保护创新为目的，不以真实发明创造活动为基础；为牟取不正当利益或者虚构创新业绩、服务绩效，单独或者勾联提交各类专利申请、代理专利申请、转让专利申请权或者专利权等行为都属于非正常申请专利行为。"

份文书中，民事判决书 115 篇，其中有 20 份判决书共 18 起案件法院对"是否构成恶意诉讼"进行了判定；9 份判决书共 8 起案件中法院判定起诉人构成恶意诉讼，构成恶意诉讼的 8 起案件中均涉及到基础权利存在瑕疵的问题；涉及利用我国外观设计专利不进行实质审查的制度获得专利权的有 4 起案件，以不正当手段抢先注册他人已经使用并具有一定影响商标的有 2 起案件，其余 2 起案件亦与恶意申请行为有关。具体情况如表 7-1❶ 所示。

表 7-1　恶意诉讼案件基础权利是否存在"瑕疵"统计

序号	案号	是否构成恶意诉讼	基础权利是否存在"瑕疵"	瑕疵类型
1	广东省高级人民法院（2020）粤民终 2187 号民事判决书	不构成	—	—
2	上海市高级人民法院（2019）沪民终 139 号民事判决书	构成	存在	将已经公开的产品设计申请专利基础权利无效
3	安徽省高级人民法院（2020）皖民终 349 号民事判决书	不构成	—	—
4	广东省高级人民法院（2019）粤民终 407 号民事判决书	构成	存在	利用我国外观设计专利不进行实质审查的制度
5	江苏省高级人民法院（2018）苏民终 573 号民事判决书	不构成	存在	两项外观设计专利都是以与现有设计的组合相比，在视觉效果上无明显区别为由，被分别宣告无效
6	江苏省高级人民法院（2017）苏民终 1874 号民事判决书	构成	存在	不正当手段抢先注册他人已经使用并有一定影响的商标，并据此裁定撤销了该商标

❶　该表格统计的 20 份判决书中，（2016）苏 02 民初 71 号与（2017）苏民终 1874 号为同一案件的一、二审判决书；（2015）沪知民初字第 391 号与（2016）沪民终 501 号为同一案件的一、二审判决书，在统计最终数据中予以扣减。

续表

序号	案号	是否构成恶意诉讼	基础权利是否存在"瑕疵"	瑕疵类型
7	浙江省高级人民法院（2018）浙民终 37 号民事判决书	构成	存在	明知他人有在先使用行为而申请商标
8	上海市高级人民法院（2016）沪民终 501 号民事判决书	不构成	存在	商业秘密的秘密点已被自己申请的专利公开
9	北京知识产权法院（2021）京 73 民终 326 号民事判决书	不构成	—	—
10	北京知识产权法院（2021）京 73 民终 564 号民事判决书	不构成	—	—
11	浙江省宁波市中级人民法院（2018）浙 02 民初 1156 号民事判决书	不构成	—	—
12	广东省深圳市中级人民法院（2017）粤 03 民初 632 号民事判决书	构成	存在	利用我国外观设计专利不进行实质审查的制度
13	北京知识产权法院（2017）京 73 民初 121 民事判决书	构成	存在	利用我国外观设计专利不进行实质审查的制度
14	江苏省南京市中级人民法院（2017）苏 01 民初 1368 号民事判决书	构成	存在	利用我国外观设计专利不进行实质审查的制度
15	江苏省无锡市中级人民法院（2016）苏 02 民初 71 号民事判决书	构成	存在	不正当手段抢先注册他人已经使用并具有一定影响商标
16	上海知识产权法院（2015）沪知民初字第 391 号民事判决书	不构成	—	—
17	北京知识产权法院（2015）京知民初字第 1446 号民事判决书	构成	存在	依据在无效宣告程序中已经放弃的部分产品权利提起诉讼
18	北京市东城区人民法院（2018）京 0101 民初 9217 号民事判决书	不构成	—	—
19	上海知识产权法院（2017）沪 73 民终 146 号民事判决书	不构成	—	—

续表

序号	案号	是否构成恶意诉讼	基础权利是否存在"瑕疵"	瑕疵类型
20	广州知识产权法院（2019）粤73知民初1584号民事判决书	不构成	—	—

另一方面，恶意诉讼的危害性远大于单纯的商标囤积、恶意抢注、专利非正常申请。后者多是利用了现有知识产权授权、确权的漏洞来谋取不正当利益；而恶意诉讼多对当事人施以威胁，在当事人投入不可逆的生产成本、新产品上市等关键节点以诉讼或诉讼相要挟的方式谋取不正当利益，此种方式使企业遭受更为严重的损失，面临破产的风险，其社会危害性极大。在诉讼过程中，恶意诉讼者惯常采用的方式是通过提供虚假证据或作出虚假陈述等方式，企图使人民法院依据虚假证据作出错误的裁判，此举不仅是一种滥用诉权的行为，也是对司法秩序的破坏。

（二）恶意诉讼的认定考量因素

在知识产权侵权诉讼司法裁判过程中不可避免地涉及对恶意诉讼的定义问题。对于何为恶意诉讼，学术界和实务界众说纷纭。肖建华教授认为，"恶意诉讼是指一方或双方当事人恶意欺骗法院，通过诉讼程序打击对手或通过法院裁判中关于事实或权利方面的认定，从而获得对方或第三人财物或其他不正当利益的行为"[1]。汤维建教授认为，"所谓恶意诉讼，是指当事人故意提起一个在事实上和法律上无根据之诉，从而为自己谋取不正当利益的诉讼行为"[2]。此种说法在知识产权恶意诉讼的裁判中被人民法院广泛采纳。在115篇民事判决书中，以"是否构成恶意诉讼"为关键字搜索全文，20篇判决中法院对"是否构成恶意诉讼"进行了判定，明确对何为恶意诉讼作出了定义。其中，17

---

[1] 肖建华："论恶意诉讼及其法律规制"，载《中国人民大学学报》2012年第4期，第13～21页。

[2] 汤维建：《恶意诉讼及其防治》，中国政法大学出版社2003年版，第331～335页。

篇文书中完全采用了汤维建对恶意诉讼的定义 ❶，其余 3 篇判决书中人民法院认为"恶意提起知识产权诉讼的行为是故意以他人受到损害为目的，无事实依据和正当理由而提起民事诉讼，致使相对人在诉讼中遭受损失的行为"❷。两种恶意诉讼定义虽有所不同，但对恶意诉讼的认定均包含了无事实依据、牟取了不正当利益、故意、遭受损失等因素。在上述 20 起案件判决书中均采用四个构成要件作为认定恶意诉讼的考量因素，具体包括：（1）一方当事人以提起知识产权诉讼的方式提出了某项请求，或者以提出某项请求相威胁；（2）提起诉讼请求的一方当事人主观上具有恶意；（3）该诉讼行为给另一方当事人造成了实际的损害后果；（4）提出诉讼请求的行为与损害后果之间具有因果关系。判断是否构成恶意提起知识产权诉讼，重点在于判断行为人主观方面是否具有恶意，而对于其恶意的判断应以当事人据以诉讼的权利基础及提起侵权诉讼等过程中的具体行为加以判定。

对于知识产权恶意诉讼的认定，美国佛蒙特州确立的一系列考量因素可以为我国司法实践提供一定思路。具体包括：第一，警告函并不包含专利号、专利名称及专利持有人的地址，以及与目标产品、服务和技术侵犯其专利的事实指控；第二，警告函缺乏以上信息，诉讼对象请求以上信息，专利持有人在合理时间内未能提供；第三，专利持有人已经事前提起或威胁提起过一件或更多

---

❶　上海市高级人民法院（2019）沪民终 139 号民事判决书；广东省高级人民法院（2019）粤民终 407 号民事判决书；江苏省高级人民法院（2018）苏民终 573 号民事判决书；浙江省高级人民法院（2018）浙民终 37 号民事判决书；上海市高级人民法院（2016）沪民终 501 号民事判决书；北京知识产权法院（2021）京 73 民终 326 号民事判决书；北京知识产权法院（2021）京 73 民终 564 号民事判决书；浙江省宁波市中级人民法院（2018）浙 02 民初 1156 号民事判决书；广东省高级人民法院（2020）粤民终 2187 号民事判决书；北京知识产权法院（2015）京知民初字第 1446 号民事判决书；北京市东城区人民法院（2018）京 0101 民初 9217 号民事判决书；广东省深圳市中级人民法院（2017）粤 03 民初 632 号民事判决书；北京知识产权法院（2017）京 73 民初 121 号民事判决书；江苏省南京市中级人民法院（2017）苏 01 民初 1368 号民事判决书；江苏省无锡市中级人民法院（2016）苏 02 民初 71 号民事判决书；上海知识产权法院（2017）沪 73 民终 146 号民事判决书；上海知识产权法院（2015）沪知民初字第 391 号民事判决书。

❷　安徽省高级人民法院（2020）皖民终 349 号民事判决书；江苏省高级人民法院（2017）苏民终 1874 号民事判决书；广州知识产权法院（2019）粤 73 知民初 1584 号民事判决书。

类似的专利侵权案件，而那些威胁缺乏以上信息或已经被法院认定为无诉讼价值；第四，在发出警告函之前，专利持有人没有对专利权利要求与诉讼目标产品、服务或技术进行比较分析；或者虽然已经进行了对比分析，但并没有识别出专利权利要求覆盖的产品、服务和技术所在的特定领域；第五，警告函要求在不合理的短时间内支付许可费或进行回复；第六，专利持有人提出的专利许可费用并不是基于对许可价值的合理评估；第七，自己明知或应知权利要求或侵权诉讼主张是无价值的；权利要求或侵权诉讼主张是欺骗性的；第八，其他合理考量因素。❶

结合我国司法实践总结的经验与美国佛蒙特州确立的恶意诉讼考量因素，我国知识产权恶意诉讼认定考量因素可以从以下几个方面予以考虑。

1. 一方当事人是否以提起知识产权侵权诉讼的方式相威胁

知识产权非实施行为的有效武器乃范围广泛、内容模糊的恶意警告函，诉讼往往只是其迫使对方乖乖就范的武器和迫不得已的最后手段。假设，知识产权非实施行为主体通过发出通知书、警告函等方法即可谋求到巨额利益，其显然不必再付诸于诉讼。知识产权非实施行为主体在诉讼中具有天然的优势。就专利领域而言，不同于一般企业需要投入大量的资金去从事生产经营活动，知识产权非实施行为主体并不生产或销售任何专利产品，没有生产的投入也就避免了遭受损失，被告也无法对其提出交叉许可、反诉或不正当竞争，因而在诉讼中获得了优势地位。加之，知识产权非实施行为主体往往会选择在被诉企业投入大量资金生产、新产品即将上市或者公司首发上市等关键节点以诉讼相要挟，被诉企业迫于投资压力和时间紧迫往往只能乖乖就范，因为即使被诉企业能够证明原告系恶意提起知识产权诉讼，然而市场商机稍纵即逝，面对旷日持久的诉讼被诉企业面临的损失可能远大于恶意诉讼者索要的巨额赔偿金，企业甚至可能面临破产风险。美国佛蒙特州确立的一系列考量因素中多个因素都与诉前的恶意警告函相关，可见警告函的恶意对知识产权恶意诉讼认定的重要

---

❶ Peter Kunin, Vermont Approves Legislation Prohibiting Bad Faith Patent Infringement Claims, http://www.theipstone.com/2013/05/23/vermont-approves-legislation-prohibiting-bad-faith-patent，2021 年 7 月 20 日访问。

性。因此，对于知识产权恶意诉讼的认定应将其诉前的行为是否具有恶意作为重要考量因素，即是否以提起诉讼相要挟。假如被诉企业能够提供证据证明原告在起诉前"以诉讼相要挟"，就可成为证明其可能系恶意提起知识产权诉讼的有力佐证。例如，在石家庄双环汽车股份有限公司与本田技研工业株式会社确认不侵害专利权与损害赔偿纠纷一案中❶，原告本田株式会社八次向被告双环公司发送侵权警告信，在已经提起侵权诉讼后仍然向被告双环公司在全国各地的十余家经销商发送警告信。原告本田株式会社通过新闻媒体对该侵权诉讼进行报道，并通过其他单位向河北省人民政府致函，要求协调双环公司停止侵权行为，已超过合理的维权范围，具有"以诉讼相要挟"之嫌，判决该案的人民法院据此认定原告提起知识产权侵权诉讼具有明显的恶意。

2. 赖以提起诉讼的基础权利是否存在"瑕疵"

（1）非以使用为目的且无正当理由大量申请或囤积注册商标后提起诉讼。

此考量因素主要针对商标领域的恶意诉讼。申请商标应当以使用为目的，商标囤积类知识产权非实施行为在现有制度框架下可能难以从根本上杜绝。因此，在知识产权信息披露机制建立完善的基础上，可以通过查询起诉人商标持有数量及商标使用情况等信息，结合商标申请人申请此类商标是否达到一定规模、是否采用不正当手段、是否基于真实使用意图、是否超出实际经营所需等因素综合判断其提起诉讼主观是否为恶意。例如，在优衣库商贸有限公司、广州市指南针会展服务有限公司侵害商标权纠纷一案中，人民法院查明指南针公司、中维公司是策划、设计或管理咨询类公司，注册有 2600 多个商标，其中中维公司实际经营的华唯商标转让网曾发布多个转让商标的信息，并实际转让商标与他人，人民法院据此认定原告指南针公司、中维公司乃非以使用为目的且无正当理由大量申请注册商标，其提起侵权诉讼具有明显恶意。当然，注册商标可能被撤销不一定构成恶意诉讼，不能因商标被撤销而反向推定行为人存在主观恶意，仍需结合具体案情予以分析。❷

---

❶　最高人民法院（2014）民三终字第 7 号民事判决书。

❷　山东省高级人民法院（2016）鲁民终 2271 号民事判决书。

（2）抢注他人在先使用的商标后提起诉讼。

抢注他人在先使用商标的行为人是将他人具有商业价值的商号、外观设计、作品、姓名、肖像等抢注为商标，其抢注商标的目的并非将商标用于其投资生产的产品，使消费者能够识别商品的来源，而是谋取经济利益。一般有以下两种方式：一是通过抢注商标与商标在先使用者达成商标使用交易；二是直接提起商标侵权诉讼或以诉讼相要挟。此种侵权诉讼极易落入恶意诉讼的范围。那么如何判断起诉人是抢注他人在先使用的商标呢？可以结合起诉人是否与商标实际使用企业存在商业往来或其他应当知晓该企业已经使用该商标等证据予以判断。例如，在山东比特智能科技股份有限公司与江苏中讯数码电子有限公司因恶意提起知识产权诉讼损害责任纠纷一案中，根据人民法院查明的事实可知：比特公司自 1998 年即与美国美爵信达公司的前身赛德公司开始合作，从事酒店专用电话机的加工生产，据此认定比特公司作为同行业合作者对美国美爵信达公司从 1998 年即获得注册并开始在国际上使用的知名品牌理应知晓。比特公司在其网站上宣传"作为国际上与德利达、TELEMATRIX 齐名的三大酒店电话品牌之一，比特在产品和服务上一直追求领先，在很多技术和功能方面都是创新者"亦可证明比特公司承认 TELEMATRIX 为他人国际知名酒店电话机品牌。因此，比特公司在电话机等相同、类似商品上申请注册文字构成完全相同的商标，其行为显然不能认定为善意。在恶意获得商标注册后，以商标权人的身份威胁中讯公司停止生产、销售相应产品，并最终提起侵权诉讼，构成恶意提起知识产权诉讼。此案中商标抢注人因与在先使用企业存在商业往来，其在网页中的宣传内容亦可认定比特公司对 TELEMATRIX 知名度有一定认识，因而人民法院据此认定比特公司应当知晓他人在先使用该商标，其后提起的诉讼被认定为恶意诉讼。

（3）利用专利授权制度漏洞获得专利后起诉。

行为人利用专利授权制度漏洞获得专利权后提起诉讼具有明显恶意。根据《专利法》的规定，实用新型专利、外观设计专利可不进行实质审查而获授权，这为知识产权非实施行为主体快速获得专利授权并利用其专利发起侵权诉讼创造了有利条件。❶ 部分行为人利用外观设计授权不进行实质性审查这一漏洞，将他人已经在先取得的著作权或商标权申请外观设计专利，在获得授权后起诉对方侵犯其外观设计专利，企图利用诉讼牟取不正当利益。例如，在谭发文、深圳市腾讯计算机系统有限公司因恶意提起知识产权诉讼损害责任纠纷一案中❷，谭发文明知腾讯公司对涉案 QQ 企鹅美术作品享有在先著作权，且已经在先使用的情况下，利用我国外观设计专利不进行实质审查的制度，申请与 QQ 企鹅形象基本一致的外观设计专利并获得授权，其申请行为违背了诚实信用原则，属于恶意申请专利的行为。谭发文明知专利权的获得不具有实质正当性，仍基于不当取得的专利权，不适当地主张权利提起诉讼，意图获取非法的市场竞争利益，其行使权利具有明显的主观恶意。

3. 诉讼请求索赔数额无事实依据或明显超过合理范围

民事侵权损害赔偿责任承担的基本形式是恢复原状，只有在难以恢复原状时，才会采取补偿损失的方法。然而，"知识产权不可能有实物形态消费而导致其本身消灭的情形，它的存在仅会因期间过程产生专有财产与社会公共财产的区别"❸。因此，知识产权侵权损害赔偿的主要救济途径是金钱赔偿。过去对于侵犯知识产权的赔偿标准一般采用"填平原则"，是对受害人因他人侵权行为所遭受损失的补偿，其法义在于任何人不能因他人的侵权行为而获利。在普通知识产权侵权诉讼中，起诉人一般会提供相应的证据来证明其诉讼请求的索赔数额符合法律规定或者因侵权行为遭受了损失。如在商标侵权纠纷案件中，原告可能会提交使用商标的商品销售额减少的证据、该商品的利润等证据；在专利侵权案件中可能会提交被告侵权产品销售数额、价格、与他人签订的销售合同等证明自己的损失。然而，在知识产权恶意诉讼中，由于其通常并未实际使用商标、生产专利产品或者虽进行了生产活动但所遭受的损失远低于索赔数额，因此难以提交自己因他人侵权行为遭受损失的充足证据，其诉讼请求索赔

---

❶ 毛昊，尹志锋，张锦："策略性专利诉讼模式：基于非专利实施体多次诉讼的研究"，载《中国工业经济》2017 年第 2 期，第 138 ~ 155 页。

❷ 广东省高级人民法院（2019）粤民终 407 号民事判决书。

❸ 吴汉东："无形财产若干问题研究"，载《法学研究》1997 年第 4 期，第 8 页。

数额往往没有事实依据或明显超过合理范围。至于是否适用惩罚性赔偿规定确定赔偿数额也需由法院结合原告提交的相关证据来进行判断。在张志敏诉深圳市乔安科技有限公司、上海凯聪电子科技有限公司侵害知识产权责任纠纷一案中，原告张志敏在该案中提出赔偿其 1000 万元的诉讼请求。张志敏认为其索赔金额具有合理性，被控侵权产品单价和销量可以计算出被控侵权产品的销售获利达 1000 万元，但其提出的诉讼请求远超其受到或可能受到的损失。审理该案的人民法院认为可将诉讼请求索赔数额无事实依据或明显超过合理范围作为是否构成恶意诉讼的考量因素之一。

二、恶意诉讼失信惩戒措施

知识产权恶意诉讼相较于其他类型的知识产权非实施行为而言，社会危害性更大。其以维权为名，行恶意诉讼之实，达到牟取非法利益之目的，不仅严重侵害了他人的合法权益，更损害了司法公信力、扰乱了正常的社会秩序，属于一种严重的侵权行为。失信惩戒制度是运用行政手段解决知识产权恶意诉讼的一剂"良方"，是对司法手段事后救济的及时补位，有利于从源头发力治理知识产权恶意诉讼，使恶意诉讼在严密的失信惩戒制度约束之下"无机可乘"。

（一）加强司法行政衔接，建立恶意诉讼失信人员信息披露共享平台

在我国，对于涉案企业是否构成恶意提起知识产权诉讼，需由人民法院予以认定，行政机关想要获取构成恶意诉讼的企业或个人相关信息存在一定难度，这一点从根本上阻碍了行政机关采取行政手段对恶意诉讼者予以惩戒。对于这一问题的解决，需要建立一个恶意诉讼失信人员的信息披露机制，使行政机关能够及时高效地获取这部分信息，以便为后续采取相应的惩戒措施打下基础。法院在裁判过程中经认定该涉案企业或个人构成恶意诉讼的，案件审结后将该涉案企业的企业名称、工商营业执照、组织机构代码、法人姓名、涉案知识产权等信息，以及涉案个人的身份证件号码、涉案知识产权等个人信息上传至该信息平台。信息上传至该平台后，由平台统一管理。2015 年 7 月 1 日国

务院发布的《国务院办公厅关于运用大数据加强对市场主体服务和监管的若干意见》中提出，"建立健全失信联合惩戒机制，各级政府应将企业信用信息和信用报告嵌入行政管理和公共服务的各个领域、各个环节，作为必要条件和重要参考依据"❶。依据该文件的精神，行政机关在行政管理和公共服务中，可查询该恶意诉讼失信人员信息披露平台所公示的信息，将其作为一项重要的参考依据，对失信企业或个人采取更为严厉的惩戒措施。

（二）将恶意诉讼失信信息纳入企业信用信息公示系统

国家企业信用信息公示系统适用于全国企业、农民专业合作社、个体工商户等市场主体信用信息的填报、公示、查询和异议等服务，内容包括市场主体的注册登记、许可审批、年度报告、行政处罚、抽查结果、经营异常状态等信息。❷ 将企业是否提起过恶意诉讼的信息在此平台上进行公示，通过输入企业名称或注册号进行查询，能够方便社会大众在选择服务或企业合作中更全面地了解该企业的信用情况。对于恶意诉讼失信企业而言，将失信信息纳入企业信用信息公示系统，可能使其在企业合作、商业竞争中因其信用问题而丧失商机，使恶意诉讼失信企业意识到其恶意诉讼行为所产生的后果绝不仅仅局限于司法裁判过程中，从而起到有效的震慑作用，使企图提起恶意诉讼者"三思而后行"。

（三）对恶意诉讼失信企业在知识产权申请、确权、维权等方面作出限制

1. 取消快速授权确权、快速维权通道资格

我国在北京、广州、天津等知识产权保护需求较高的城市建立了知识产权保护中心和知识产权维权中心，其职能主要有专利快速审查和确权，以及知识

---

❶ "国务院办公厅关于运用大数据加强对市场主体服务和监管的若干意见"，中华人民共和国中央人民政府官网 2015 年 7 月 1 日，http://www.gov.cn/zhengce/content/2015-07/01/content_9994.htm，2021 年 8 月 4 日访问。

❷ "全国企业信用信息公示系统使用须知"，百度文库 2021 年 7 月 22 日，https://wenku.baidu.com/view/9ef07958d3f34693daef5ef7ba0d4a7303766c40.html，2021 年 8 月 4 日访问。

产权快速维权。专利快速审查和确权是指对于该地区的一些重点企业由保护中心对其专利申请先进行审查，对于初步审查合格的申请文件进入"绿色通道"，进入快速通道后的审查流程可缩短 70% 以上。据统计，通过快速通道发明专利授权周期由平均 22 个月缩短为 3 ~ 6 个月；实用新型授权周期由 7 ~ 8 个月缩短为 1 个月；外观设计缩短为 5 ~ 7 个工作日期。❶ 知识产权快速维权是指把法院巡回法庭和行政机关的一些权限集中到该中心，由中心对知识产权侵权案件进行调节和处理，是集行业调解、行政处理、司法审判为一体的"一站式"快速反应机制。例如，中山（灯饰）知识产权快速维权中心对专利侵权纠纷行政执法案件的处理包括立案受理、调查取证、举证答辩、行业调解或移送司法，通常在 1 个月内结案，大大提高了维权效率、降低了维权成本。❷ 知识产权保护中心和维权中心建立的目的是使权利人能够尽早地享有其知识产权，更有效地保护其生产的产品和技术，解决"专利申请滞后于产品上市"的难题，防止被其他竞争企业抄袭，其核心在于推动企业的创新发展，营造市场良好氛围。而提起恶意诉讼的企业其目的并非是维护其知识产权，其目的在于以诉讼相要挟谋取不正当利益，关注的是知识产权本身的货币价值而不是阻止侵权行为对其市场利益的影响。将此类企业纳入"绿色通道"快速获得授权并不能达到推动企业创新发展的目的，反而可能为此类企业进行恶意诉讼提供了"可乘之机"。因此，对于因恶意诉讼被纳入失信名单的企业及个人应采取更严格的授权措施防止其对权利的滥用，取消此类企业进入各知识产权保护中心的快速授权确权、快速维权通道资格。

2. 限制享受知识产权申请费用减缴、优先审查等优惠政策

《中华人民共和国专利法实施细则》规定了专利申请费用减缴缓缴政策。❸2019

---

❶ "快审快确权快维权！中国（广州）知识产权保护中心这样为企业'赋能'"，大洋网 2021 年 4 月 26 日，https://baijiahao.baidu.com/s? id=1698109319138347859&wfr=spider&for=pc，2021 年 7 月 20 日访问。

❷ "中山（灯饰）知识产权快速维权中心"，腾讯新闻网 2018 年 7 月 9 日，https://gd.qq.com/a/20180917/012893.htm，2021 年 7 月 20 日访问。

❸《中华人民共和国专利法实施细则》第一百条规定："申请人或者专利权人缴纳本细则规定的各种费用有困难的，可以按照规定向国务院专利行政部门提出减缴或者缓缴的请求……"

年 5 月 8 日调整后的《专利收费减缴办法》规定，上年度月均收入低于 5000元（年 6 万元）的个人或上年度企业应纳税所得额低于 100 万元的企业可以向国家知识产权局请求减缴申请费、发明专利申请实质性审查费、年费、复审费等费用。知识产权申请优先审查是指国家对于符合条件的专利申请、商标申请优先进行审查并快速授权的一种优惠政策。一般针对的是国家的重点发展产业、绿色技术、技术产品更新换代速度快的高精尖行业、专利申请人已做好实施准备或已经开始实施的产品或技术等情况。❶ 例如，新冠肺炎疫情期间国家知识产权局就针对从事疫情防控相关生产服务的企业申请注册与疫情防控相关的商品或服务项目开通了优先审查通道。❷ 专利申请费用缓缴减缴、专利优先审查、商标优先审查都是国家对于特定领域企业申请知识产权的一种优惠政策，其目的在于鼓励扶持此类企业的快速向好发展。享受此类优惠政策应以企业拥有良好的信用基础为前提，因恶意诉讼纳入失信名单的企业和个人在享受知识产权申请费用减缴、优先审查等优惠政策等方面应受到相应限制，在纳入失信名单期间不享有申请优惠政策的资格。

3. 提高专利权授权标准，严格审查商标申请意图

提起知识产权恶意诉讼的企业或个人其赖以起诉的基础权利往往存在一定"瑕疵"，其惯常的手段就是利用专利授权制度中实用新型专利和外观设计专利可不进行实质性审查而获授权的漏洞，以不正当手段获取专利权；或者利用商标注册申请时不需要提交"使用"证据的规定大量囤积商标或抢注商标。因此，对恶意诉讼失信企业或个人申请实用新型专利、外观设计专利时应采取更为严格的审查标准，不仅要审查其书面材料是否符合规定，也应进行实质性审查，对申请专利是否具有新颖性、创造性和实用性进行审查，提高失信企业专利授权的标准。恶意诉讼失信企业或个人申请注册商标时应要求其提交证明商标使用意图、已经存在实际使用行为或已经为"使用"做好准备的相关证据，以便审查人员能够结合证据客观判断其是否是以使用为目的申请商标注册。

---

❶ 2017 年 6 月 27 日国家知识产权局局务会审议通过的《专利优先审查管理办法》。

❷ "关于大力促进知识产权运用 支持打赢疫情防控阻击战的通知"，国家知识产权局官网 2020年 2 月 28 日，https://www.cnipa.gov.cn/art/2020/2/28/art_771_44437.html，2021 年 7 月 29 日。

4. 缴纳保证金

恶意诉讼失信企业或个人在纳入失信惩戒名单期间内申请注册商标、专利授权，或者通过转让获取商标权和专利权时应当缴纳一定的保证金。在获得专利权或商标权后，假设恶意诉讼失信企业或个人能够规范行使其权利，2 年期限届满之后，将缴纳的保证金予以退还；假如发现其存在不以使用为目的注册商标或恶意抢注他人在先使用的商标，非正常申请专利等行为的，除依法撤销其商标权、专利权外，还应扣除其缴纳的保证金。缴纳保证金的目的是在恶意诉讼企业失去"信用"担保的情形下以"保证金"作为担保，确保其能够规范行使权利，同时也是在其不规范行使权利时的一种惩戒措施。

（四）限制对恶意诉讼失信企业获取政府性资金支持

政府性资金支持是我国政府为了带动特定的行业或领域的快速发展、产业转型或者科技创新，对符合条件的民间投资项目或创业投资企业进行资金支持的一种财政政策。对于民间投资项目主要支持方式有投资补助、贷款贴息、奖金奖励等；对于各类创业投资企业可采取参股、融资担保和跟进投资等方式进行扶持。每年各地方和各部门在财政预算内投资和建立专项资金，并将相关规定予以公布，各类投资主体在规定时间提出政府性资金申请后由设立单位予以审核并决定是否予以支持。我国政府设立政府性资金支持的目的是带动相关产业快速发展，是一种对于特定领域企业的资金扶持政策，尤其在创新型项目、知识产权项目中建立专项资金较多，如深圳市对外公布该市 2020 年知识产权领域专项资金项目共奖励 3610 万元。❶2021 年 4 月 20 日，深圳市市场监督管理局发布的《关于开展 2020 年深圳知识产权领域专项资金知识产权创造能力提升资助项目申报工作的通知》中，通知的主要申报项目为商标注册资助项目

---

❶ "知识产权领域专项资金项目 2020 年深圳市知识产权（专利、商标、版权奖）配套奖励名单及金额列表"，深圳政府在线网 2021 年 3 月 22 日，http://www.sz.gov.cn/cn/xxgk/zfxxgj/tzgg/content/post_8641448.html，2021 年 8 月 4 日访问。

和著作权登记项目。● 对于因知识产权恶意诉讼纳入失信人员名单的企业或个人，限制其获得政府性资金支持是从政府层面给予恶意诉讼失信者以严厉惩戒，企业一旦因恶意诉讼被纳入失信名单后，其在申请国家资金持中，将受到严格限制，可能直接面临丧失资格的风险。

（五）对于恶意诉讼失信企业在银行授信、商业贷款中严格审查

根据《流动资金贷款管理暂行办法》第十一条的规定，流动资金贷款借款人应信用状况良好，无重大不良信用记录。● 恶意诉讼者因其提起诉讼的主观恶意明显，因此恶意诉讼不仅是一种对诉权的滥用，更是对司法权威的侵蚀。将恶意诉讼失信企业及法定代表人的失信信息纳入金融信用信息基础数据库，能够方便金融机构在信贷业务中快速查询企业和个人信用报告，在银行授信、商业贷款中对企业资信情况、借款用途、还款资金来源等进行严格审查。贷款风险成本差别定价是指银行通过信用评估程序对贷款依据风险进行定价，信用等级高的用户可以获得更为优惠的贷款利率，而信用等级低的用户的贷款利率提高或对其不予发放贷款。据此，恶意诉讼失信企业将承受高于正常标准的贷款利率，其申请贷款展期也应受到严格限制；对于严重失信的企业，银行不予贷款。

（六）将失信企业作为市场监督重点对象，提高抽查比例和频次

各地市场监督管理局应将恶意诉讼失信企业作为重点监督对象，对失信企业名下所有商标的使用情况、专利的许可使用情况进行全方位的排查，发现存在不规范使用商标行为的及时查处并予以处罚，对不以使用为目的的商标依职权予以撤销；发现专利许可使用合同条款显失公平、约定金额明显超过必要限

● "关于开展 2020 深圳知识产权领域专项资金知识产权创造能力提升自主项目申报工作的通知"，深圳市市场监督管理局官网 2021 年 4 月 20 日，http://amr.sz.gov.cn/xxgk/qt/tzgg/content/post_8707792.html，2021 年 7 月 29 日。

● 银监会，中国银行业监督管理委员会 2010 年 2 月 12 日发布的《流动资金贷款管理暂行办法》。

度的及时跟进监督或将案件线索移交有关部门。抽查后及时针对存在的问题进行复查，确保问题得到有效解决。

（七）建立失信人员名单"阶梯式"管理机制

将恶意诉讼企业或个人纳入失信人员名单后，连续 2 年没有再次提起诉讼被人民法院认定为恶意诉讼的且无其他当事人举报其以诉讼相要挟的，可以申请移出失信名单，经审查符合条件的，可予移出。如在 2 年期间仍恶意提起知识产权诉讼或被举报以诉讼相要挟的，可根据具体情况延长 1 至 3 年；对屡教不改者，不限期持续跟进监督。恶意诉讼失信企业被移出失信名单后，仍需对其跟进监督，应将其列为市场监督管理重点排查对象。

对知识产权恶意诉讼企业或个人采取失信惩戒措施能够有效弥补司法惩戒的不足，有利于形成全方位、多领域的恶意诉讼监督治理体系。通过对失信企业采取信用信息公示、授权限制、政策限制、贷款限制等具体措施，使恶意诉讼者提起恶意诉讼的成本明显加大，难度显著提升，使妄图提起恶意诉讼的企业或个人在严密的监督治理体系约束下偃旗息鼓，望而生畏，从而达到治理这一社会乱象的根本目的，促进知识产权保护向好发展。

参考文献

一、中文参考文献

（一）著作类

1. 张玉敏：《知识产权法学》，法律出版社 2017 年版。

2. 李昌麒：《经济法学》，法律出版社 2014 年版。

3. 詹姆斯·布坎南：《自由、市场与国家》，吴良建等译，北京经济学院出版社 1998 年版。

4. 李明德：《美国知识产权法》，法律出版社 2014 年版。

5. 洛克：《政府论》，叶启芳，瞿菊农译，商务印书馆 1964 年版。

6. 罗伯特·P.莫杰思：《知识产权正当性解释》，金海军，史兆欢，寇海侠译，商务印书馆 2019 年版。

7. 徐爱国：《法学的圣殿——西方法律思想与法学流派》，中国法制出版社 2018 年版。

8. 威廉·M.兰德斯，理查德·A.波斯纳：《知识产权法的经济结构》，金海军译，北京大学出版社 2016 年版。

9. 约瑟夫·斯蒂克利茨：《公共财政》，纪沫等译，中国金融出版社 2009 年版。

10. 黄海峰：《知识产权的话语与现实——版权、专利与商标史论》，华中科技大学出版社 2011 年版。

11. 吴汉东：《知识产权制度基础理论研究》，知识产权出版社 2009 年版。

12. 谢浩范，朱迎平译：《管子全译》，贵州人民出版社 1996 年版。

13. 周辅成：《西方伦理学名著选集》，商务印书馆 1987 年版。

14. H. 科殷：《法哲学》，林荣远译，华夏出版社 2002 年版。

15. E. 博登海默：《法理学：法律哲学与法律方法》，邓正来译，中国政法大学出版社 2004 年版。

16. 约翰·格雷：《自由主义》，曹海军等译，吉林人民出版社 2005 年版。

17. 王迁：《知识产权法教程》，中国人民大学出版社 2019 年版。

18. 黄洪波：《中国知识产权刑法保护理论研究》，中国社会科学出版社 2012 年版。

19. 饶明辉：《当代西方知识产权理论的哲学反思》，科学出版社 2008 年版。

20. 王西华：《大变革与新概念大思维》，黑龙江人民出版社 2011 年版。

21. 常建：《效率、公平、稳定与政府责任》，中国社会科学出版社 2010 年版。

22. 汤宗舜：《专利法教程》，法律出版社 2003 年版。

23. 徐昕：《英国民事诉讼与民事司法改革》，中国政法大学出版社 2002 年版。

24. 尹新天：《中国专利法详解》，知识产权出版社 2011 年版。

25. 徐国栋：《民法基本原则解释——诚信原则的历史、实务与法理研究》，北京大学出版社 2013 年版。

26. 黄晖：《商标法》（第二版），法律出版社 2015 年版。

27. 冯术杰：《商标法原理与应用》，中国人民大学出版社 2017 年版。

28. 刘星：《法理学导论——实践的思维演绎》，中国法制出版社 2016 年版。

29. 十二国商标法翻译组：《十二国商标法》，清华大学出版社 2013 年版。

30. 梁慧星：《裁判的方法》，法律出版社 2017 年版。

31. 曾世雄：《损害赔偿法原理》，中国政法大学出版社 2001 年版。

32. 白绿铉，卞建林：《美国联邦民事诉讼规则证据规则》，中国法制出版社 2000 年版。

33. 张玉敏：《知识产权法学》，法律出版社 2017 年版。

34. 田平安：《民事诉讼法原理》，厦门大学出版社 2007 年版。

35. 奥特马·尧厄尼希：《民事诉讼法》，周翠译，法律出版社 2003 年版。

36. 让·文森，赛尔日·金沙尔：《法国民事诉讼法要义》，罗结珍译，中国法制出版社 2001 年版。

37. 王胜明：《中华人民共和国民事诉讼法释义（最新修订版）》，法律出版社 2012 年版。

38. 汤维建：《恶意诉讼及其防治》，中国政法大学出版社 2003 年版。

（二）论文类

1. 李晓秋："美国《拜杜法案》的重思与变革"，载《知识产权》2009 年第 3 期。

2. 张体锐："知识产权非实施行为的法律规制"，载《知识产权》2019 年第 7 期。

3. 袁秀挺，凌宗亮："我国知识产权法定赔偿适用之问题及破解"，载《同济大学学报》（社会科学版）2014 年第 6 期。

4. 漆苏："非专利实施主体研究"，载《知识产权》2019 年第 6 期。

5. 洪结银，封曾陟，陶爱萍："真的都是'专利流氓'吗？——如何正确看待 NPEs"，载《情报杂志》2019 年第 4 期。

6. 陈妍："中国企业须慎防国际专利海盗"，载《中国发明与专利》2010 年第 8 期。

7. 王玉平，成全："基于专利地图的专利海盗对抗策略研究"，载《情报理论与实践》2012 第 1 期。

8. 易继明："遏制专利蟑螂——评美国专利新政及其对中国的启示"，载《法律科学》2014 年第 2 期。

9. 程永顺，吴莉娟："'专利地痞'在中国的现状评述及对策研究"，载《知识产权》2013 年第 8 期。

10. 毛昊，尹志锋，张锦："策略性专利诉讼模式：基于非专利实施体多次诉讼的研究"，载《中国工业经济》2017 第 2 期。

11. 张冬："创新视阈下知识产权运营商业化的风险控制"，载《知识产权》2015 年第 6 期。

12. 孙远钊："应对专利操控实体（PAEs）的难题与政策规制"，载《电子知识产权》2014 年第 6 期。

13. 王旭玲："对'专利蟑螂'滥诉行为法律规制的正当性分析"，载《兰州大学学报》（社会科学版）2015 年第 5 期。

14. 易继明，蔡元臻："版权蟑螂现象的法律治理——网络版权市场中的利益平衡机制"，载《法学论坛》2018 年第 2 期。

15. 胡小伟："NPE 诉讼的价值审视与规制选择"，载《知识产权》2021 年第 1 期。

16. 蔡元臻："美国专利蟑螂的新近立法评析及其启示"，载《知识产权》2021 年第 1 期。

17. 丁碧波："国际化背景下专利主张实体诉讼行为的规制"，载《电子知识产权》2019 年第 5 期。

18. 王岩："专利的价值及其运营"，载《知识产权》2016 年第 4 期。

19. 姜伟，赵露泽："专利海盗现象引发的思考"，载《知识产权》2012 年第 9 期。

20. 吴晶晶："浅析非专利实施主体对专利运营的影响"，载《中国发明与专利》2017 年第 6 期。

21. 邓昭君："嬗变的市场：知识产权商业化维权的司法透视"，载《法律适用》2015 年第 1 期。

22. 刘淼："非专利实施实体的是与非——美国专利制度的变革及其启示"，载《知识产权》2014 年第 12 期。

23. 杨涛："请求权抑或侵权责任：知识产权法中'停止侵害'性质探析"，载《知识产权》2015 年第 4 期。

24. 孙远钊："专利诉讼'蟑螂'为患？——美国应对'专利蟑螂'的研究分析与动向"，载《法治研究》2014 第 1 期。

25. 岳哲平，张晓东："高智发明公司启动诉讼的影响分析"，载《电子知识产权》2011 年第 6 期。

26. 张志成："专利形态及许可方式演变对创新的影响及政策应对——兼论 NPE 等现象的发生"，载《电子知识产权》2014 年第 6 期。

27. 闫宇晨，徐棣枫："创新保护与危机：美国商业秘密蟑螂问题研究"，载《科学管理研究》2018 年第 4 期。

28. 范运和："知识产权产生属性论"，载《科技进步与对策》2003 年第 4 期。

29. 刘强，马德帅："机会主义知识产权诉讼行为及其法律控制——美国法的经验和启示"，载《湖南大学学报》（社会科学版）2014 年第 3 期。

30. 张体锐："专利海盗投机诉讼的司法对策"，载《人民司法》2014 年第 17 期。

31. 邓雨亭，李黎明："专利侵权惩罚性赔偿之威慑机理与规则适用研究：以法经济学为视角"，载《知识产权》2020 第 8 期。

32. 毛翔："市场优先原则在知识产权领域中的应用"，载《重庆大学学报》（社会科学版）2018 第 6 期。

33. 傅瑶，孙玉涛，刘凤朝："美国主要技术领域发展轨迹及生命周期研究——基于 S 曲线的分析"，载《科学学研究》2013 年第 2 期。

34. 谢晓尧，陈贤凯："维权代理的市场逻辑——李智勇反盗版的样本意义"，载《社会科学战线》2011 年第 4 期。

35. 董伟威，童海超："知识产权商业维权诉讼的界定与规制"，载《人民司法》2014 第 1 期。

36. 梁志文："反思知识产权请求权理论——知识产权要挟策略与知识产权请求权的限制"，载《清华法学》2008 年第 4 期。

37. 徐瑱："对价视角下的技术保密制度——福利分析、国际趋势与中国应对"，载《知识产权》2021 年第 1 期。

38. 杨凯旋："注册体制下商标使用意图要件检视"，载《交大法学》2021 年第 3 期。

39. 张玉敏："论使用在商标制度构建中的作用——写在商标法第三次修

改之际"，载《知识产权》2011 年第 9 期。

40. 赵亚翔："'职业打假'的公共价值：社会认同与信念之争"，载《浙江社会科学》2013 年第 3 期。

41. 沈健："我国大学专利转化率过低的原因及对策研究"，载《科技管理研究》2021 年第 5 期。

42. 刘汉霞："域外专利集中经营模式的兴起及对中国的启示"，载《暨南学报》（哲学社会科学版）2014 年第 5 期。

43. 袁红霞："关于非专利实施实体的争论引发的思考"，载《中国发明与专利》2012 年第 10 期。

44. 李晶，林秀芹："专利侵权惩罚性赔偿的法经济学分析"，载《国家行政学院学报》2016 年第 3 期。

45. 易继明："评财产权劳动学说"，载《法学研究》2000 年第 3 期。

46. 黄汇："商标权正当性自然法维度的解读———兼对中国《商标法》传统理论的澄清与反思"，载《政法论坛》2014 年第 5 期。

47. 陈犀禾，刘帆："西方当代电影理论思潮系列连载五：电影工业和体制研究"，载《当代电影》2008 年第 6 期。

48. 罗娇："论标准必要专利诉讼的'公平、合理、无歧视'许可——内涵、费率与适用"，载《法学家》2015 年第 3 期。

49. 文希凯："'专利蟑螂'的反垄断法规制"，载《知识产权》2014 年第 6 期。

50. 蔡晓东："知识产权的功利主义理论与劳动理论"，载《理论月刊》2012 第 11 期。

51. 李石："'知识产权制度'的哲学反思"，载《哲学研究》2019 年第 8 期。

52. 和育东："知识产权法的效率价值及其实现"，载《电子知识产权》2006 年第 7 期。

53. 李欣洋，张宇庆："版权蟑螂现象之法律规制——以法定赔偿制度为视角"，载《河南财经政法大学学报》2018 年第 2 期。

54. 何炼红，陈吉灿："'中国版'拜杜法案"的失灵与高校知识产权转化的出路"，载《知识产权》2013年第3期。

55. 杨源哲："基于唯物史观的知识产权正当性学说反思"，载《求索》2016年第8期。

56. 王烈琦："知识产权激励论再探讨——从实然命题到应然命题的理论重构"，载《知识产权》2016年第2期。

57. 韦稼霖："自然权利还是功利性选择：对知识产权合理性的反思"，载《党政研究》2017年第3期。

58. 王淑君："专利商业化激励机制研究"，载《知识产权》2016年第9期。

59. 周莹："美国版权投机问题及其制度诱因——兼论对我国的反面启示"，载《中南大学学报》（社会科学版）2016年第3期。

60. 谢光旗："论刑法介入专利主张实体的正当性——兼评'专利敲诈第一案'"，载《法律适用》2020年第4期。

61. 付子堂，孟甜甜："激励型法的学理探析——以美国《拜杜法案》为切入点"，载《河南财经政法大学学报》2014年第3期。

62. 张玉敏，易建雄："主观与客观之间——知识产权'信息说'的重新审视"，载《现代法学》2009年第1期。

63. 张体锐："商业寻租与专利制度：经济社会规划策略研究"，载《学术界》2014年第6期。

64. 宋健："商标权滥用的司法规制"，载《知识产权》2018年第10期。

65. 刘启君："寻租行为定义的再认识"，载《湖北社会科学》2005年第3期。

66. 李士林："重新审视商标法的哲学基础"，载《云南大学学报》2013年第1期。

67. 何建华："分配正义：构建和谐社会的伦理之维"，载《毛泽东邓小平理论研究》2005年第3期。

68. 曹新明："知识产权法哲学理论反思——以重构知识产权制度为视角"，载《法制与社会发展》2004年第6期。

69. 张体锐："专利海盗投机诉讼的司法对策"，载《人民司法》2014 年第 17 期。

70. 易继明："美国《创新法案》评析"，载《环球法律评论》2014 年第 4 期。

71. 郭小军："欧盟统一专利制度"，载《专利代理》2016 年第 4 期。

72. 王嘉琮，汪金金："中国遭遇国际 NPE 大规模诉讼的可能性分析"，载《科技与法律》2017 年第 6 期。

73. 张永忠，王绎凌："标准必要专利诉讼的国际比较：诉讼类型与裁判经验"，载《知识产权》2015 年第 3 期。

74. 赵启杉："竞争法与专利法的交错：德国涉及标准必要专利侵权案件禁令救济规则演变研究"，载《竞争政策研究》2015 年 9 月刊。

75. 孔祥俊："《民法典》与知识产权法的适用关系"，载《知识产权》2021 年第 1 期。

76. 徐国栋："论市民法中的市民"，载《天津社会科学》1994 年第 6 期。

77. 梁慧星："诚实信用原则与漏洞补充"，载《法学研究》1994 年第 2 期。

78. 刘春田："《著作权法》第三次修改是国情巨变的要求"，载《知识产权》2012 年第 5 期。

79. 孔祥俊："《民法典》与知识产权法的适用关系"，载《知识产权》2021 年第 1 期。

80. 张玉敏："注册商标三年不使用撤销制度体系化解读"，载《中国法学》2015 年第 1 期。

81. 李扬："注册商标不使用撤销制度中的'商标使用'界定——中国与日本相关立法、司法之比较"，载《法学》2009 年第 10 期。

82. 彭学龙："论连续不使用之注册商标请求权限制"，载《法学评论》2018 年第 6 期。

83. 孙国瑞，董朝燕："论商标权人的商标使用义务"，载《电子知识产权》2020 年第 4 期。

84. 张玉敏："注册商标三年不使用撤销制度体系化解读"，载《中国法学》2015 年第 1 期。

85. 孔祥俊："论非使用性恶意商标注册的法律规制——事实与价值的二元构造分析"，载《比较法研究》2020 年第 2 期。

86. 张鹏："商标侵权损害赔偿数额计算的现状与展望"，载《知识产权》2021 年第 5 期。

87. 商建刚："知识产权侵权损害赔偿中实际损失的司法认定"，载《电子知识产权》2020 年第 4 期。

88. 唐力，谷佳杰："论知识产权诉讼中损害赔偿数额的确定"，载《法学评论》2014 年第 2 期。

89. 刘彤："'版权蟑螂'式维权：'视觉中国'系列网络事件反思"，载《传媒》2019 年第 23 期。

90. 王迁，谈天，朱翔："知识产权侵权损害赔偿：问题与反思"，载《知识产权》2016 年第 5 期。

91. 蒋舸："著作权法与专利法中'惩罚性赔偿'之非惩罚性"，载《法学研究》2015 年第 6 期。

92. 任寰："论知识产权法的利益平衡原则"，载《知识产权》2005 年第 3 期。

93. 曹新明："我国知识产权侵权损害赔偿计算标准新设计"，载《现代法学》2019 年第 1 期。

94. 徐明："我国商标恶意诉讼的司法规制优化研究——以民事抗辩权为展开进路"，载《知识产权》2020 年第 11 期。

95. 许明月："资源配置与侵犯财产权责任制度研究——从资源配置的效果看侵犯财产权民事责任制度的设计"，载《中国法学》2007 年第 1 期。

96. 李明德："关于知识产权损害赔偿的几点思考"，载《知识产权》2016 年第 5 期。

97. 朱理："专利侵权损害赔偿计算分摊原则的经济分析"，载《现代法学》2017 年第 5 期。

98. 孔繁文，彭晓明："标准必要专利许可费计算基数之初步法律研究"，载《中国发明与专利》2017年第3期。

99. 吴广海："美国专利侵权损害赔偿中的分摊规则问题"，载《知识产权》2012年第6期。

100. 张玲："论专利侵权诉讼中的停止侵权民事责任及其完善"，载《法学家》2011年第4期。

101. 胡小伟："专利滥诉的司法规制路径构造"，载《学习与实践》2019年第12期。

102. 赵梅生："关于专利侵权救济的国际比较分析"，载《电子知识产权》2004年第11期。

103. 张玉瑞："浅析专利侵权禁令的限制"，载《中国知识产权报》2010年第8版。

104. 郭晓堃："谈几种专利侵权责任的适用"，载《人民司法》2003年第3期。

105. 杨红军："版权禁令救济无限制适用的反思与调适"，载《法商研究》2016年第5期。

106. 崔建远："绝对权请求权抑或侵权责任方式"，载《法学》2002年第11期。

107. 魏振瀛："论债与责任的融合与分离——兼论民法典体系之革新"，载《中国法学》1998年第1期。

108. 周奥杰："民法典编纂视野下民事责任概念的界定"，载《河南社会科学》2017年第4期。

109. 吴汉东："试论知识产权的"物上请求权"与侵权赔偿请求权——兼论《知识产权协议》第45条规定之实质精神"，载《法商研究》2001年第5版。

110. 黄运康："论民法典视阈中标准必要专利停止侵害请求权"，载《科技与法律（中英文）》2021年第3期。

111. 陈锦川："试论我国知识产权请求权的初步确立"，载《人民司法》2002年第10期。

112. 孟勤国："论中国民法典的现代化与中国化"，载《东方法学》2020年第 4 期。

113. 裘江南、张野："中国高技术企业国际化中的专利布局研究"，载《科研管理》2016 年第 11 期。

114. 康添雄："专利侵权不停止的司法可能及其实现"，载《知识产权》2012 年第 2 期。

115. 俞飞："中企'海外专利被侵权危机'"，载《中国经营报》2014 年第 12 版。

116. 孙山："专利诉讼中停止侵害请求权行使限制的司法适用"，载《北方法学》2021 年第 2 期。

117. 董美根："美国专利永久禁令适用之例外对我国强制许可的启示 —— 兼论《专利法》（第三次）修订"，载《电子知识产权》2009 年第 1 期。

118. 陈继东："论诉的合并审理"，载《中南政法大学学报》1988 年第 4 期。

119. 章武生，段厚省："必要共同诉讼的理论误区与制度重构"，载《法律科学》2007 年第 1 期。

120. 王校军："略论民事诉讼中的合并审理"，载《法学评论》1994 年第 6 期。

121. 房保国："论反诉"，载《比较法研究》2002 年第 4 期。

122. 张晋红："诉的合并之程序规则研究"，载《暨南学报》（哲学社会科学版）2012 年第 8 期。

123. 李仕春："诉之合并制度研究"，载《诉讼法论丛》2000 年第 2 期。

124. 孙邦清："为何原告就被告？ ——关于地域管辖规则为谁而设之辩"，载《法学家》2011 年第 5 期。

125. 刘鹏飞："普通共同诉讼的权限分配与范围界定"，载《法学论坛》2020 年第 1 期。

126. 朱雪忠，漆苏："美国专利改革法案内容及其影响评析"，载《知识产权》2011 年第 9 期。

127. 张惠彬，邓思迪："主权专利基金：新一代的贸易保护措施？———基于韩国、法国、日本实践的考察"，载《国际法研究》2018 年第 5 期。

128. 朱光琪："'专利蟑螂'之美国规制"，载《太原理工大学学报》（社会科学版）2014 年第 6 期。

129. 肖建华："论恶意诉讼及其法律规制"，载《中国人民大学学报》2012 年第 4 期。

130. 吴汉东："无形财产若干问题研究"，载《法学研究》1997 年第 4 期。

131. 张耕，王淑君："知识产权诉讼中律师费应有限转付"，载《人民司法》2014 年第 9 期。

132. 张晓薇，牛振宇："德国诉讼费用制度研究"，载《当代法学》2003 年第 11 期。

（三）判例

1. 北京市高级人民法院（2011）高行终字第 1427 号行政判决。

2. 北京知识产权法院（2016）京 73 行初 3799 号判决。

3. 浙江省杭州市中级人民法院（2017）浙 01 民初第 1801 号民事判决；

4. 浙江省高级人民法院（2020）浙民终 264 号民事判决。

5. 广东省佛山市中级人民法院（2004）佛中法民三初字第 98 号民事判决。

6. 广东省高级人民法院（2006）粤高法民三终字第 121 号民事判决。

7. 最高人民法院（2008）民提字第 52 号民事判决。

8. 黑龙江省哈尔滨市中级人民法院（2011）哈知初字第 21 号民事判决。

9. 黑龙江省高级人民法院（2012）黑知终字第 2 号民事判决。

10. 最高人民法院（2014）民提字第 57 号民事判决。

11. 广东省高级人民法院民事调解书（2005）粤高法民三终字第 129 号。

12. 广东省广州市中级人民法院民事判决书（2004）穗中法民三知初字第 581 号。

13. 上海市高级人民法院（2019）沪民终 139 号民事判决书。

14. 广东省高级人民法院（2019）粤民终 407 号民事判决书。

15. 江苏省高级人民法院（2018）苏民终 573 号民事判决书。

16. 浙江省高级人民法院（2018）浙民终 37 号民事判决书。

17. 上海市高级人民法院（2016）沪民终 501 号民事判决书。

18. 北京知识产权法院（2021）京 73 民终 326 号民事判决书。

19. 北京知识产权法院（2021）京 73 民终 564 号民事判决书。

20. 浙江省宁波市中级人民法院（2018）浙 02 民初 1156 号民事判决书。

21. 广东省高级人民法院（2020）粤民终 2187 号民事判决书。

22. 北京知识产权法院（2015）京知民初字第 1446 号民事判决书。

23. 北京市东城区人民法院（2018）京 0101 民初 9217 号民事判决书。

24. 广东省深圳市中级人民法院 .（2017）粤 03 民初 632 号民事判决书。

25. 北京知识产权法院（2017）京 73 民初 121 号民事判决书。

26. 江苏省南京市中级人民法院（2017）苏 01 民初 1368 号民事判决书。

27. 江苏省无锡市中级人民法院（2016）苏 02 民初 71 号民事判决书。

28. 上海知识产权法院（2017）沪 73 民终 146 号民事判决书。

29. 上海知识产权法院（2015）沪知民初字第 391 号民事判决书。

30. 安徽省高级人民法院（2020）皖民终 349 号民事判决书。

31. 江苏省高级人民法院（2017）苏民终 1874 号民事判决书。

32. 广州知识产权法院（2019）粤 73 知民初 1584 号民事判决书。

33. 最高人民法院（2014）民三终字第 7 号民事判决书。

34. 山东省高级人民法院（2016）鲁民终 2271 号民事判决书。

35. 最高人民法院民事判决书（2021）最高法知民终 1052 号。

36. 最高人民法院民事判决书（2017）最高法民终 907 号。

二、英文参考文献

（一）论文类

1. Shyamkrishna Balganesh. "The Uneasy Case against Copyright Trolls." Southern California Law Review，vol.86，no.4，2013.

2. Cole Tipton. "Patent Law Damages：Defining an Intelligible Standard

between Attorney's Fees and Treble Damages." Wake Forest Law Review, vol.55, no.1, 2020.

3. Edward Lee. "Patent Trolls: Moral Panics, Motions in Limine, and Patent Reform." Stanford Technology Law Review, vol.19, no.1, 2015.

4. James F McDonough, III. "The Myth of the Patent Troll: An Alternative View of the Function of Patent Dealers in an Idea Economy." Emory Law Journal, vol.56, no.1, 2006.

5. Robert P. Merges. "The Trouble with Trolls: Innovation, Rent-Seeking, and Patent Law Reform." Berkeley Technology Law Journal, vol.24, no.4, 2009.

6. Krista Rantasaari. "Abuse of Patent Enforcement in Europe: How Can Start-ups and Growth Companies Fight Back? " Journal of Intellectual Property, Information Technology and Electronic Commerce Law, vol.11, no.3, 2020.

7. Matthew Spitzer. "Patent Trolls, Nuisance Suits, and the Federal Trade Commission."North Carolina Journal of Law & Technology, vol.20, no.1, 2018.

8. Sannu K. Shrestha. "Trolls or Market-Makers-An Empirical Analysis of Nonpracticing Entities." Columbia Law Review, vol.110, no.1, 2010.

9. Eric Rogers, Young Jeon. "Inhibiting Patent Trolling: A New Approach for Applying Rule11." Northwestern Journal of Technology and Intellectual Property, vol.12, no.4, 2014.

10. Matthew M. Welch. "Patent Trolling: Shining a Light under the Bridge." Wake Forest Journal of Business and Intellectual Property Law, vol.20, no.1, 2019.

11. Paul R. Gugliuzza. "Patent Trolls and Preemption." Virginia Law Review, vol.101, no.6, 2015.

12. Mark Lemley, Carl Shapiro. "Patent Holdup and Royalty Stacking." Texas Law Review, vol.85, no.7, 2007.

13. Raymond P. Niro, Paul K. Vickrey. "The Patent Troll Myth." Sedona Conference Journal, no.7, 2006.

14. Laura Fishwick. "Mediating with Non-Practicing Entities." Harvard Journal of Law & Technology, vol.27, no.1, 2013.

15. Emiliano Giudici, Justin Blount. "Evaluating Market Reactions to Non-Practicing Entity Litigation." Vanderbilt Journal of Entertainment & Technology Law, vol.20, no.1, 2017.

16. Mark A. Lemley. "Are Universities Patent Trolls." Fordham Intellectual Property, Media & Entertainment Law Journal, vol.18, no.3, 2008.

17. Gerard N. Magliocca"Blackberries and Barnyards: Patent Trolls and the Perils of Innovation." Notre Dame Law Review , vol.82, no.5, 2007.

18. John M. Golden. "Patent Trolls and Patent Remedies." Texas Law Review, vol.85, no.7, 2007.

19. Jason R. LaFond. "Personal Jurisdiction and Joinder in Mass Copyright Troll Litigation." Maryland Law Review Endnotes, no.71, 2011.

20. James DeBriyn. "Shedding Light on Copyright Trolls: An Analysis of Mass Copyright Litigation in the Age of Statutory Damages." UCLA Entertainment Law Review, vol.19, no.1, 2012.

21. Michael S. Mireles. "Trademark Trolls: A Problem in the United States." Chapman Law Review, vol.18, no.3, 2015.

22. Maayan Perel. "From Non-Practicing Entities (NPES) to Non-Practiced Patents (NPPS): A Proposal for a Patent Working Requirement." University of Cincinnati Law Review, vol.83, no.3, 2015.

23. Paul A. Samuelson. "the Pure Theory of Public Expenditure." Review of Economic & Sandstazists, vol.36, 1954.

24. Patrick Croskery. "Institutional Utilitarianism and Intellectual Property." Chicago-Kent Law Review, vol.68, 1993.

25. Oskar Liivak, Eduardo Penalver. " The Right Not to Use in Property and Patent Law." Cornell Law Review, vol.98, 2013.

26. Mark A. Lemley. " Reconceiving Patent in the Age of Venture Capital."

The Journal of Small and Emerging Business Law, vol.4, 2000.

27. Sannu K. Shrestha. "Trolls or Market-Makers-An Empirical Analysis of Nonpracticing Entities." Columbia Law Review, vol.110, no.1, 2010.

28. John M. Golden. "Flook Says One Thing, Diehr Says Another: A Need for Housecleaning in the Law of Patentable Subject Matter." The George Washington Law Review, vol.82, 2014.

29. Christopher M. Holman. "Patent Eligibility Post-Myriad: A Reinvigorated Judicial Wildcard of Uncertain Effect." The George Washington Law Review, vol.82, 2014.

30. Matthew Sag. "Copyright Trolling, An Empirical Study." Iowa Law Review, vol.100, 2015.

31. Stefania Fusco."Markets and Patent Enforcement: A Comparative Investigation of Non-Practicing Entities in the United States and Europe." Mich. Telecomm. & Tech. L. Rev, vol.20, 2014.

32. Alain Strowel, Amandine Leonard. "Cutting Back Patent over-Enforcement: How to Address Abusive Practices within the EU Enforcement Framework." Journal of Intellectual Property, Information Technology and Electronic Commerce Law, vol.11, no.1, 2020.

33. Kristen Osenga. "Sticks and Stones: How the FTC's Name-Calling Misses the Complexity of Licensing-Based Business Models." George Mason Law Review, vol.22, no.4, 2015.

34. Eric Phillips, David Boag. "Recent Rulings on the Entire Market Value Rule and Impacts on Patent Litigation and Valuation." Les Nouvelles, vol.48, no.1, 2013.

35. Wendy J. Gordon."An Inquiry into the Merits of Copyright: The Challenges of Consistency, Consent, and Encouragement Theory." Stanford Law Review, vol.41, no.6, 1989.

36. Richard A. Epstein. "A Clear View of the Cathedral: The Dominanceof

Property Rules，The Dominance of Property Rules." The Yale Law Journal，vol.106，no.7，1997.

37. Brad A. Greenberg. "Copyright Trolls and the Common Law." Iowa Law Review Bulletin，vol.100，2015.

38. Brad A. Greenberg. "Copyright Trolls and Presumptively Fair Uses." University of Colorado Law Review，vol.85，2014.

39. Joanna H. Kim. "Cyber-porn Obscenity：The Viability of Local Community Standards and the Federal Venue Rules in the Computer Network Age." Loyola of Los Angeles Entertainment Law Journal，no.15，2018.

40. Xuan-Thao Nguyen. "Sovereign Patent Funds." U.C. Davis Law Review，vol.51，2018.

41. John F. Vargo. "the American rule on attorney fee allocation：the injured person's access to justice." American University Law Review，vol.42，1993.

42. John Leubsdorf. "Toward a History of the American Rule on Attorney Fee Recovery." Law and Contemporary Problems，vol.47，1984.

（二）判例

1. VirnetX Inc. v. Apple Inc.925F.Supp.2d816 E.D.Tex.（2020）.

2. Alice Corp.Pty.Ltd. v. CLS Bank Int'l，573U.S.，134S.Ct.2347（2014）.

3. eBay，Inc. v. MercExchange，L.L.C.，547U.S.388，391（2006）.

4. Diamond v. Diehr，450U.S.175，186（1981）.

5. Cont'l Paper Bag Co. v. E. Paper Bag Co.，210U.S.405，423（1908）.

6. Brooks Furniture Mfg.，Inc. v. Dutailier Int'l，Inc.，393F.3d1378（Fed. Cir.2005）.

7. Octane Fitness，LLC v. ICON Health & Fitness，Inc.，134S. Ct.1749（2014）and Highmark Inc. v. Allcare Health Mgmt. Sys.，Inc.，134S. Ct.1744（2014）.

8. CLS Bank Int'l v. Alice Corp.，768F.Supp.2d221（D.D.C.2011）.

9. CLS Bank Int'l v. Alice Corp.，685F.3d1341（Fed.Cir.2012），vacated,

484F. App'x559（Fed. Cir.2012）.

10. CLS Bank Int'l v. Alice Corp. Pty. Ltd., 717F.3d1269, 106U. S.P.Q.2d1696（Fed. Cir.2013）.

11. Gottschalk v. Benson, 409U.S.63, 67, 93S.Ct.253, 34L.Ed.2d273（1972）.

12. Association for Molecular Pathology v. Myriad Genetics, Inc.569U.S.（2013）.

13. Gottschalk v. Benson, 409U.S.63（1972）.

14. Parker v. Flook, 437U.S.584（1978）.

15. Bilski v. Kappos, 130S.Ct.3218, 3231（2010）.

16. Mayo Collaborative Serv. v. Prometheus Labs., Inc., 566U.S.132S. Ct.1289（2012）.

17. Association for Molecular Pathology v. Myriad Genetics, Inc.569U.S.（2013）.

18. Gottschalk v. Benson, 409U.S.63（1972）.

19. State St. Bank & Trust Co. v. Signature Fin. Group., 149F.3d1368（Fed. Cir.1998）.

20. AT&T Corp. v. Excel Communs., Inc., 172F.3d1352, 1359（Fed. Cir.1999）.

21. Silvers v. Sony Pictures Entertainment, Inc., 402F.3d881, 884（2005）.

22. Righthaven, LLC v. Democratic Underground, 791F.Supp.2d968（2011）.

23. United Mine Workers v. Gibbs, 383U.S.715, 724（1966）.

24. Malibu Media, LLC v. Does, 291F.R.D.191（2013）.

25. Dragon Quest Prods, LLC v. Does, 2013U.S.Dist.LEXIS129061（2013）.

26. Third Degree Films v. Does1-131, 280F.R.D.493, 498（2012）.

27. Fogerty v. Fantasy, 510U.S.517（1994）.

28. Righthaven LLC v. Leon2011U.S. Dist.LEXIS72043（2011）.

29. Righthaven LLC v. DiBiase2011U.S. Dist.LEXIS41480（2011）.

30. Next Phase Distrib, Inc. v. John Does1-27, 284F.R.D.165（2012）.

31. Strike3Holdings LLC v. Doe, 2018U.S. Dist. LEXIS68672（2018）.

32. Strike3Holdings LLC v. Doe, 329F.R.D.606（2018）.

33. Huawei Technologies Co. Ltd v. ZTE Corp, ZTE Deutschland GmbH, Case C-170/13, 16 July 2015.

34. Motorola v. Microsoft, 2012, Regional Court of Mannheim, Federal Republi-c of Germany, Case No.2O240/11.

35. Motorola v. Apple, 2012, Higher Regional Court of Karlsruhe, Federal Republic ofGermany, Case No.6U136/11.

36. Supreme Court［S. Ct.］, 2002Du8626（en banc）, Nov.22, 2007（S. Kor.）.

37. Continental Paper Bag Co. v. Eastern Paper Bag Co., 210U.S.405, 429（1908）.

38. Cornell Univ. v. Hewlett-Packard Co., 609F. Supp2d279(N.D.N.Y.2009).

39. Amoco Prod. Co. v. Village of Gambell, 480U.S.531, 107S.Ct.1396, 94L.Ed.2d542, 55USLW4355.

40. Canadian Lumber Trade Alliance v. United States, 30C.I.T.892, 441F. Supp.2d1259, 28ITRD1987.

41. Arcambel v. Wiseman, 3U.S.（3Dall.）306, 306（1796）.

42. Oelrichs v. Spain.82U.S.（15Wall.）211（1872）.